nichts besonderes
es fehlen z.B. Tara

Pareys Mittelmeerführer

Tegwyn Harris

Pareys Mittelmeerführer

Pflanzen- und Tierwelt der Mittelmeer-Region

Übersetzt und bearbeitet von

Priv.-Doz. Dr. Joachim Haupt
Institut für Biologie der Technischen Universität Berlin

Mit 945 farbigen Abbildungen, davon 16 Photos,
und einer doppelseitigen farbigen Karte

Paul Parey · Hamburg und Berlin

Die Originalausgabe erschien unter dem Titel
The Natural History of the Mediterranean
im Verlag Pelham Books Ltd., London

© George Rainbird Ltd. 1982

Dieses Buch wurde konzipiert
und hergestellt durch
George Rainbird Limited,
36 Park Street, London WIY 4DE

CIP-Kurztitelaufnahme der Deutschen Bibliothek

Harris, Tegwyn:
Pareys Mittelmeerführer : Pflanzen-u.Tierwelt
d.Mittelmeer-Region / Tegwyn Harris.Übers. u.
bearb. von Joachim Haupt. – Hamburg ; Berlin :
Parey, 1982.
 Einheitssacht.: The natural history of the
 Mediterranean ‹dt.›
 ISBN 3-490-16718-X

NE: Haupt, Joachim Bearb.

ISBN 3-490-16718-X

Das Werk ist urheberrechtlich geschützt. Die dadurch begründeten Rechte, insbesondere die der Übersetzung, des Nachdruckes, des Vortrages, der Entnahme von Abbildungen, der Funksendung, der Wiedergabe auf photomechanischem oder ähnlichem Wege und der Speicherung in Datenverarbeitungsanlagen, bleiben, auch bei nur auszugsweiser Verwertung, vorbehalten. Werden einzelne Vervielfältigungsstücke in dem nach § 54 Abs. 1 UrhG zulässigen Umfang für gewerbliche Zwecke hergestellt, ist an den Verlag die nach § 54 Abs. 2 UrhG zu zahlende Vergütung zu entrichten, über deren Höhe der Verlag Auskunft gibt. Für die deutsche Ausgabe © 1982 Verlag Paul Parey, Hamburg und Berlin. Anschriften: D-2000 Hamburg 1, Spitalerstr. 12; D-1000 Berlin 61, Lindenstr. 44–47. Farblithographien: Bridge Graphics Ltd., Hull, Humberside. Satz: Westholsteinische Verlagsanstalt Boyens & Co., Heide/Holstein. Printed and bound in Spain by Printer Industria Gráfica SA, Barcelona. D.L.B. 13502 – 1982. Einbandgestaltung: Jan Buchholz und Reni Hinsch, Hamburg, unter Verwendung des von Malcolm McGregor für die englische Originalausgabe entworfenen Umschlages.

Vorwort

Für den Mitteleuropäer ist die mediterrane Natur bereits recht fremdartig. Pflanzen, Insekten, Vögel, Reptilien und insbesondere die Meeresorganismen sind so anders als in unseren Breiten, daß es ohne einen umfassenden Feldführer unmöglich ist, all das zu identifizieren, was einem während eines sonnenreichen Urlaubs an den Mittelmeerküsten begegnet.

Für viele Menschen sind einige Tage des Sonnenbadens genug; dann beginnt der interessierte Feriengast sich umzusehen, wandert ins Inland durch buschige Macchie und Garrigue, die im Frühjahr so reich an faszinierenden Orchideen und aromatischen Kräutern sind. Hier fliegen Bienenfresser und Blauraken auf Nahrungssuche umher, unablässig singen Zikaden und es gibt viele verschiedene Schmetterlinge, Eidechsen, Schildkröten zu entdecken. Oder man kann seltene Krebse, Schwämme, Seeigel und Seesterne suchen, wenn man von der sonnenbadenden Menge weg die Felsküste entlangwandert, während die Abenteuerlustigeren zweifellos mit Maske und Schnorchel die reiche Unterwasserwelt erkunden werden.

Dieser ausgezeichnete Feldführer mit seinem Reichtum an Abbildungen von Pflanzen und Tieren ist genau das, was dazu fehlt. Meist wird die Identifizierung der Organismen mit den lebensnahen Darstellungen gelingen. Zusätzlich ist für jede Art eine kurze Beschreibung beigefügt, die den Leser befähigt, Fuchshai und Riesenhai zu unterscheiden oder z. B. verschiedene Braunalgen. So sind über 1000 häufige Pflanzen und Tiere abgebildet und beschrieben. Es ist dies zweifellos die beste Einführung in die mediterrane Organismenwelt, die ich bisher – in welcher Sprache auch immer – gesehen habe. Ich beglückwünsche Dr. TEGWYN HARRIS zu diesem Unternehmen ebenso wie die Künstler zu ihren attraktiven und akkuraten Beiträgen. Es gibt keinen Zweifel, daß der visuelle Zugang für den Laien ausschlaggebend ist, wenn er zur Beschäftigung mit der Organismenwelt dieses einzigartigen Meeres angeregt werden soll. Mit dem enormen Touristenstrom, den schnellen Transportmöglichkeiten und dem Wunsch, den Belastungen des heutigen Lebens zu entfliehen, ist das Mittelmeer eines der wichtigsten Erholungsgebiete in Europa geworden. Diese Entwicklung, aber auch das Wachstum der Industrie haben die Umweltprobleme verschärft: Der einzige Abfluß für verschmutztes Wasser ist die schmale Straße von Gibraltar. Es gibt mehr und mehr Hinweise, daß das reiche Tier- und Pflanzenleben bleibenden Schaden zu nehmen droht, und nur durch die genaue Kenntnis der Organismenwelt ist man überhaupt in der Lage zu erfassen, was hier geschieht.

Jeder Naturfreund sollte seine eigene Regierung und die Regierungen der Mittelmeer-Anliegerstaaten in dem Bemühen unterstützen, daß der Zufluß von Industrie- und häuslichen Abwässern ins Mittelmeer verringert wird, sonst werden wir das reichste Erbe an Tier- und Pflanzenwelt verlieren, das wir in ganz Europa haben.

OLEG POLUNIN

Inhalt

Teil 1 Lebensräume

Einleitung 9
Die Küstenregion 10
Felsküsten 22
Sandstrände 32
Flußmündungen 36
Das offene Meer 41
Erklärung einiger Fachausdrücke 49
Übersichtskarte 50/51

Teil 2 Pflanzen und Tiere

Algen 52
Seegras 61
Blütenpflanzen 62
Wirbellose 80
Fische 148
Amphibien und Reptilien 164
Vögel 168
Säugetiere 208
Weiterführende Literatur 212
Quellennachweis 213
Register 214

Einleitung

Das Meer der Vorzeit

Am westlichsten Punkt des Mittelmeeres erheben sich die Berge der afrikanischen Küste nur 10 km entfernt jenseits der Straße von Gibraltar, der einzigen Verbindung des Mittelmeeres mit dem Atlantik. Wäre der Wasserspiegel 400 m niedriger, könnte man hier einen Felswall sehen, der Europa mit Afrika verbindet. Diese unterseeische Verbindung ist ein Rest aus der Zeit, als Europa und Afrika eine zusammenhängende Landmasse bildeten. Die Verschiebung der Kontinente brach diese Landmasse auseinander, und 220 Mio. Jahre lang, während des Mesozoikums und des Tertiärs, erstreckte sich ein Ozean in Ost-West-Richtung um die Erde. Als der Wasserspiegel fiel, verschwand dieses Meer nach und nach, und die unterseeische Landbrücke rückte näher an die Oberfläche, aber die Verbindung zwischen Atlantik und Mittelmeer, dem Überrest des alten Tethysmeeres, blieb stets erhalten.

Die Existenz der Tiere und Pflanzen im Mittelmeer hängt von dieser schmalen, aber lebenswichtigen Verbindung zum Atlantik ab. Mit einer Geschwindigkeit von 4 km/h strömt dauernd Wasser durch die Straße von Gibraltar ins Mittelmeer: jede Sekunde fast zwei Millionen Kubikmeter. Obwohl das Mittelmeer den Einstrom zum Teil ausgleicht, gewinnt es doch mehr als es verliert.

Seit vielen Millionen Jahren hat der Atlantik das Wasser ersetzt, das im warmen Klima des Mittelmeeres verdunstet. In dieser Zeit haben sich viele Organismen entwickelt, von denen einige nur in diesem vom Land umringten Meer vorkommen. Als Kriegsschauplatz, als Handelsweg und schließlich als Erholungsgebiet hat das Mittelmeer auch eine einzigartige Stellung in der Geschichte des Menschen. Seine Tierwelt hat seit Jahrhunderten das Interesse auf sich gezogen. Die Begründer der Naturwissenschaft, Männer wie Theophrast, Aristoteles, Lucretius und Galen lebten an seinen Küsten und beobachteten seine Tier- und Pflanzenwelt. Für diese Menschen war der Mittelmeerraum das Zentrum der Welt.

Auf dem Lande haben Klima und Nähe des Meeres eine Vegetation und eine Tierwelt entstehen lassen, die sich von nördlicheren Breiten stark unterscheidet. Die heutige schnelle Art zu reisen betont diese Unterschiede noch: Während Nordeuropa am Ende des Winters noch unter Schnee und Nebel liegt, zieht am Mittelmeer bereits der Frühling ein. Auf den griechischen Inseln blüht der Krokus im Januar, und Anfang März beginnen die Zikaden ihren durchdringenden Gesang. Auch das Tierleben des Meeres unterscheidet sich von dem der umgebenden Ozeane, wie ein Besuch auf dem Fischmarkt zeigt. In Kästen ausgelegt, finden sich Fische und andere Tiere, die viele Generationen als Grundnahrungsmittel dienten: Meeräschen, Schwertfische, Octopus, Sepia und vieles andere, was dem Auge des Mitteleuropäers fremd ist.

Pinie an einem Felshang über der Ägäis

Die Küstenregion

Der Einzug des Menschen

Die ersten Bewohner der Mittelmeerküsten waren wandernde Jäger und Sammler, Menschen, deren Vorfahren aus Ostafrika nordwärts gezogen waren. Einen faszinierenden Einblick in das Leben dieser frühen Nomaden eröffnete die Entdeckung eines 400 000 Jahre alten Lagerplatzes durch Bauarbeiter in Nizza. Zu Zeiten dieses Lagerplatzes war das Klima kühler und feuchter, und Elefanten und Nashörner durchstreiften die dichte Vegetation und boten den frühen Jägern reichlich Nahrung. Anthropologen konnten herausfinden, daß die Benutzer des Lagers einfache Unterstände aus Steinen und Zweigen bauten. Wie die verstreuten Muschelschalen zeigen, waren neben der Jagdbeute am Strand gesammelte Meerestiere eine wichtige Nahrungsquelle. Die Grundlagen der mediterranen Landwirtschaft wurden erst viel später gelegt – etwa vor 8000 Jahren. Man kann sich kaum ein besseres Gebiet für landwirtschaftliche Nutzung vorstellen, denn in dem begünstigten Klima wachsen einheimische und eingeführte Nutzpflanzen bei einem Minimum an Aufwand. Viele der damals kultivierten Pflanzen sieht man noch heute – den Weinstock *Vitis vinifera*, die Feige *Ficus carica* und den Johannisbrotbaum *Ceratonia siliqua*, dessen dunkelgrüne Blätter sich gegen die braunen Farbtöne des Hochsommers abheben.

Um Platz für den Ackerbau zu gewinnen, wurde viel der ursprünglichen Vegetation beseitigt. Laub- und Nadelwald, der sich bis an den beinahe gezeitenlosen Meeresstrand erstreckte, wurde nach und nach gefällt, und als alles verfügbare ebene Land genutzt war, begann man an den Bergen Terrassen anzulegen, um mehr Nahrung für die zunehmende Bevölkerung zu gewinnen. Mit der Einführung von Schafen und Ziegen, die die Keimlinge der Waldbäume abfraßen und damit den zukünftigen Wald vernichteten, wurde eine bedeutende Landschaftsveränderung bewirkt. Das niedrige Buschwerk, das heute weite Gebiete bedeckt, ist das Erbe eines ungewöhnlich langen Einflusses des Menschen.

Als sich Kulturen entwickelten, entstanden Handwerkszweige, die Holz als Rohmaterial benutzten. Die langsamwüchsigen Eichen der Küstenregion brennen langsam mit großer Hitze, und Griechen, Etrusker und Römer benutzten holzbeheizte Öfen, um Metall zu gewinnen, Tonwaren zu brennen oder Glas zu schmelzen. Die große Nachfrage nach Leder auf der Höhe der Macht des Römischen Reiches steigerte den Raubbau am Wald noch weiter, da Borke zum Gerben verwendet wurde.

Glücklicherweise vernichtete man nicht alle ursprünglichen Wälder. Rings an der Küste, in unzugänglichen oder geschützten Gebieten, sind Reste der ursprünglichen Wälder erhalten. An den Küsten Spaniens, Sardiniens und Jugoslawiens geben kleine Haine der Steineiche *Quercus ilex*, der Korkeiche *Quercus suber* und der Aleppokiefer *Pinus halepensis* einen schmerzlichen Eindruck davon, wie das Mittelmeergebiet im klassischen

Zeitalter ausgesehen haben muß. Heute sind diese Gebiete ein Refugium der natürlichen Tierwelt dieser Breiten.

Die Tierwelt der Wälder

In wenigen Habitaten gibt es so viele Tiere wie in den Wäldern oder auch nur an einem einzelnen Baum. Einige Tiere leben direkt auf Bäumen, während andere ihre Produkte verwenden, z. B. ihre Blüten oder Früchte fressen oder in dem feuchten, schützenden Teppich ihres Fallaubes graben. Die isolierten Küstenwälder des Mittelmeerraumes bieten kleinen Tieren Schutz vor Feinden in einer sonst deckungslosen Landschaft. Dieser Schutz der Bäume ist nicht absolut, denn einige Räuber haben sich auf die Jagd im Wald spezialisiert, wie der Hühnerhabicht *Accipiter gentilis*, der oft Vögel im Flug mit seinen Klauen greift und mit ihnen zu Boden stürzt, um dort zu kröpfen.

Die gefräßigsten Blattfresser in den mediterranen Wäldern sind die Insekten. Das Klima ist ideal für sie und erlaubt ihnen, beinahe das ganze Jahr über aktiv zu bleiben. Wenn die jungen Blätter im Vorfrühling erscheinen, fallen Blattkäfer und Rüßler darüber her, um sie zu fressen, bevor sie für ihre Mundwerkzeuge zu hart werden. In manchen Korkeichenwäldern gibt es zeitweise so viele Schwammspinnerraupen *Lymantria dispar*, daß man ihre Fraßgeräusche hört. Die Bäume bieten aber auch Nahrung in Form von Saft. Tausende Insektenarten, viele davon klein und unauffällig, ernähren sich auf diese Weise. Die Bergzikade *Cicadetta montana* ist dagegen ein Riese in der Welt der saftsaugenden Insekten. Zikaden legen ihre Eier auf oberirdischen Pflanzenteilen ab, aber die Nymphen lassen sich dann an Gespinstfäden auf den Boden hinab, graben sich in die Erde und leben von Wurzeln. Nach mehrjährigem unterirdischen Dasein schlüpfen die Imagines in der Wärme der ersten Sommertage und klettern wieder ins Gezweig. Das erwachsene Zikadenmännchen macht durch einen schrillen, eintönigen Gesang auf sich aufmerksam, in einer Lautstärke, die man einem so kleinen Tier kaum zutraut. Der Ton wird von Muskeln erzeugt, die eine deckelartige Platte an der Seite des Hinterleibes nach innen ziehen und dann wieder zurückschnellen lassen. Der Körper der Zikade ist wie ein Verstärker gebaut, mit einer Anzahl Höhlungen und Resonanzböden, die den Laut verändern können. Trotz ihres Gesanges sind Zikaden nicht einfach zu finden. Jede wird ihren Gesang beim geringsten Zeichen von Gefahr unterbrechen und still bleiben, bis die Bedrohung vorbei ist.

Es sind nicht nur Insekten, die man nach ihren Geräuschen im Wald orten kann. Ein Knacken und Rascheln mag vom Kernbeißer *Coccothraustes coccothraustes* herrühren, der von Früchten und Samen lebt. Sein kräftiger Schnabel vermag hartschalige Nüsse und Samen zu öffnen, die für andere Tiere ungenießbar bleiben. Eine ähnliche, wenn auch weniger anstrengende Beschäftigung hat der Eichelhäher *Garrulus glandarius*. Mit seinem unmelodischen Ruf ist er doch einer der farbenprächtigsten Vögel der Wälder. Er ernährt sich von den fleischigen Keimblättern der Eicheln.

Nicht alle Waldvögel leben direkt von Bäumen. Der Zilpzalp *Phylloscopus collybita* pickt Insekten und Spinnen von der Rinde, und der große

Buntspecht *Dendrocopos major* spürt Insekten in tiefen Astspalten auf. Fliegende Insekten sind auch nicht sicher: Viele werden das Opfer von Vögeln wie dem Halsbandfliegenschnäpper *Ficedula albicollis* und der Nachtigall *Luscinia megarhynchos*.

Das Fallaub auf einem Waldboden unter unseren Füßen beherbergt eine ganze Welt winziger Tiere. Selbst im warmen Klima behält der beschattete Boden seine Feuchtigkeit und damit die Lebensbedingungen der Bodentiere, die vielen Vögeln und Säugern als Nahrung dienen. Die Singdrossel *Turdus philomelos* ernährt sich von Regenwürmern, die in den feuchten Bereichen des Waldbodens gedeihen. Der Igel *Erinaceus europaeus*, geleitet durch seinen ausgeprägten Geruchssinn, sucht nach Nahrung unter den sich zersetzenden Pflanzenteilen. Der Waldboden bietet auch Nahrung für eines der heimlichsten Tiere dieser Region, das Wildschwein *Sus scrofa*, das mit seinem kräftigen Gebrech Wurzeln ausgräbt. Diese vielbejagte Stammform des Hausschweins kann man manchmal in entlegenen Wäldern an den Küsten Frankreichs oder Spaniens zu Gesicht bekommen.

Hitze und Trockenheit einiger Gebiete der Küste, besonders im östlichen Teil des Mittelmeeres, lassen die Aleppokiefer gedeihen; aber Pinienwälder sind für die Tierwelt wenig verlockend. Statt der lichten, luftigen Bedingungen in Laubwäldern sind sie oft dunkel und einförmig und lassen nur wenig Licht zu Pflanzen auf dem Waldboden. Die Kiefern bilden auch Harz, das zwar angenehm riecht, aber im Boden Säuren bildet, die das Wachstum anderer Pflanzen behindern und Kleinlebewesen des Bodens irritieren. Obwohl eintöniger, sind Pinienwälder doch nicht ohne Leben. Kiefernholz ist Nahrung für die Holzwespe *Urocerus gigas*. Das Weibchen dieses schlankleibigen Insekts legt seine Eier mit einem Legestachel am Ende des Hinterkörpers unter die Rinde eines Baumes. Die Larven verbringen ihr ganzes Leben im Holz und verpuppen sich auch dort, erst die frisch geschlüpfte Imago verläßt den Baum durch ein Loch in der Rinde. Holzwespen kann man zwischen den Zweigen fliegen sehen, auch wenige Meter vom Strand. Die Pinie bietet auch den Raupen einiger Schmetterlinge Nahrung. Nicht selten finden wir den Kiefernspinner *Dendrolimus pini* und an jungen Pinien die kompakten Gespinstnester der Raupen des Prozessionsspinners *Thaumetopoea pityocampa*.

Die Wildnis der Macchie

Macchie ist eine Vegetation, die in langen Jahren den Wald nach seiner Vernichtung ersetzt hat. Obwohl Macchie gewöhnlich nur nahe der Küste wächst, kann sie weit ins Land vordringen und bedeckt z. B. weite Landstriche Südspaniens. Der Ursprung des Wortes Macchie ist verwirrend: Er leitet sich von dem korsischen Namen *macchia* für eine Zistrose her, aber Macchie bezeichnet heute alle Gebiete von ähnlich dichtem Buschwerk wie das, in dem die Zistrose wächst. Typische Macchie ist ein undurchdringliches Dickicht von 2–4 m Höhe, in dem die langsam wachsenden verholzenden Pflanzen vom Wind gepeitscht und ineinander verwoben werden. Einen hohen Anteil an der Macchie haben der Erdbeerbaum *Arbutus unedo*, der Ginster *Genista cinerea* und die Baumheide *Erica arborea*. Das Holz der Baumheide ist oft so dicht und nicht brennbar, so daß es für Pfeifenköpfe

Lavendel und Zistrosen, charakteristische Pflanzen des westlichen Mittelmeergebietes, bestimmen die Farbenpracht der Macchie in der Provence

verwendet wird. Die Macchie ist ein ideales Versteck für Mensch und Tier, eine Tatsache, die in den endlosen korsischen Fehden und auch im Zweiten Weltkrieg von den Maquisards ausgenutzt wurde.

Ein Besuch in der Macchie an einem Sommertag zeigt, welch rauher Ort das für die Pflanzen ist. Unbehindert durch Bäume weht ein starker Wind, und den ganzen Tag brennt die Sonne vom Himmel. Dieses Klima läßt ungeschützte menschliche Haut bald austrocknen und aufbrechen und hätte dieselbe Wirkung auf die Blätter der Pflanzen, wären sie nicht besonders an derart extreme Bedingungen angepaßt.

In der Macchie finden wir häufig die Myrte *Myrtus communis*. Wenn wir ihre Blätter gegen das Licht halten, sehen wir winzige durchscheinende Punkte über die Oberfläche verteilt. Diese kaum sichtbaren Flecke sind das Geheimnis der Myrte, auf Grund dessen sie in solch unwirtlicher Umgebung überlebt. Die Myrte muß ihre Zellen mit einem gleichbleibenden Wasserstrom versorgen. Im Winter ist das kein Problem, das Wasser verdunstet an den Blättern und wird aus den Wurzeln nachgesogen. Aber im Sommer darf die Pflanze nicht unkontrolliert Wasser verlieren, sonst wäre ihr Nachschub bald erschöpft. Deshalb kann die Myrte auf physikalischem Wege zu hohen Wasserverlust verhindern: Die durchsichtigen Punkte auf den Blättern sind in Wirklichkeit kleine Drüsen, die die Blattoberfläche mit einem dünnen Ölfilm überziehen. Dieses Öl verdunstet nicht so schnell wie Wasser, wodurch der Wasserverlust geringer ist. Diese aromatischen Öle, oft mit ganz besonderem Duft, findet man oft bei Pflanzen der Macchie. Die Rosa Zistrose *Cistus albidus* überlebt den Sommer in gleicher Weise, indem sie einen klebrigen Gummi ausscheidet. Solche Substanzen werden von einigen Zistrosen in solcher Menge produziert, daß sie herabtropfen: Als Ladanum werden sie für die Parfümindustrie gesammelt. Der Duft der Zistrosen ist nach Regen besonders stark. Napoleon sagte von seiner Heimat Korsika, daß er sie mit verbundenen Augen nur am Geruch erkennen könne, so typisch ist der Wohlgeruch der Zistrosen.

Der Zistrosenparasit *Cytinus hypocistis* ist eine der interessanten Entdeckungen, die man in der Macchie machen kann. Diese Pflanze lebt an den Wurzeln der Zistrosen und fällt nur während der Blüte auf. Da sie als Parasit lebt, sind ihre Blätter zu farblosen Schuppen verkümmert. Um so farbenprächtiger ist die Blüte: hellgelb, umgeben von roten und karminfarbenen Schuppen. *Cytinus* gehört zu den Rafflesiaceen, einer Familie mit meist tropischen, parasitischen Arten, von denen eine die allergrößte Blüte überhaupt bildet.

Pflanzen ohne schützendes Öl haben andere Wege gefunden, um der Trockenheit des Sommers zu widerstehen. Die Blätter des Zedernwacholders *Juniperus oxycedrus* zum Beispiel sind schmal, klein und stachelig, so klein, daß es nur wenig Oberfläche gibt, an der Wasser verdunsten kann. Auch haben diese Blätter nur wenige Spaltöffnungen, durch die Wasser entweichen kann – eine einfache, aber wirksame Anpassung vieler Pflanzen der Macchie.

Auf den ersten Blick scheinen verschiedene Pflanzen der Macchie überhaupt keine Blätter zu haben. Bei ihnen sind die Blätter zu Dornen geworden oder zu stengelartigen Gebilden, die wenig gemein haben mit den flächig entwickelten Blättern der Pflanzen kühlerer Zonen. Der Besenginster *Genista cinerea* hat kleine dünne Blätter, bei ihm läuft die Assimilation weitgehend in den Zweigen ab. Bei dem Immergrünen Kreuzdorn *Rhamnus alaternus* und dem Christdorn *Paliurus spina-christi* sind die Blätter ziemlich zurückgebildet. Die Sage erzählt, daß die legendäre Dornenkrone für Jesus Christus aus Paliuruszweigen hergestellt wurde, aber es kommen auch weitere mediterrane Arten in Frage. Der größte Teil dieser Pflanzen einschließlich der Dornen ist holzig, ohne Spaltöffnungen.

Pflanzen der Garrigue

Die Pflanzenwelt der Garrigue, einer Kalkfelsenzone jenseits der Küste mit extremen klimatischen Bedingungen, ist noch dürftiger. Dieses windgepeitschte und scheinbar unfruchtbare Hinterland findet man in Gebieten, wo der Wald vernichtet wurde, Landwirtschaft aber unmöglich war. Bekannt als *tomillares* in Spanien, die *phrygana* in Griechenland und die *batha* der Levante, beherbergt dieser extreme Lebensraum nur Pflanzen, die wenig Ansprüche an die Wasserversorgung stellen; so daß hier auch Pflanzen, die aromatische Öle produzieren, am häufigsten sind. Eine Liste der duftenden Pflanzen der Garrigue – Echter Thymian *Thymus vulgaris*, Salbei *Salvia*, Rosmarin *Rosmarinus officinalis*, Schopflavendel *Lavendula stoechas*, Bergminze *Satureia thymbra*, Ysop *Hyssopus officinalis* und Raute *Rutus chalepensis* – liest sich wie die Seite eines exotischen Kochbuches oder eines altertümlichen Kräuterbuches, denn seit vielen Jahrhunderten sind diese Arten als Gewürze und für die Herstellung von Salben und Medizin genutzt worden. Die weiche Oberfläche einiger dieser Pflanzen wird durch eine Schicht feiner verfilzter Haare gebildet, die die aromatischen Düfte zurückhalten und die Verdunstung von Wasser weiter herabsetzen.

Diese unempfindlichen Pflanzen sieht man das ganze Jahr über, denn sie können auch in den heißesten Monaten überleben und blühen. Der Rest der Garriguevegetation fällt dagegen nur im Frühling und im Frühsommer auf. Von Januar bis Mai verwandelt eine reichhaltige Blütenpracht die Garrigue in ein Meer leuchtender Farben. Zu den frühblühenden Arten gehören vor allem Zwiebelgewächse und Orchideen. Fast alle Zwiebelgewächse, die wir aus Gärten kennen, wachsen in der Garrigue wild, zusammen mit einigen Küchenkräutern, wie dem Rosa Lauch *Allium roseum*. Viele Pflanzen haben kräftig gefärbte Blüten. Das Hellgelb der Zwergiris *Iris chamaeiris* und das Orangegelb des Krokus *Crocus flavus* bilden einen leuchtenden Kontrast zum Weiß des Milchsterns *Ornithogalum nutans*. Die meisten Arten sind entweder klein oder ziemlich gedrungen, aber andere Blüten, wie die weißen und gelben Narzissen *Narcissus tazetta*, stehen auf längeren Stielen.

Die Orchideen der Garrigue sind sowohl in der Form wie in der Farbe auffällig. Relativ einfach ist z. B. das Weiße Waldvöglein *Cephalanthera damasonium*, zu den auffallendsten gehört die Spiegel-Ragwurz *Ophrys speculum*, deren kleine komplizierte Blüten man an der Nordküste des Mittelmeeres und in Algerien sehen kann. Wie viele andere Orchideen hängt auch *Ophrys speculum* in ihrer Fortpflanzung von einem faszinieren-

den biologischen Täuschungsmanöver ab. Die Blüten locken die Männchen der Dolchwespe *Scolia ciliata* an, indem sie das Erscheinungsbild des Weibchens imitieren. Die Nachahmung ist so perfekt, daß das Männchen sogar Begattungsversuche unternimmt. Dabei streift es Pollen ab, den es zur nächsten Pflanze überträgt, von der es wieder durch die vollendete Täuschung angelockt wird.

Die Blüte der Garrigue ist kurzlebig. Im Sommer sieht der Besucher ein ganz anderes Bild: Entlang der Küste von Spanien bis zu den griechischen Inseln und der Türkei hat die heiße Junisonne die Blumen verwelken lassen, bis nur noch vertrocknete Blätter und Stiele übrig sind.

Einige Pflanzen, wie die Zistrosen, sind häufig anzutreffen, in der Garrigue wie in der Macchie, aber ihre Höhe ist ganz unterschiedlich. Nur wenige Pflanzen in der Garrigue werden höher als 0,5 m und nur in geschützten Lagen. Die Kermeseiche erreicht in der Macchie 3 m, aber in der Garrigue ist sie niedrig und breitet sich nahe dem Boden aus, wobei sie nur selten 1 m hoch wird. Besucher aus dem Norden werden von den Blättern dieser Zwergeiche überrascht sein. Statt weich und biegsam sind sie hart und dornig, in Bau und Funktionsweise ähnlich denen der Myrte. Bei einigen Arten, wie dem Seidelbast *Daphne gnidium*, verrät eine stumpfe Patina auf den Blättern, daß eine weitere Verdunstungsbarriere – eine Wachsschicht – verwendet wird.

Tiere der Macchie und der Garrigue

Im Gegensatz zum Tierleben der Wälder sind die Tiere der Garrigue leichter zu finden und besser zu sehen. Bei so wenig Deckung muß jedes aufgestöberte Tier sein Heil in der Flucht suchen. Das gleiche gilt häufig auch für die Macchie. In der Mittagshitze zeigen Schnarrheuschrecken ihre leuchtend bunten Hinterflügel, wenn sie vor dem Eindringling wegfliegen. Plumpe Radnetzspinnen eilen ihrer Deckung zu, wenn ihre Netze versehentlich berührt werden.

Dreht man einen Stein um, so kann das eine aufregende Erfahrung sein. Felsbrocken beherbergen Eidechsen und Schlangen, die sich auf ihnen sonnen und bei Störungen darunterschlüpfen. Auch Skorpione suchen hier Unterschlupf, ihre Weibchen beschützen die Jungen, indem sie sie auf dem Rücken tragen. Skolopender verkriechen sich hier, besonders an feuchten Stellen. Der langbeinige Spinnenläufer *Scutigera coleoptrata* eilt mit großer Geschwindigkeit in Deckung, wenn er aufgestört worden ist. Seinen geschwinden Lauf kann man auch manchmal an Zimmerwänden beobachten.

Der trockene steinige Boden der Garrigue ist nicht ganz ohne Bewohner. Die „Tarantel", eine Wolfsspinne, *Lycosa narbonensis*, versteckt sich in ihrer ausgesponnenen unterirdischen Wohnröhre, von wo sie auf Jagd geht. Die Grabwespe *Larra anathema* baut die Zellen ihres Nestes unter ähnlichen Bedingungen. Unter Steinen, besonders in Küstennähe, leben die Silberfischchen Thermobia und Ctenolepisma: wärmeliebende Urinsekten, die weiter nördlich nur noch im Schutz menschlicher Behausungen existieren können. Wo es aber sandig ist, gräbt sich die Maulwurfsgrille *Gryllotalpa gryllotalpa* mit ihrem gepanzerten Körper durch den Boden. Diese

Die Spiegel-Ragwurz lockt mit ihren seltsam geformten Blüten bestimmte Insekten als Bestäuber an

kleinen, aber wilden Räuber leben von anderen Insekten, die von den Pflanzen und ihren Blüten angelockt werden. Viele Insekten haben weichhäutige Larven, die ideale Nahrung für Spinnen und Maulwurfsgrillen darstellen, oder ein lebendes Mahl für die Larven vieler Wespen. Überall in der Garrigue und der Macchie leben Ameisen, die den Boden ohne Unterlaß nach Samen, Blättern und kleinen Insekten absuchen, die unglücklich genug waren, ihren Weg zu kreuzen.

Die Sträucher und Büsche schützen die Tiere, die Deckung lieben. Dort ist der Aufenthaltsort der Ringelnatter *Natrix natrix* und der Griechischen Landschildkröte *Testudo hermanni*. Obwohl Schildkröten gut getarnt sind, kann ein aufmerksamer Beobachter in Frankreich, Italien oder den Mittelmeerinseln mit dem Anblick einer Schildkröte belohnt werden, die Blätter, Blüten oder Früchte niedriger Pflanzen abzupft, bei Gelegenheit einen Schluck Wasser nimmt oder gar einen Abfallhaufen absucht.

Einige Tiere erfordern mehr als den schweifenden Blick, um entdeckt zu werden. Das Mittelmeer-Chamäleon *Chamaeleo chamaeleon* ist Meister der Tarnung und ändert seine Farbe mit dem Hintergrund. Die Gottesanbeterin *Mantis religiosa* und die Stabheuschrecke *Clonopsis gallica* sind ebenfalls Bewohner der Zweige und verlassen sich auf ihre Tarnung. Oft werden sie aber die Beute des Chamäleons, das gern so große Insekten frißt.

Der Mangel an Deckung macht die Garrigue zu einem idealen Jagdrevier für Raubvögel. Der Sperber *Accipiter nisus*, der Mäusebussard *Buteo buteo* und der Turmfalke *Falco tinnunculus* beobachten Büsche und Felsen auf jede Bewegung hin, die eine Beute versprechen könnte. Oft machen andere Vögel diese Beute aus: das Rebhuhn *Perdix perdix* und die Wachtel *Coturnix coturnix* kennen instinktiv diese Gefahr aus der Luft, und weder sie noch ihre Kücken kommen weit aus der Deckung hervor. Die Greifvögel werden sehr von dem stetigen Wind an der Küste unterstützt, der ihren Gleitflug ermöglicht. Neben Bussarden und Habichten können noch größere Greifvögel vorkommen, besonders in der Nähe von Bergen. Ein schwarzer Fleck, der sich an einem Berghang hinaufschraubt, kann ein Schlangenadler *Circaetus gallicus* oder gar ein Kaiseradler *Aquila heliaca* sein, der mühelos an Höhe gewinnt, bevor er zur Küste hinabschwebt. Auf solche Entfernung ist aber ein sicheres Erkennen immer schwierig.

In buschiger Macchie gibt es viele Vögel, die von Insekten leben. Einige kommen auch in nördlicheren Breiten vor, andere sind uns fremdartig und werden nur selten fern vom warmen Klima des Mittelmeeres gefunden. Die Heidelerche *Lullula arborea* und die Provencegrasmücke *Sylvia undata* sind zwei typische Bewohner, die man leicht an ihrem Gesang erkennt. Das bunte Gefieder des Bienenfressers *Merops apiaster*, der Blauracke *Coracias garrulus* und des Wiedehopfs *Upupa epops* sind auch im Flug unverkennbar. Vielleicht der interessanteste Vogel der Macchie ist der Wendehals *Jynx torquilla*. Dieser ungewöhnliche Vogel verbringt den Winter an der Küste, nachdem er bis von Rußland hergezogen ist. In gleicher Weise wie der Specht sucht er Insekten von den Bäumen, wobei er oft seinen Hals in wunderlicher Weise verdreht. Aber gleicherweise ist er auf dem Boden zu Hause. Mit seinem spitzen Schnabel pickt er Ameisen auf, wobei er den Schwanz nach oben streckt.

Ein Chamäleon fängt ein Insekt. Das Ausschleudern der Zunge erfolgt so schnell, daß es mit bloßem Auge nicht wahrgenommen werden kann

Der späte Abend ist die vielversprechendste Zeit, um die Tiere zu beobachten. In der Stille der Dämmerung zeigen widerhallende Rufe Vögel an, die noch wach sind. Ein Geräusch wie ein schlecht eingestellter Motorradmotor ist das „Lied" des Ziegenmelkers *Caprimulgus europaeus*, der nachtaktive Insekten mit seinem breiten Schnabel aufschnappt. Der monotone, aber melodische Ruf der männlichen Zwergohreule *Otus scops* wird vielleicht von dem helleren Ruf der Partnerin beantwortet, wenn beide die Büsche nach Nachtschmetterlingen, Käfern oder kleinen Säugern absuchen. In der noch warmen Luft tummeln sich zahllose Fledermäuse auf der lautlosen Jagd nach ihrer Beute.

Die Küstensteppe

Teile der Küstenregion liegen so exponiert, daß sich nicht einmal die widerstandsfähigsten Sträucher der Garrigue auf dem kümmerlichen steinigen Boden halten können. Solche Gebiete finden wir vor allem auf Inseln wie Malta und Gozo, wo es keine Wasserreserven gibt, die Pflanzen den Sommer überdauern lassen könnten, und wo der heiße Scirocco von der Sahara her bläst. Aber auch die Küstensteppen sind nicht leblos. Eine Besonderheit des Mittelmeerraumes besteht im winterlichen Regenfall, während es in den nördlicheren Teilen Europas das ganze Jahr über regnen kann. Viele Teile des Mittelmeerraumes, die im Sommer nur wenige Tropfen Regen abbekommen, werden im Winter geradezu überschwemmt. Das Problem für die Pflanzen besteht darin, das Wasser zurückzuhalten, bevor es ins Meer läuft.

Im kahlen Boden der Küstensteppe zeigt die schlanke Blüte der Meerzwiebel *Urginea maritima*, daß es doch einige Pflanzen gibt, die das Problem lösen können. Wenn man den Sproß in die Erde verfolgt, zeigt sich, daß er in einer großen Zwiebel entspringt, die manchmal 15 cm Durchmesser hat. Das ist das lebende Wasserreservoir, das einmal im Jahr das Wachstum der riemenförmigen Blätter ermöglicht wie auch der eleganten weißen Blüten. Trotz ihrer vielversprechenden Erscheinung ist die Meerzwiebel nicht eßbar, auf einigen griechischen Inseln hat man sie jahrhundertelang als natürliches Rattengift verwendet. Ein englischer Naturforscher des 19. Jahrhunderts berichtet, daß er eine solche Zwiebel in einer Kiste verpackte. Nach seiner Rückkehr von der Französischen Riviera verblieb die Zwiebel ohne Wasser fast ein Jahr in der Kiste, aber als er sie auspackte, mußte er feststellen, daß sie in der Kiste geblüht hatte!

Viele Pflanzen der Küstensteppe überleben in der gleichen Weise durch Wasserspeicherung. Die schlanken, dicht mit Blüten besetzten Sprosse des Affodills *Asphodelus microcarpus* entspringen aus einer dicken Knolle aus den unwirtlichsten Böden, und *Scolymus hispanicus* wächst aus einer sukkulenten Wurzel, die manchmal als Gemüse gegessen wird. Einen wahrhaft exotischen Eindruck kann die Landschaft durch die Opuntie *Opuntia ficus-india* gewinnen. Dieser Kaktus speichert Wasser in seinen abgeflachten, fleischigen Stengeln, die nicht nur durch Stacheln, sondern auch durch Haarbüschel geschützt sind, die Entzündungen der Haut hervorrufen können und so die süße, sukkulente Frucht am besten schützen.

Im Gegensatz zu den wenigen, aber manchmal auffälligen Pflanzen ist das

Tierleben eher unauffällig. Die Überlebensprobleme während des langen trockenen Sommers sind für viele Arten zu groß. Einige Reptilien, wie der Spanische Sandläufer *Psammodromus hispanicus* und die Treppennatter *Elaphe scalaris* werden damit fertig, aber sie sind auch ungewöhnlich widerstandsfähig gegen Trockenheit. Ein Tier allerdings braucht den Wassermangel. Das ist der Ameisenlöwe, die Larve der Ameisenjungfer *Myrmeleon plumbeus*, eines schlanken Insekts mit durchsichtigen Netzflügeln wie eine Libelle. Der Ameisenlöwe ist plump-oval, er gräbt einen Trichter im Sand und gräbt sich selbst so weit ein, daß nur die riesigen Kiefer hervorsehen. In dem trockenen Sand können Ameisen, die in den Trichter geraten, nicht entkommen. Zusätzlich werden sie noch von dem Ameisenlöwen mit Sandkörnern bombardiert. Sind sie am Boden des Trichters angekommen, werden sie ergriffen und ausgesogen. Streift man mit einem Grashalm über den Rand des Trichters, ist der Ameisenlöwe sofort in Erwartung von Beute alarmiert.

Felsküsten

Die Steilküsten des Mittelmeeres: ein Naturreservat

An vielen Stellen der Mittelmeerküste ist das Meer überraschend unzugänglich. Eine Karte der Küsten Sardiniens, Jugoslawiens oder der griechischen Inseln zeigt weite Bereiche, die nicht von Straßen und Wegen erschlossen sind. Das ist kein Mangel an Bemühung der Bewohner, sondern ein Zeichen, daß hier Steilküsten den Zugang zum Meer versperren.

Steilküsten, besonders an der Nordküste, bieten ein Naturreservat von tausenden Kilometern Länge. Pflanzen und Tiere, die die Störung durch den Menschen nicht tolerieren, können hier ungestört leben. Die Natur dieses Lebensraums bedingt, daß die kleineren Arten oft schwer zu sehen sind. Besser zugängliche Gebiete wie das felsige Vorgebirge der Corniches an der französischen Riviera zeigen aber ähnliche Verhältnisse wie abgelegenere Klippen.

Die Felsen, aus denen die Steilküsten bestehen, unterscheiden sich entlang der Küste. An der Costa Brava und an vielen Stellen weiter östlich sind die Felsen vulkanischen Ursprungs. Ihre scharfen Kanten machen das Klettern schwierig, aber sie bilden auch Verstecke für Eidechsen und Insekten, besonders wo Gruben und Höhlungen vorhanden sind, die ehemals durch vulkanische Gase entstanden. In Teilen Italiens und Dalmatiens bestehen die Steilküsten aus verkarstetem Kalkgestein, einem weichen Gestein, das durch das Meerwasser erodiert wurde und glatte Oberflächen und Grotten bildet. Die weichsten Klippen bestehen aus Sandstein, z. B. auf Korfu und Kreta, sie verwittern schnell unter der Einwirkung von Wind und Wellen.

Für Pflanzen und Tiere muß der Fels fest sein. Jeder, der einmal den Kraterrest von Santorin in der Ägäis gesehen hat, wird sich gewundert haben, wie wenig Leben es auf den hohen Wällen krümeligen Bimssteins gibt. Im Gegensatz dazu sind die steilen Kalksteinklippen von Capri in der Bucht von Neapel voll kräftiger Pflanzen, die im Frühjahr ihre ganze Blütenpracht entfalten.

Unzweifelhaft sind Vögel an den Steilküsten am faszinierendsten und am leichtesten zu beobachten. Nahe der Oberkante der Felsen mögen Alpenkrähen *Pyrrhocorax pyrrhocorax* und der Kolkrabe *Corvus corax* häufiger sein als echte Bewohner der Mittelmeerregion. Die hübsche rotbeinige Alpenkrähe segelt mit der Leichtigkeit einer Möwe und vollbringt akrobatische Kunststücke in der Luft ohne ersichtlichen Grund. Wie echte Seevögel brütet sie auf Vorsprüngen der Klippen. Der Rabe hat dagegen hier eher ein Rückzugsgebiet. Von allen Krähenvögeln war er am wenigsten erfolgreich im Zusammenleben mit dem Menschen; aber hier ist er ungestört. Meist hört man den Raben, bevor man ihn sieht, da sein kurzer rauher Ruf weit trägt. Er kann an der Steilküste brüten, aber nur dort, wo er auf Bäumen oder Büschen sein Nest bauen kann.

Alpenkrähen mit charakteristischen roten Beinen und Schnäbeln bewohnen die karge Felslandschaft

Einige Seevögel teilen mit dem Raben die Zurückgezogenheit gegenüber dem Menschen. Dem Schwarzschnabelsturmtaucher *Puffinus puffinus*, dem Baßtölpel *Sula bassana*, der Korallenmöwe *Larus audouinii* und der Lachseeschwalbe *Gelochelidon nilotica* kann man nur auf sehr entlegenen Kliffen begegnen. Andere Vögel der Küstenzone sind weniger wählerisch in ihrem Lebensraum: Den Gelbschnabelsturmtaucher *Calonectris diomedea*, die Silbermöwe *Larus argentatus* und die Heringsmöwe *Larus fuscus* sieht man gewöhnlich in Städten, wo sie Müllhalden durchstöbern.
Einem Vogel, der auf entlegenen Klippen brütet, begegnet man eher auf See als an Land. Das ist die Sturmschwalbe *Hydrobates pelagicus*, ein bemerkenswert kleiner Vogel, der vor allem auf Korsika und in Tunesien nistet. Die Sturmschwalbe ist der kleinste europäische Seevogel, er verbringt die meiste Zeit fliegend, oft Schiffen folgend, oder dicht übers Wasser flatternd, manchmal seine schwachen Beine eintauchend, wenn er nach einem Fisch oder einer anderen Beute schnappt. Bei den seltenen Gelegenheiten, wenn die Sturmschwalbe an Land kommt, rutscht sie auf dem ganzen Unterschenkel umher.
Steile Felsen an der Küste und im Inland sind der Lebensraum des letzten großen Säugetieres des Mittelmeerraumes, des Mufflons *Ovis aries*, eines wilden Schafes, das ehemals in Sardinien und Korsika häufig war. Das Mufflon findet man heute an vielen Stellen Europas eingebürgert, aber insgesamt ist das nur ein Rest der ehemaligen Populationen. Die Nachstellung durch den Menschen zwingt das Mufflon, an steilen Felsen zu leben, wo es vor allem in der Dämmerung und in der Dunkelheit aktiv ist. Sein vorsichtiges Verhalten unterscheidet es sofort von Schafen oder Ziegen. Ein Mufflon bekommt man allenfalls zu Gesicht, wenn es überrascht

worden ist, worauf es schnellstens mit gewandten Sprüngen über die Felsen flüchtet.

Von allen landbewohnenden Tieren der Klippen klettert keines so gewandt wie der Europäische Halbfinger *Hemidactylus turcicus*, ein Gecko. Es gibt mehr als 600 Arten dieser agilen Echsen auf der Erde, aber nur 4 in Europa, wo sie auf Spanien, die Mittelmeerküste und -inseln beschränkt sind. Geckos haben an ihren Zehen Krallen wie alle Echsen, aber außerdem Haftscheiben mit zahlreichen verzweigten Borsten, die es ihnen erlauben, überall Halt zu finden. Einige Geckos können Fensterscheiben hinaufklettern, und die senkrechten Felsen der Klippen sind kein Problem für den Halbfinger. Am besten beobachtet man ihn am Abend, wenn er sein Versteck verläßt, um Insekten zu jagen. Er ist nicht auffällig, aber manchmal kann man ihn nach seinem weichen Tick-tack-Ruf orten.

Obwohl die Klippen Lebensraum für eine Reihe von Vögeln, Reptilien und Wirbellose bieten, können doch nur wenige echte Landtiere weiter unten in der Spritzwasserzone überleben. Ein luftatmendes Tier, das auf den feuchten Felsen umhereilt, ist die Küstenassel *Ligia*, die von Detribus lebt. *Ligia* findet sich an allen europäischen Küsten. Sie versteckt sich in Gesteinsspalten, aber nachts, wenn die Luft kühl ist, wird sie aktiv.

Im Vergleich zu ihrer hervorstechenden Rolle zu Land und in der Luft sind nur wenige Insekten bis an den Bereich des Seewassers vorgedrungen. So gibt es auch am Mittelmeer nur wenige Insekten, die ein Überspülen mit Seewasser vertragen. Der Felsenspringer *Petrobius maritimus* ist ein Urinsekt, das man in diesem Bereich beobachten kann. Er teilt diesen Lebensraum mit dem Springschwanz *Anurida maritima*, der von feinen Pflanzenresten lebt. Selbst diese kleinen Tiere sind nicht ohne Feinde. Die jungen Springschwänze, die in den Felsspalten leben, werden von dem Pseudoskorpion *Pselaphochernes littoralis* gefressen. Obwohl die Mehrzahl der Pseudoskorpione rein terrestrisch ist, überlebt *Pselaphochernes* zwischen den Felsen, indem er ein Gespinst in den Spalten anlegt. Wenn die Gesteinsspalte sich mit Wasser füllt, bleibt in dem Gespinst eine Luftblase erhalten, in der der Pseudoskorpion leben kann.

Zähe Pflanzen der Steilküste

Trotz der Nähe von Wasser leben die Pflanzen auf den Klippen doch in fast konstanter Trockenheit. Regenwasser fließt schnell ab, und der wenige Mutterboden vermag unter dem dauernden Wind nur wenig Wasser zu halten. Die meisten Pflanzen der Klippen bilden Polster oder wachsen flach und niedrig, eine Anpassung an die harten Bedingungen, unter denen jeder hervorstehende Zweig vom Wind zerzaust würde.

Die Hottentottenfeige *Carpobrotus* ist eine typische Pflanze der mediterranen Steilküsten. Sie ist nicht mit der Feige verwandt, sondern stammt ursprünglich aus Südafrika und hat sich nach ihrer Einführung schnell über den Mittelmeerraum verbreitet. Ganze Klippenwände können von ihr bedeckt sein. Zwischen April und Juli entfaltet sie ihre leuchtenden, gänseblümchenähnlichen Blüten. Ihre Blätter sind mit Wachs bedeckt, so daß Wasserverlust verhindert wird. Ihre Fähigkeit, mit schwierigen Bedingungen fertigzuwerden, macht sie zu einer idealen Pflanze, um Schotter und Gebäude zu besiedeln.

Einige Pflanzen der Steilküste kennt man von ihren Verwandten aus dem Inland her. Der Wegerich *Plantago coronopus* gehört zur Familie der Wegerichgewächse (Plantaginaceae), die man häufig an Wegrändern und auf Brachland in ganz Europa antrifft. Um mit den Extrembedingungen fertigzuwerden, hat er eine niedrige, breite Wuchsform entwickelt, wobei die Blüten aus dem Zentrum der Rosette aufragen. Ähnlich wächst *Crithmum maritimum*, das man auf Klippen in ganz Europa findet. Im Gegensatz zu den übrigen Umbelliferen, wie z. B. Bärenklau und Schierling, hat es fleischige Blätter.

Die Klippenkante bietet weniger extreme Bedingungen als die Steilwand selbst. Zwischen Mai und Juli erscheinen hier die gelben Blüten des gänseblümchenähnlichen *Odontospermum maritimum* in Büschen wenige Zentimeter über dem Boden. Wo der Wind nicht so stark ist, blüht im Spätsommer *Inula crithmoides*, außerdem zeigt die Mariendistel *Silybum marianum* ihre hübschen weinroten Blüten auf Stielen bis zu 1,5 m Höhe. Beide Pflanzen gibt es auch an anderen wasserarmen Felsstandorten in Europa.

Das reiche Leben der Felsküste

Jeder, der einmal mit Maske und Schnorchel im Mittelmeer geschwommen ist, wird sehr schnell bemerkt haben, wo man am meisten Meerestiere finden kann. Das ist nicht am Sandstrand oder im offenen Wasser, sondern nahe an der steilen, felsigen Küste. Direkt unter der Wasseroberfläche beginnt das reichste Tier- und Pflanzenleben. Massen von Algen, Schwämmen, Seeanemonen, Würmern, Krebsen und Seescheiden bedecken die Felsen, von ihnen leben kleine Fische und andere Tiere.

Ein Faktor, der für die Verbreitung dieser Organismen besonders wichtig ist, ist der Tidenhub. In Nordeuropa bedecken die Gezeiten jeden Tag regelmäßig große Küstengebiete und legen sie dann wieder frei. Im Gegensatz dazu ist der Unterschied zwischen Ebbe und Flut im Mittelmeer gering. Im Golf von Cadiz im Atlantik beträgt der extreme Tidenhub 4 m. Bei Gibraltar sind es nur noch 1,1 m, und entlang der meisten Mittelmeerküsten mißt man den Unterschied nur in Dezimetern, bei Leghorn in Italien durchschnittlich 22 cm und an der syrischen Küste zwischen 20 und 40 cm. Man kann sich die Überraschung der frühen Seefahrer des Mittelmeeres vorstellen, als sie erstmalig des großen Tidenhubs im Atlantik gewahr wurden. Da der Tidenhub gering ist, sind in der schmalen Gezeitenzone viele Tierarten zusammengedrängt. Daher findet man Arten, die in der Zone zwischen Hoch- und Niedrigwasser leben, nur in einem schmalen Band. Die meisten pflanzenfressenden Mollusken wie Napf- und Kreiselschnecken konzentrieren sich auf diesen Bereich.

Jahrhundertelang hat sich der Mensch von den Bewohnern der Felsküste ernährt. Den Römern waren Schalentiere, Krabben und Tintenfische geläufig, und es wird sogar behauptet, daß sie die giftige Muräne *Muraena helena* in Wasserbecken hielten, nachdem sie sie aus ihrem Versteck geholt hatten. Noch heute lassen die Felsen und Grotten der Küste eine kleine Fischereiindustrie existieren, obwohl sich moderne Fischereimethoden auf das offene Meer konzentrieren.

Der Grund für diese reichhaltige Tierwelt kann in einem Wort zusammengefaßt werden: Stabilität. Obwohl oberhalb des Wasserspiegels Wellen den Fels umspülen, sind unter Wasser die Bedingungen angenehm: Algen können wachsen, ohne unter Sand oder Detritus erstickt zu werden, und die Zahl der felsbewohnenden Arten ist groß. Einige wie die silbergrüne Schirmchenalge *Acetabularia mediterranea* kann man auch in flachem Wasser sehen. Sie hat wenig Bedeutung für die Tierwelt. Größere Algen bieten dagegen zwischen ihren Verzweigungen Schutz für eine Vielzahl kleiner Tiere.

Untersucht man sorgfältig eine Braunalge, wird man eine verborgene Welt von Wirbellosen entdecken. Zwischen den Thalli von *Dictyopteris membranacea, Fucus virsoides* und *Cystoseira abrotanifolia* z. B. verstecken sich kleine Krebse, Schwämme, Nesseltiere. Eine genaue Betrachtung wird vielleicht die Asselspinne *Pycnogonum pusillum* zutage fördern, die sich am Mauerblatt einer Seeanemone festhält, wo sie ihren Rüssel tief in das weiche Gewebe eingesenkt hat, oder Seescheiden, die langsam von der Porzellanschnecke *Trivia monacha* vom Fels abgeschabt werden. Unbewegliche Wirbellose benutzen Algen als Unterlage. Der Schwamm *Grantia compressa*, der wie alle Schwämme Wasser durch sich hindurchpumpt und alle kleinen organischen Teile abfiltert, wächst auf Rotalgen. Der Borstenwurm *Branchiomma lucullana* heftet seine Schlammröhre an Algen, und die weichhäutige Sternschnecke *Polycera quadrilineata* führt zwischen den Algen die Begattung durch und legt dort ihre Eier ab.

Ernährung mit Sieben und Tentakeln

Viele der unbeweglichen Felsbewohner haben eine filtrierende Lebensweise. Indem sie Meerwasser durch siebartige Teile ihres Körpers pumpen, sammeln sie organisches Gewebe als Nahrung. Solange der Nahrungsstrom ausreichend ist, können diese Tiere auf eine Ortsveränderung verzichten und bleiben fest an den Fels gekettet. Die Art der Festheftung ist unterschiedlich.

Die häufigste Mittelmeermiesmuschel *Mytilus galloprovincialis* heftet sich mit den festen Fäden an, die zwischen ihren paarigen Schalen hervortreten. Diesen Bart oder „Byssus" muß man abkratzen, bevor man die Muschel kocht. Austern wie *Chama gryphoides* zementieren eine ihrer Schalen direkt auf den Fels, was eine sehr feste Verbindung ergibt. Keine dieser beiden Methoden erreicht die enge Integration, die die Meerdattel *Lithophaga lithophaga* oder die Bohrmuschel *Pholas dactylus* praktizieren. Beide Muscheln benutzen ihre Schalen, um den Fels anzubohren. Die Bohrmuschel findet man sowohl im Mittelmeer wie im Nordatlantik, sie bohrt in weichem Gestein oder in Holz. Die Meerdattel gibt es nur im Mittelmeer, besonders in Gegenden mit Kalkstein. Diese Muschel scheidet eine Säure aus, die den Stein langsam auflöst, damit gerät sie außer Reichweite von Feinden.

Die Schwämme sind eine andere Gruppe von Filtrierern, die wir häufig an den Küsten des Mittelmeeres finden. Keineswegs erinnern alle in ihrem

Ein griechischer Schwammtaucher reinigt seine Beute

Aussehen an den bekannten Badeschwamm *Spongia officinalis*. Der Brotschwamm *Halichondria panicea* zum Beispiel bedeckt den Fels mit einer dünnen Schicht lebenden Gewebes. Die Poren, aus denen Wasser ausströmt, sind wie kleine Vulkane über die Oberfläche verteilt. Solche Schwämme haben keinen Handelswert. Jeder, der Schwämme von wirklicher Größe im Mittelmeer finden will, wird sicherlich enttäuscht. Jahrhundertelange Schwammfischerei hat die Bestände stark reduziert, größere Exemplare können heute nur noch in Tiefen von mehr als 50 m gefunden werden. Trotz der Entwicklung synthetischer Produkte blüht der Schwammhandel noch immer, besonders in der östlichen Ägäis um die Inseln Kalimnos. Schwammfischen ist eine anstrengende Arbeit, und die Verarbeitung des lebenden Schwammes zum marktfertigen Produkt hat sich seit altersher kaum verändert.

Ebenso wie die Filtrierer sind auch die See-Anemonen festsitzend. Obwohl sie auch tote Nahrung annehmen, fangen sie meist lebende Beute mit ihren nesselkapselbewehrten Fangarmen.

Keine der Mittelmeerarten wird dem Menschen gefährlich, aber einige Menschen reagieren allergisch z. B. auf das Nesseln der Wachsrose *Anemonia viridis*. Die Pferdenelke *Actinia equina* ist eine typisch mediterrane Art, die aber auch noch kältere europäische Küsten besiedelt. Man findet sie als braunroten qualligen Klumpen, wenn sie durch die Ebbe freigelegt wird. Die Seenelke *Metridium senile* lebt auf Felsen in tieferem Wasser und sieht mit ihrer Krone sehr feiner Tentakeln wie ein kleiner Staubwedel aus.

Kriechende Wirbellose und haftende Fische

Nicht alle felsbewohnenden Wirbellosen warten darauf, daß ihnen das Meer die Nahrung zuspült. Viele Arten wandern über die Felsbrocken, grasen kleine Algen ab oder sammeln organisches Material. Seeigel z. B., deren Stacheln eine Gefahr für den Schwimmer sind, kriechen langsam unter der Wasseroberfläche umher. Mancherorts starren die Felsen von Seeigeln. Sie vertragen auch verschmutztes Wasser und sind daher auch in Hafenbecken häufig: vor allem der Schwarze Seeigel *Arbacia lixula*, der Kletterseeigel *Psammechinus microtuberculatus* und der Steinseeigel *Paracentrotus lividus*. Die letzte Art, der „oursin" der französischen Küche, wird für ihren delikaten Rogen gerühmt und oft roh gegessen. Seeigel haben 5 Zähne, die wie der Spannkopf einer Bohrmaschine arbeiten. Den gesamten Kieferapparat, die Laterne des Aristoteles, kann man im Skelett toter Seeigel finden. Während der Seeigel über die Felsen wandert, schaben die Zähne jegliche Nahrung ab und zermahlen sie. Obwohl die Fortbewegung sehr langsam ist, kann der Seeigel in jeder Richtung vorwärtskommen, auch mit der Oberseite nach unten.

An einigen Stellen des Mittelmeeres, wo der Fels weich ist, leben Seeigel in kleinen selbstgefertigten Höhlungen, um den empfindlichen Körper vor den Wellen zu schützen. Da sie oft Jahre in diesen Gruben bleiben, können sie u. U. zu groß geworden sein, um die Höhlung noch zu verlassen. Aber solange ausreichend Nahrung hereingespült wird, überlebt der Seeigel in seinem felsigen Gefängnis geschützt vor Wellen und Feinden. Die Napfschnecken sind dem Reisenden vielleicht von nördlichen Felsküsten bekannt. Mit ihrer fein gezähnten Raspelzunge (Radula) grasen diese Schnecken kleine Algen in der Gezeitenzone ab, zurück bleibt eine feine Spur von kahlem Felsen. Napfschnecken halten die Algenvegetation auf den Felsen kurz, die sonst bald viele andere Organismen überwuchern würde.

Mollusken fallen oft den Seesternen zum Opfer. Das Mittelmeer beherbergt davon eine Reihe Arten, wie den grellorangen *Luidia ciliaris* mit sieben ziemlich spitzen Armen, und *Ophidiaster ophidianus*, purpurrot mit fünf Armen. Trotz ihres dekorativen Aussehens sind Seesterne gefräßige Räuber. Wenn eine Muschel von einem Seestern berührt wird, schließt sie sofort ihre Schalen. Der Seestern kann jedoch mit seinen Armen die Muschelschalen auseinanderziehen. Wenn die Muschel auch nur ein wenig ermüdet und die Schalen etwas auseinanderklaffen läßt, stülpt der Seestern seinen Magen hinein und verdaut die Muschel zwischen ihren Schalen. Während die Seesterne nur kriechen können, schwimmt der grazile Haarstern *Antedon mediterranea* mit Hilfe seiner Arme. Er ernährt sich von Geschwebe.

Kein Tier der Felsküste hat so sehr unter Nachstellungen zu leiden wie die Edelkrebse, die größten Krebse des Mittelmeeres. Jahrzehntelang sind sie mit solchem Eifer in beköderte Reusen gelockt worden, daß man heute kaum noch welche findet. Neben dem Hummer *Homarus gammarus*, der auch in Atlantik, Nord- und Ostsee vorkommt, leben hier auch Langusten, sowie der große Bärenkrebs *Scyllarides latus*. Dieser gedrungene Krebs hat nur kleine Scheren und kurze Beine. Nach dem Geräusch, das er unter Wasser produziert, heißt er in Frankreich *grande cigale*.

Ihr Gewicht fesselt die Edelkrebse an den Boden, zwischen den Felsen suchen sie ihre Nahrung. Dagegen sind ihre kleineren Verwandten, die Krabben, viel beweglicher. Eine Art ist von besonderem Interesse, die Wollkrabbe *Dromia vulgaris*. Diese Krabbe nutzt nicht nur die natürliche Deckung zwischen den Felsen, sondern auch andere Möglichkeiten: Wenn sich eine junge *Dromia* im Anschluß an das Larvenleben auf den Boden niederläßt, dann kneift sie ein Stück von einem Schwamm oder von einer Seescheidenkolonie ab und hält dieses Stück mit einem Paar umgewandelter Beine über den eigenen Rücken. Diese Tarnung wächst, bis sie eine Art lebender Mütze bildet, die die gesamte Oberseite der Krabbe bedeckt. Nur ein scharfes Auge entdeckt die Täuschung.

Obwohl sich in der Deckung der Felsen auch Fische des offenen Wassers finden, bewegen sich einige Arten nie weit von der Küste weg. Ein Anblick, der an Felsentümpeln überraschen kann, ist ein kleiner Fisch, der bei Störung ins Wasser springt. Das ist die Panagellgrundel *Gobius paganellus*, die sich mit ihren Bauchflossen, die zu einem Saugnapf umgewandelt sind, an den Felsen festhält. Diese Grundel kann geraume Zeit an der Luft überleben und auch über die Felsen von einem Tümpel zum andern wandern.

Die Fähigkeit, sich an den Felsen festzusaugen, hat ihre höchste Vollendung bei dem Saugfisch *Lepadogaster lepadogaster* gefunden, dessen Brust- und Bauchflossen und deren Muskeln sich zu einem kräftigen Saugnapf vereinigt haben. Wenn die Wellen an die Felsen schlagen, kann sich dieser Fisch ansaugen und vermeidet auf diese Weise Verletzungen.

Das Trottoir, mediterrane Riffbildungen

An den Küsten des Golfes von Lion und der Balearischen Inseln sieht man an steilen Stellen unter der Wasserlinie dicke Bänder, die wie rötlicher Felsen aussehen und ins Wasser vorspringen. Diese Formationen, Trottoir

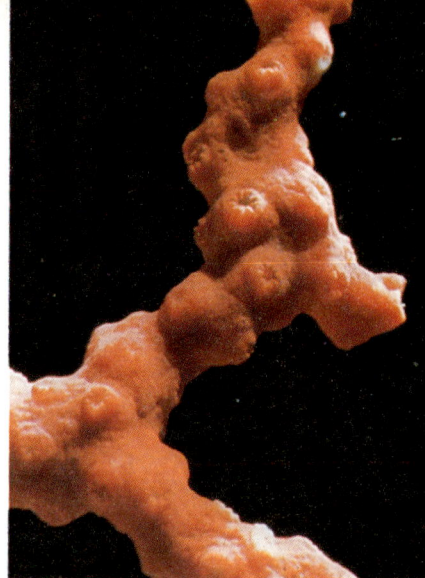

Korallenpolypen stülpen sich gewöhnlich nachts zur Nahrungsaufnahme aus. Hier sind Polypenköpfchen mit ausgestülpten und eingezogenen Tentakeln zu sehen

genannt, entstehen durch besonders starkes Wachstum der Rotalge *Lithophyllum tortuosum*, einer Pflanze, die dem Meerwasser Kalk entzieht und ihn in ihrem Gewebe als hartes Skelett einlagert – der gleiche Prozeß, den wir auch bei Korallenriffen finden. Daneben überzieht die Alge aber auch alle Steine und Felsen im flachen Wasser mit einer roten Schicht.

Wie Fels ist auch die gewundene und gefaltete Oberfläche des Trottoirs ideal für alle möglichen Wirbellosen. Sie können sich hier relativ leicht eingraben, ein Vorteil, den sich Seeigel und Bohrmuscheln zunutze machen. Einige Tiere tragen selbst zum Bau des Trottoirs bei, wie die Steinkorallen *Lophelia pertusa* und *Dendrophyllia ramea* mit ihren verzweigten Kolonien, Seepocken und Röhrenwürmer lagern ebenfalls Kalk ab. Wo Teile der Algen von den Wellen abgebrochen werden, bedeckt sich der Meeresboden mit einem krümeligen, aber stabilen Lager. Dies ist der Lebensraum der Seescheide *Microcosmus sulcatus*, eines großen, außen faltig strukturierten Tieres, das wegen seiner Keimdrüsen als Delikatesse gesammelt wird.

Diese Seeigel haben sich in weichen Fels eingebohrt, die angesammelten Kiesel dienen als Tarnung (links oben)
Ein ruhender Haarstern. Beim Schwimmen rollt er seine zerbrechlichen Arme auf und führt rhythmische Schläge aus (links unten)

Sandstrände

Die Natur des Sandes

Für viele Menschen gehört ein ausgedehnter Sandstrand zu einem genußreichen Urlaub. Reisebüros kennen diese Tatsache, und Prospekte, die Touristen an die Mittelmeerküste locken sollen, zeigen oft Buchten von fast wüstenhaftem Sand, der sich bis an den fernen Horizont erstreckt. Wenn aber Sandstrände allein für eine Reise ausschlaggebend wären, würden die Touristen am Atlantik oder der Nordsee besser bedient. Obwohl einige Gegenden des Mittelmeers lange Sandstrände haben, gibt es doch genügend andere, wo diese fast gänzlich fehlen. Enttäuschte Touristen werden wohl nach der Ursache für die ungleiche Verteilung fragen.

Sandkörner sind kleine Silikatpartikel. Obwohl sie nicht schwimmen, können sie doch über weite Strecken durch Meeresströmungen transportiert werden. Ansammlungen von Sand gibt es nur dort, wo genügend Nachschub vorhanden ist und Strömungen ihn anhäufen. Die längsten Sandstrände findet man an der tunesischen Küste östlich von Cap Bon und an den Lagunen nahe den Mündungen von Rhône und Po. An der nordafrikanischen Küste sind diese Strände durch Meeresströmungen und die nahe, nicht durch Gebirge abgedrängte Wüste entstanden. Kleinere Sandstrände und Sandbuchten an Felsküsten entstehen aus den örtlichen Gegebenheiten, wobei das Meer Steine zermahlt und den Sand an die Küste wirft.

Sand bietet schwierige Bedingungen für Pflanzen wie für Tiere. Im Gegensatz zu felsigem Untergrund gibt es keine Möglichkeit zur Verankerung. Nur wenige Arten werden mit diesem Problem fertig. Einer der wenigen echten Bewohner von Sandstränden ist der Sandflohkrebs *Talitrus saltator*, ein kleiner Krebs, der auf dem Sand umherspringt. Ein Kieselstrand bringt ähnliche Probleme mit sich. Da die Kiesel von den Wellen hin- und hergerollt werden, würden alle Tiere oder Pflanzen mit großer Wahrscheinlichkeit zerrieben. Man findet daher kaum Organismen in solchen Biotopen, außer an Stellen, wo ein Spülsaum vorhanden ist.

Kleine Kinder sind die natürlichen Fachleute für die verschiedenen Bedingungen des Sandes, die auch für die Tierwelt von Interesse sind. Sie wissen, daß Sand an einem Ende des Strandes gut zum Bau von Sandburgen ist, am anderen Ende aber nicht. Sie entdecken bald, daß sich der Sand auf der Höhe des Strandes beim Stoßen mit dem Fuß in alle Richtungen verteilt, aber in der Mitte des Strandes bleibt er fest unter dem Fuß und wird weiß um die Berührungsfläche, näher zum Wasser aber wird der Sand beim Hineintreten weich und matschig.

Die Gründe für diese Unterschiede liegen in der Form der Sandkörner. Silikat ist eine sehr harte Substanz, die sehr leicht auseinanderbricht, so daß die Sandkörner unregelmäßige und scharfe Kanten bekommen. Wegen ihrer irregulären Form können die Körner nicht nebeneinander liegen. Alle Sande enthalten daher sehr viele Lückenräume. Das gibt dem Sand die

Porosität. Wasser kann diese Räume erfüllen oder schnell darin versickern. Da die gesamte Oberfläche der Körner so groß ist, bleibt immer noch ein dünner Oberflächenfilm von Wasser erhalten, soweit die Hitze nicht extrem wird. Dieser Fall tritt aber unter der heißen Sonne des Mittelmeeres auf: Der Sand am oberen Rand des Strandes wird trocken und lose – ein unbarmherziger Lebensraum für Tiere.

Obwohl der Sand in der mittleren Zone des Strandes trocknet, wenn der Wasserstand zurückgeht, verliert er doch nicht das gesamte Wasser. Unter dem Druck der Füße wird Sand verfestigt, und man sieht ihn feucht werden. Man bezeichnet diesen Vorgang als Dilatanz, er läßt den Sand heller erscheinen und macht ihn geeignet für Sandburgen. Wenn der Sand unter der Ebbe längere Zeit dilatant ist, gibt es in ihm wenige Tiere: Frei bewegliche Organismen würden ihn verfestigen, wenn sie versuchten, sich darin fortzubewegen.

Am unteren Rand des Strandes ist der Sand mit Wasser vollgesogen. Das Wasser wirkt auf die Sandkörner wie ein Gleitmittel. Tritt man auf diesen Sand, verhält er sich wie eine viskose Flüssigkeit. Läßt man ihn sich setzen, kehrt er in den „festen" Zustand zurück, ein Vorgang, den man als Thixotropie bezeichnet. Thixotroper Sand ist ideal für grabende Tiere, bei nahender Gefahr können sie sich darin schnellstens vergraben, und der Sand ist ein ausgezeichnetes Versteck, um von dort aus Beute zu machen.

Oberflächenbewohner des Sandes

Von den wenigen Tieren, die unter Wasser die Sandoberfläche besiedeln, sind Schnecken, die auf ihrem schleimbedeckten Fuß dahingleiten, am auffälligsten. Einige sind Vegetarier. Die Schnecke *Cerithium vulgatum* weidet den Diatomeenfilm ab. Diese mikroskopisch kleinen, einzelligen Kieselalgen sind in Stillwasserbereichen mit ausreichendem Licht so häufig, daß sie dem Sand einen goldolivfarbenen Schimmer verleihen. *Nassarius reticulatus* und die Nabelschnecke *Natica alderi* leben dagegen räuberisch. Sie graben im Sand auf der Suche nach Muscheln. Diese Lebensweise teilt mit ihnen die berühmteste Schnecke des Mittelmeeres, das Brandhorn *Bolinus brandaris*. Aus dieser Schnecke extrahierten die Phönizier und später die Griechen und Römer einen purpurroten Farbstoff. Er wurde für den königlichen Purpurfarbstoff benutzt, der in römischer Zeit den Senatoren und dem Kaiser vorbehalten war. Die Färberindustrie blühte so, daß man bis zum Beginn unseres Jahrhunderts an einigen Stellen der Küste des Libanon ganze Haufen von Brandhorngehäusen sehen konnte.

In flacheren Teilen kann der Meeresboden mit Seegras bedeckt sein. Diese Unterwasserwiesen bestehen aus drei relativ häufigen Grasarten, die im Meerwasser leben können, das Gewöhnliche Seegras *Zostera marina*, das Tanggras *Cymodocea nodosa* und das Neptungras *Posidonia oceanica*. Ihre faserigen Wurzeln und verzweigten Erdsprosse helfen den Sand festzuhalten. Ausgedehnte Seegraswiesen findet man in Lagunen, wo sie sich als dunkle Flächen gegen den hellen Sand abheben. In ihnen leben oft die Tonnenschnecke *Dolium galea* und die Helmschnecke *Cassidaria echinophora*, die auf der Suche nach Seeigeln umherwandern. Sie können Säuren ausscheiden, die den Angriff auf die Panzer ihrer Opfer erleichtern.

Grabende Tiere im Sand

Die Masse der Sandbewohner bekommt man nicht zu Gesicht, es sei denn, man gräbt sie aus. Da eine längliche Stromlinienform am besten für die Fortbewegung im Sand geeignet ist, überrascht es nicht, daß alle Sandbewohner eine mehr oder weniger wurmförmige Gestalt haben, auch wenn es keine Würmer sind.

Ophelia bicornis ist ein rosa Borstenwurm, der sehr schön die nötigen Anpassungen für das Leben im Sand vorführt. Sein Körper ist länglich und am Vorderende zugespitzt. Der kleine gebogene Vorsprung am Vorderende zerteilt den Sand. Der Druck der durch die Körpermuskulatur nach vorn gepreßten Körperflüssigkeit läßt das Vorderende wie einen Rammbock wirken. Da die Sandkörner sehr scharfkantig sind, können weichhäutige Tiere leicht verletzt werden. Um eine ständige Abschürfung zu verhindern, hat *Ophelia* eine widerstandsfähige Hautausscheidung, die Cuticula. Die empfindlichen Kiemen sind in einer Längsfurche verborgen, die sich während der Fortbewegung schließt.

Gräbt man bei Ebbe nur ein wenig im Sand, der gerade trockengefallen ist, so wird man eine Unzahl ähnlicher Borstenwürmer finden, besonders an schlickigen Stellen mit hohem organischen Anteil.

Drachenfische wie die Petermännchen *Trachinus draco* und *T. vipera* zeigen, daß sich nicht nur Wirbellose an die grabende Lebensweise angepaßt haben. Diese Fische vergraben sich in lockerem Sand, so daß nur Augen, Maul und Rückenflosse herausschauen. In dieser Weise getarnt warten sie, bis Beute in ausreichende Nähe kommt. Die Petermännchen sind durch hochgiftige Stacheln in der Rückenflosse geschützt, trotzdem sind sie zu beliebten Speisefischen geworden und eine traditionelle Zutat der französischen Bouillabaisse. Beim Kochen wird das Gift des Petermännchens, ein Eiweiß, zerstört, so daß der Genuß harmlos ist. Auch der Sandaal des Mittelmeeres gräbt sich ein. Dieser schlanke, grazile Fisch benutzt seine Schwanzmuskeln, um sich mit beachtlicher Geschwindigkeit durch den Sand zu bewegen.

An mediterranen Stränden findet man viele Muschelschalen: Diese grabenden Tiere bleiben stets im Sand und filtrieren ihre Nahrung aus dem Meerwasser oder sie sammeln Detritus von der Sandoberfläche. *Acanthocardia echinota*, ein typisches Beispiel dieser versteckt lebenden Tierklasse, baut nur eine flache Höhlung. Andere Arten, wie die Trogmuschel *Mactra corallina* und die Koffermuschel *Donax vittatus*, graben sich tiefer ein und halten den Kontakt zur Oberfläche durch einen Sipho aufrecht, einen länglichen Fortsatz, in dem eine Ein- und eine Ausströmröhre verlaufen.

Herzmuscheln und andere Muscheln sind eine wichtige Nahrung für Vögel und für den Menschen. Sie haben keine Verteidigungsmöglichkeit außer ihrer Unauffälligkeit. An der Nordküste des Mittelmeeres hallt der schrille Ruf des Austernfischers *Haematopus ostralegus* über den Strand, wenn er Muscheln sucht, die unglücklicherweise in Reichweite seines empfindlichen Schnabels sind. Die weite Verbreitung des Austernfischers an europäischen Küsten zeugt davon, wie erfolgreich er bei seiner Suche ist.

Gräbt man eine Sandfläche auf, wird man feststellen, daß sich einige Bewohner Dauerbehausungen in ihrer beweglichen Umgebung bauen. Der

Ein gestrandetes Petermännchen richtet die Giftstacheln seiner Rückenflosse auf

Kleine Herzigel *Echinocardium cordatum* vergräbt sich in einer Tiefe von einigen Zentimetern, wobei er durch einen schlotähnlichen Kanal die Verbindung zur Oberfläche aufrecht erhält. Mit stark dehnbaren Scheinfüßchen, die mit kleinen Schubern ausgerüstet sind, hält er den Schlot sauber; sie verteilen auch den Schleim, der den Schlot zusammenhält. Den empfindlichen Panzer des Kleinen Herzigels findet man manchmal am Strand. Als interessante Konsequenz der grabenden Lebensweise sind von den Herzigeln gute Fossilien erhalten. Man kann sie häufig in den Sedimentgesteinen der Mittelmeerküste finden.

Die Röhrenbauten der meisten Sandbewohner sind einfacher. Durch Verkleben von Sandpartikeln fertigt sich der Sandröhrenwurm *Lanice conchilega* eine schützende Röhre. Sie ragt über die Oberfläche hinaus und ist daher leicht zu finden. Aber der Sandröhrenwurm tarnt sie mit einem Ring falscher Tentakeln aus Sand und Schleim, um räuberische Fische irrezuführen.

Wo Schlick mit Sand gemischt ist, benutzen Sandröhrenwürmer wie *Spirographis spallanzanii* feinere Partikeln, um ihre gummiartig festen Röhren herzustellen. Sie sind von unverwechselbarem Aussehen und von dem spiraligen Tentakelkranz ihrer Bewohner gekrönt. Die Zylinderrose *Cerianthus membranaceus* schießt zahlreiche Nesselkapseln ab, um auf diese Weise im schlammigen Sand eine Röhre herzustellen. Die Nesselfäden verfangen sich zwischen den Sandkörnern und bilden eine filzartige Schicht, die die Anemone wie ein schützender Anzug umkleidet.

Flußmündungen

Die Bildung von Deltas

Die Mündungen aller größeren Flüsse am Mittelmeer bilden Deltas. Ebro, Rhône und Po, alle haben im Mündungsgebiet ausgedehnte Sümpfe und Lagunen, die oft mit Spanischem Rohr *Arundo donax* bestanden sind, dessen bambusartige Halme bis zur Höhe von 5 m wachsen können und ein undurchdringliches Dickicht bilden.

An den Flußmündungen von Atlantik und Nordsee kehren Ebbe und Flut täglich den Wasserstrom um. Mit der Flut wird Schlamm auf ziemliche Distanz in den Fluß gespült, mit der Ebbe aber wird der Schlamm ins Meer gespült und verteilt. Im Mittelmeer ist der Tidenhub aber für einen solchen Auswaschungseffekt zu gering. Über lange geologische Zeiträume haben sich daher Schlamm- und Sandbänke an den Flußmündungen angesammelt und die Flüsse immer wieder gezwungen, sich einen neuen Abfluß zu suchen, daher haben die trägen Wassermassen weitläufige Deltas gebildet.

Ein eindrucksvolles Beispiel dafür kann man im Mündungsgebiet der Rhône bewundern: Dieses Gebiet, die Camargue, ist berühmt für ihren Tierbestand, insbesondere die halbwilden Rinder und Pferde, die in den Sümpfen weiden. Im 13. Jahrhundert entwickelte sich die Stadt Aigues-Mortes zum befestigten Seehafen, und hier schiffte sich Ludwig der Heilige zu zweien seiner Kreuzzüge ein. Ein Kanal sorgte für den Zugang zum nahen Meer. Dieser Kanal wurde zum Wahrzeichen für das Verderben der prächtigen Stadt, denn schon bald zeigte sich, daß die Freihaltung des schnell verschlammenden Wasserweges anhaltend hohe Unkosten verursachen würde. So hörte Aigues-Mortes (der Name bedeutet „totes Wasser") auf, eine Hafenstadt zu sein. Heute trennen die Stadt 6 km Sediment vom offenen Meer.

Eine ähnliche Form von Sedimentation und Ausdehnung des Deltabereichs finden wir an anderen Flußmündungen. Große Küstenstriche der nördlichen Adria zwischen dem Fluß Reno und dem Golf von Triest verdanken ihre Existenz den Flußsedimenten, insbesondere denen des Po. Die Adria leitet ihren Namen von der gleichnamigen norditalienischen Stadt her: einst ein blühender Hafen, heute eine Stadt im Binnenland.

Die Ablagerung von Schlamm in den Mündungsgebieten hat ihre Ursache in den unterschiedlichen chemischen Eigenschaften von Süß- und Meerwasser. Wenn man Salz in Wasser löst, spaltet es sich in einzelne elektromagnetisch geladene Teilchen oder Ionen auf. Süßwasser enthält sehr wenige gelöste Substanzen, Seewasser dagegen sehr viele. Die Flüsse bringen aber unglaublich viele, feinverteilte Schlammpartikeln als Suspension mit. Treffen diese Partikeln auf die gelösten Salze, kommt es zu einem komplizierten Prozeß, bei dem die fein verteilten Partikeln ausklumpen: Sie bilden sogenannte flocculae. Die aber sind zu dicht, um weitergetragen zu werden; sie sinken zu Boden. Dadurch entstehen Schlammbänke.

Wegen ihrer sumpfigen Natur sind diese großen Gebiete ziemlich frei von menschlichen Störungen und bilden wichtige Überwinterungsplätze für Europas Vögel. Enten, Strandläufer, Krammetsvögel und Rotdrosseln finden hier bis zum Frühjahr Zuflucht. Das gilt für die Deltagebiete von Rhône und Po ebenso wie für den Ebro in Nordspanien oder die griechischen Flüsse Evros und Nestos und das große, wenn auch weiter entfernte Nildelta. Obwohl sie auf der Seite des Atlantik liegt, ist hier auch die Coto Doñana in Spanien zu nennen, das Deltagebiet des Flusses Guadalquivir.

Vögel der Sumpfgebiete

Wasservögel bekommt man am besten im Winter zu Gesicht, wenn das Schilf abstirbt und weniger Deckung bietet. Die Löffelente *Anas clypeata* lebt auf dem offenen Wasser der Lagunen, die Erpel erscheinen im Balzkleid des Winterhalbjahres leuchtend grün, weiß und kastanienbraun. Andere Enten bevorzugen weniger salzhaltiges Wasser, weiter von der Mündung entfernt. Die Schnatterente *Anas strepera* kommt im September in Westeuropa an, nachdem sie den Sommer so weit entfernt wie in Schweden oder am Kaspischen Meer verbracht hat. Viele fliegen nach Süden, um im Flußwasser ums Mittelmeer zu tümpeln, das, anders als weiter nördlich, frei von Eis bleibt. Manche Moorenten *Aythya nyroca* verbringen den Sommer in Mitteleuropa und kommen nur im Winter an die mediterranen Süßwasserlagunen. In einigen Gebieten des Mittelmeerraums bleibt diese Art aber auch das ganze Jahr über. Die Graugans *Anser anser*, ein sehr weit ziehender Vogel, sammelt sich in den mediterranen Sumpfgebieten auf dem Zug von Nordeuropa nach dem Süden.

Obwohl die mediterranen Mündungsgebiete im Vergleich zu den Gewässern Nordeuropas warm sind, können doch starke Winde, wie Mistral und Bora, winterliche Vogelbeobachtungen stark behindern. Der Sommer bringt die Chance, auch den Sichler *Plegadis falcinellus* zu sehen, der nordwärts zieht zu den Sümpfen an der türkischen Küste und der südlichen Mittelmeerküste. Den Flamingo *Phoenicopterus ruber* kann man in der Coto Doñana und in der Camargue zu Gesicht bekommen, wo er in ziemlicher Anzahl brütet.

Durch die dichte Vegetation des Sommers kann man allerdings die meisten Vögel nur wahrnehmen, wenn sie sich bewegen. Reiher sind besonders schwer gegen den Hintergrund eines Schilfbestandes auszumachen. Der Purpurreiher *Ardea purpurea*, der den Winter in Afrika verbringt, bleibt meist in der Nähe der Deckung. Der Nachtreiher *Nycticorax nycticorax* und der Rallenreiher *Ardeola ralloides* mit seinem seltsamen Federschopf zeigen ebenfalls Tarnverhalten. Obwohl man diese beiden Sommergäste tags bei der Jagd beobachten kann, sind sie doch meist in der Dämmerung und in der Nacht aktiver. Ihr Verwandter, der Weiße Storch *Ciconia ciconia*, der im Mittelmeergebiet häufig ist, wird dem Besucher aus Mitteleuropa geläufig sein, da er dort auch brütet.

Strandläufer bekommt man eher zu Gesicht, da ihre Ernährungsweise eine ständige Bewegung erfordert. Den schönen schwarzflügeligen Stelzenläufer *Himantopus himantopus* mit seinen auffälligen bleistiftdünnen roten Beinen kann man im Sommer in den küstennahen Sümpfen Spaniens und

Oben: Die Flamingos in einer südfranzösischen Lagune legen ihre Eier in Schlammnester
Links: Obwohl nicht alle Pferde der Camargue wirklich wild leben, verbringen doch viele den größten Teil ihres Lebens in der Natur

Ostgriechenlands sehen, manchmal in Gesellschaft des Säbelschnäblers *Recurvirostra avosetta*. Im Sommer patrouilliert der Säbelschnäbler die Küsten von Nord- und Ostsee, aber im Winter zieht er westwärts. Die Bedingungen am Mittelmeer dagegen sagen ihm ganzjährig zu, und man kann ihn an den Küsten Spaniens, der Camargue und Griechenlands zu jeder Zeit sehen.

Das Ebrodelta

Der Ebro ist einer der größten Flüsse Spaniens mit einem Einzugsgebiet von einem Sechstel des Landes. Seine Quellflüsse entspringen im Kantabrischen Gebirge an Spaniens Nordküste, von dort fließt er durch die Hochebene von Zaragoza, um sich auf halbem Wege zwischen Barcelona und Valencia ins Mittelmeer zu ergießen.

Das Ebrodelta ist typisch für die Mündungsgebiete der großen Flüsse dieser Region. Das Sediment, das der Fluß mitbringt, wird mit derselben Meeresströmung an der Küste verteilt, die auch die nahe Camargue beeinflußt. Man schätzt, daß in den vergangenen 2000 Jahren das Delta um 350 km^2 zugenommen hat. Die sandige Landzunge von Alfacs, die Heimat vieler Strandläufer und Möwen, wächst ständig durch südwärts gespülten Sand und endet jetzt bereits 35 km südlich der Hauptmündung des Ebro.

In den höchstgelegenen Teilen des Mündungsgebietes liegen die Sümpfe und Teiche außerhalb des Seewassereinflusses. Vegetation und Tierwelt setzen sich ebenso zusammen wie weiter im Inland. Die gelbe Schwertlilie *Iris pseudacorus* liefert die Farbtupfer im späten Frühling, wenn die Reisschößlinge auf dem fruchtbaren alluvialen Boden sprießen. In dem Stauwasser sucht der Seefrosch *Rana ridibunda* nach Nahrung, und an entlegenen Ufern sonnt sich die Europäische Wasserschildkröte *Emys orbicularis*.

Unterhalb der Springtidenlinie wird das Flußwasser brackig. Die periodische Überschwemmung mit Salzwasser durchdringt den Schlamm, und wo Salzwasser in Tümpeln zurückbleibt, verdunstet es unter Sonne und Wind und läßt eine trockene Salzkruste zurück. Im Delta wird auch schon lange Salz in Salinen gewonnen. Der salzhaltige Boden verhindert das Wachstum vieler Pflanzen, denn das konzentrierte Salzwasser im Boden hat die Tendenz, den Pflanzen auf osmotischem Wege Wasser zu entziehen. Blätter und Stiele verlieren ihre Festigkeit und welken dahin. Wie aber die oft grünen Ufer des Deltas zeigen, werden einige Pflanzen mit diesem Problem fertig. Die Sode *Suaeda maritima*, das Kali-Salzkraut *Salsola kali* und der Queller *Salicornia fruticosa* gedeihen in ganz brackigem Schlamm. Diese seltsamen Pflanzen findet man in den Salzsümpfen rund um das Mittelmeer. Sie wurden einst wegen des Sodas in ihren Blättern und Sprossen geschätzt. Man verbrannte die Pflanzen, und das Soda wurde aus der Asche gewonnen und für die Herstellung von Glas und Seife verwendet.

In den ältesten Teilen des Deltas hat sich auf dem Schlamm Humus gebildet, und sehr viele Pflanzen haben sich in diesem, dem Meer abgewonnenen Land angesiedelt. Am weiten Horizont des Deltas sieht man die Kronen von Eukalyptusbäumen, die aus Australien eingeführt wurden, sowie Palmen und die Französische Tamariske *Tamarix gallica*. Die Tamariske gehört zu den widerstandsfähigsten Bäumen des Mittelmeeres und wächst oft an Quais, Stürmen und Salzwasser voll ausgesetzt.

Nur wenige Tiere können im Schlamm der brackigen Sümpfe leben. Tief im Schlamm findet sich *Scrobicularia plana*, eine unempfindliche Muschel, die mit einem 25 cm langen Sipho den Kontakt zur Oberfläche aufrecht erhält. Sie lebt in allen Salzmarschen Europas. Borstenwürmer der Familie Nereidae schlängeln sich durch das Sediment, und die Krabbe *Carcinus mediterraneus* eilt über den Schlamm auf der Suche nach irgendetwas Freßbarem. Jeder Besucher wird feststellen, dies ist ein Niemandsland zwischen Fluß und Meer, nur dünn besiedelt, aber großartig in seiner Einsamkeit.

Das offene Meer

Profil eines Meeres

Für die Römer war das Mittelmeer das mare internum, das Binnenmeer, denn es ist von Land umgeben und hat nur eine schmale Verbindung zum Atlantik, gesäumt von den Säulen des Hercules, zwei gigantischen Felsen, die wir heute als Gibraltar und Punta Almina bezeichnen. Das Mittelmeer hat tatsächlich einige Merkmale eines Binnenmeeres, aber die Wirkung der Verbindung zum Atlantik ist doch schwerwiegend.

Das Wasser des Atlantik, das hier zufließt, passiert die nordafrikanische Küste. Das ist der Grund dafür, daß das Wasser vor der marokkanischen und algerischen Küste merkbar kälter als etwa das der Adria ist. Im Golf von Gabès und der Großen Syrte entstehen zusätzliche Meeresströmungen im Uhrzeigersinn. Im übrigen sind aber alle durch den atlantischen Wasserzufluß hervorgerufenen Strömungen gegen den Uhrzeiger gerichtet. Eine umspült die Balearen, vorbei an Camargue und Ebromündung, eine andere findet sich im Tyrrhenischen Meer, eine weitere erreicht die Küste der Levante. Zusätzliche Strömungen kreisen in der Ägäis und in der Adria.

Obwohl die Strömungen wie die Gezeiten nur schwach sind, können sie doch an bestimmten Stellen ungewöhnliche Erscheinungen hervorrufen, besonders wo sie durch Inseln beeinflußt werden. Charybdis, der legendäre Strudel, den Homers Odyssee beschreibt, dreht sich noch immer vor Sizilien in der Straße von Messina, einer der turbulentesten Gegenden des Mittelmeeres. Die Kraft dieses Strudels hat aber erheblich abgenommen, seit gegen Ende des 18. Jahrhunderts ein Erdbeben den Meeresboden veränderte. Durch die Meerenge zwischen Tunesien und Sizilien wird das Mittelmeer in zwei ungleiche Hälften geteilt. Der westliche Teil ist fast dreieckig, wobei die Ecken bei Gibraltar, Messina und Genua liegen. Die östliche Hälfte hat die Form eines Rechteckes, aus dem schmale Arme entspringen – die Ägäis und die Adria. Nicht nur in geographischer Hinsicht unterscheiden sich die beiden Becken. Der 40. Breitengrad verläuft etwa mitten durch das westliche Becken, aber am Nordrand des östlichen, das südlich etwa bis zum 30. Breitengrad reicht; entsprechend ist auch das Klima recht unterschiedlich.

Die Geographie des Meeresbodens beider Teile ist kompliziert. Das westliche Becken kann in drei kleinere unterteilt werden, wovon das westlichste, das Alboran-Becken, von der Straße von Gibraltar bis zur Insel Alboran reicht und maximal 1500 m tief ist. Das balearische Becken von Alboran bis Korsika und Sardinien erreicht westlich von Sardinien eine Tiefe von 3149 m. Das dritte Becken ist das Tyrrhenische Meer. Begrenzt von den Ostküsten Korsikas und Sardiniens und der Westküste Italiens reicht es bis zur sizilianischen Nordküste. Der mittlere Teil dieses Beckens ist tiefer als 3000 m, und vor der Insel Panziane westlich Neapel hat man eine Tiefe von 3731 m gelotet.

Im östlichen Becken fällt der Meeresboden vor den Ostküsten Siziliens und Maltas jäh ab und erreicht im Ionischen Meer im Matapan-Graben die größte Tiefe, nämlich 4400 m. Abgesehen davon liegt aber der größte Teil des östlichen Beckens auf einem relativ flachen Kontinentalsockel, der sich vom Golf von Gabès in Tunesien ostwärts erstreckt.

Wie in anderen Ozeanen zeigt das Oberflächenwasser des Mittelmeeres das Jahr über große Temperaturunterschiede. Allerdings sind unter ca. 300 m Temperatur und Salzgehalt relativ konstant. 3000 m tief im westlichen Becken ist das Wasser nicht eiskalt wie im Atlantik, sondern mit 13 °C ziemlich warm. Das gilt auch für die tiefsten Stellen des Mittelmeeres. Auf den ersten Blick mag das für das Tierleben günstig erscheinen, aber genau das Gegenteil ist der Fall. In warmem Salzwasser hält sich nicht viel Sauerstoff, entsprechend gibt es in den Tiefen nur wenig Tiere. Die Tiefen des Mittelmeeres sind daher in ihrem Tierleben weniger reichhaltig als die großen Ozeane.

Die Abgeschlossenheit des Mittelmeeres hat einen merkbaren Einfluß auf den Salzgehalt. Die Verdunstung an der Oberfläche ist groß und erreicht 115 000 m^3 in der Sekunde, für das Mittelmeer eine bedeutsame Menge. Dieser große Wasserverlust läßt das verbleibende Wasser salzhaltiger werden, ein Vorgang, der durch den Süßwasserzugang aus Flüssen und Regenwasser wenig beeinflußt wird; denn nur 21 % des Wasserzuganges im Mittelmeer stammen aus Regenfällen, 5 % aus Flüssen. Der restliche Zufluß, nämlich 3 % aus dem Schwarzen Meer und 71 % aus dem Atlantik, enthält bereits Salz. Im Endeffekt ist der Salzgehalt des Mittelmeeres merkbar höher als im Atlantik, 3,95 % im östlichen Becken gegenüber 3,5 % im Atlantik.

Außer dem besseren Auftrieb für Schwimmer erzeugt der höhere Salzgehalt noch einen anderen Effekt. Unter dem einfließenden Wasser des Atlantik gibt es in der Straße von Gibraltar einen Ausstrom von Mittelmeerwasser. Da dieses Wasser salzhaltiger und damit dichter ist, mischt es sich nicht sofort mit dem Wasser des Atlantik, statt dessen bleibt dieser Strom noch nach Hunderten von Seemeilen nachweisbar und kann sogar in der Nordsee noch festgestellt werden, wohin er Planktonorganismen mitbringt, die den kalten Meeresteilen Nordeuropas fremd sind.

Die tausendfältigen Planktonorganismen

Die Lebewesen, aus denen das Plankton besteht, werden im Oberflächenwasser des Meeres passiv mitgeführt. Viele von ihnen haben zwar Fortbewegungsorgane, aber sie sind oft klein, und ihr Einfluß ist gering. Es ist lebenswichtig für alle Organismen im Meer, daß die planktontischen Arten (Phytoplankton) in den oberen Wasserschichten bleiben, wo das Licht am stärksten einwirkt. Dort können sie am besten assimilieren und Zucker produzieren. Diesen Vorgang nennt man Primärproduktion. Er ist die eigentliche Nahrungsquelle für alle Lebewesen im Meer. Das Phytoplankton zeigt eine Reihe von Einrichtungen zur Verbesserung des Auftriebs, wie eingeschlossene Gasblasen oder winzige Flotationskörper aus Öl oder Fetten. In anderen Fällen vermindern lange Fortsätze die Sinkgeschwindigkeit, indem sie das Verhältnis von Oberfläche zu Körpermasse heraufsetzen.

Keines dieser schönen Tiere des Planktons ist länger als einen Zentimeter

Neben Sonnenlicht benötigt das Phytoplankton eine Reihe von Mineralien. Wo genügend Nährstoffe vorhanden sind, wie im Golf von Lion, gedeiht das Plankton prächtig. In vielen Teilen des Mittelmeeres ist die Versorgung mit Nährstoffen an der Oberfläche gering, dadurch erscheint das Wasser besonders klar, was aber gleichzeitig bedeutet, daß es darin nur wenig Leben gibt.

Die fremdartigen planktontischen Tiere des offenen Meeres umfassen viele Arten, deren ausgewachsene Stadien uns ganz geläufig sind. Nur wenige Menschen würden z. B. die winzige Larve einer Krabbe mit ihren durchsichtigen Stacheln und federartig behaarten Gliedern erkennen, oder die einer Languste mit abgeflachtem Körper und grotesk langen Beinen. Der planktontische Lebensabschnitt ist aber sehr wichtig für das Überleben vieler Küstenbewohner.

Viele adulte Wirbellose haben eine festsitzende Lebensweise auf den Felsbänken, wo sie sich filtrierend ernähren. Brächten sie auch noch unbewegliche Nachkommen hervor, würde die Nahrungskonkurrenz zu stark. Die Eier werden daher ins Wasser entlassen, und die Larven entwickeln sich in den oberen Schichten des Wassers. Die Larvenformen treffen in den oberen Wasserschichten mit Tieren zusammen, die dauernd dort treiben. So entsteht eine reiche, aber fast unsichtbare Lebensgemeinschaft von Tieren und Pflanzen. Die Larven leben von kleineren Planktonorganismen und selbst dienen sie größeren als Nahrung. Von Tausenden von Larven überleben nur wenige, und auch von diesen wächst schließlich nur ein Teil zu adulten Tieren heran. Man braucht sich also nicht über die ungeheuren Eimassen sessiler Tiere zu wundern.

Bereits vor der Zeit des Römischen Imperiums wurden in den Küstengewässern des Mittelmeeres Austern und Miesmuscheln kultiviert. Man bietet ihren planktontisch lebenden Larven künstliche Flächen zum Festsetzen, z. B. Holzpfosten. Heute werden die Muscheln mit 0,5 cm Länge abgesammelt und in Drahtkörbe überführt, worin sie bleiben, bis sie ausgewachsen sind. Kultivierte Austern und Miesmuscheln kennen keine so heftige Nahrungskonkurrenz mit ihren Nachbarn, da sie sorgfältig verteilt werden. Unter diesen günstigen Bedingungen wachsen sie schnell heran, besonders in Lagunen und in der Nähe von Flußmündungen, wo das Wasser reich an organischen Partikeln ist.

Viele Fische haben auch planktontische Larven in erstaunlicher Anzahl. Der Mondfisch *Mola mola* demonstriert eindrucksvoll, wieviel Eier erzeugt werden müssen, um die Population konstant zu halten: Selbst ein relativ kleiner Mondfisch von 25 kg produziert in einer Fortpflanzungsperiode 28 Millionen Eier, trotzdem ist dieser seltsam geformte Fisch nirgends häufig. Im Vergleich dazu erscheint die jährliche Eizahl der Flunder *Platichthys flesus* von einer Million bescheiden.

Treibende Tiere an der Meeresoberfläche

Jeder, der im offenen Boot auf dem Mittelmeer fährt, wird Gelegenheit haben, eine andere Gruppe passiv dahintreibender Tiere zu sehen. Im Gegensatz zum Plankton ragen diese Tiere aber teilweise über die Wasseroberfläche hinaus und werden somit auch durch den Wind vorwärtsgetrieben. Obwohl solche Formen nicht häufig sind, sollte doch eine Art, die Portugiesische Galeere *Physalia physalis*, mit größter Vorsicht behandelt werden. Von oben sieht diese Staatsqualle wie eine gallertige, blau und violett gefärbte Tasche aus, aber unter der großen, gasgefüllten Blase hängen Fäden mit Fortpflanzungs- und Nährpolypen tief ins Wasser hinein. An ihnen sitzen Nesselzellen, deren Gift Fische tötet und auch dem Menschen gefährlich werden kann. Beim Dahintreiben wird die Gasblase in rhythmischen Abständen ins Wasser getaucht, um sie feucht zu halten. Der kleinere „Segler vor dem Winde" *Velella velella* fängt seine Beute auch von der Oberfläche her, manchmal in kleinen Schwärmen. Diese Art bildet die Beute für die Floßschnecke *Janthina janthina*, einen wirklichen Segler, der zum Antrieb schleimumhüllte Luftblasen verwendet. Kommt die Floßschnecke mit einer *Velella* in Berührung, beginnt sie sofort zu fressen. Die zerbrechliche Schale der Floßschnecke findet man manchmal am Strand, leuchtend blauviolett und unverwechselbar.

Die Gaben des Meeres

Die farbenprächtigen Fischereiflotten der kleineren Mittelmeerhäfen bieten ein ganz anderes Bild als die rostigen Trawler mit hohem Bug, die von nördlichen Häfen in den Atlantik und die Nordsee ausfahren. Nur wenige Fischer im Mittelmeer verbringen mehr als einen Tag auf See, bevor sie wieder zurückkehren, und dafür sind die kleinen hölzernen Kutter bestens geeignet. Einige größere Schiffe fahren bis in den Atlantik, ihre Ware wird auf den Fischmärkten in Südfrankreich mit dem Hinweis „Ozean" versehen, um sie von der örtlichen zu unterscheiden.

Für viele Menschen ist das Entladen der nächtlichen Ausbeute eines „pêche-à-la-lumière-Bootes" am Quai der interessanteste Anblick. Vor langer Zeit entdeckte man in dieser Gegend, daß Fische und andere Meerestiere nachts durch Licht angelockt werden können. Die Fischer nutzen das aus, und heute noch werden Anchovis, Sardinen und Tintenfische durch Lampen in die Netze gelockt.

Um aber den Thunfisch *Thunnus thynnus* und den Schwertfisch *Xiphias gladius* zu fangen – die beiden Giganten unter den Mittelmeerfischen –, braucht man eine kompliziertere Ausrüstung. Der Thunfisch ist der größte aus der Familie der Makrelen, ein stromlinienförmiger, kräftiger Fisch, der in allen Meeren vorkommt. Im Frühsommer wandern die atlantischen Thunfische ins Mittelmeer, um abzulaichen. In dieser Zeit werden sie schon von den Fischern mit ausgefeilten Fallensystemen erwartet. Vor Sizilien werden Thunfischschwärme in Netze eingeschlossen und nach und nach in immer engere Kammern geleitet. Der Rückweg wird ihnen abgeschnitten, und das Schlußkapitel der mattanza beginnt. Panik ergreift die großen Fische, wenn sie im Wasser hin- und herschießen, während begierige Fischer auf Barken um das Netz mit Fischhaken die Beute ins Boot zu ziehen beginnen. Eine ähnliche alte Methode des Thunfischfangs gibt es in der nördlichen Adria um die Inseln im Kvarner Golf. Die Fischer warten auf einem Ausguck, von wo sie tiefes Wasser übersehen können. Wenn sich ein Thunfischschwarm nähert, werden auf ein Zeichen vorher versenkte Netze hochgezogen und die Fische an den Strand geholt.

Der Schwertfisch zieht ebenfalls zum Ablaichen ins Mittelmeer. Jedes Jahr werden ca. 3000 Tonnen gefangen, die meisten vor der spanischen Südküste. Gewöhnlich wird jeder Schwertfisch einzeln von einem schnellen, hochmastigen Boot verfolgt. Die Kommandobrücke befindet sich oben am Mast, und von diesem vorteilhaften Platz ortet und verfolgt der Kapitän den schnell schwimmenden Fisch, der dann harpuniert und an Bord gezogen wird. Der Gewinn der Thunfisch- und Schwertfischindustrie hängt davon ab, ob eine ausreichende Zahl dieser Fische ins Mittelmeer zurückkehrt. Seit einiger Zeit gibt es Anzeichen, daß zu hohe Fangquoten im Atlantik die Ausbeute im Mittelmeer beeinträchtigen, und möglicherweise werden gegen Ende dieses Jahrhunderts die traditionellen Thunfischfallen verschwunden sein.

Bei den Köchen am Mittelmeer gehört die Rote Meerbarbe *Mullus barbatus* zu den bekanntesten Fischen. Sie ist auffällig bunt gefärbt und ernährt sich am Meeresboden, wobei sie zwei Barteln am Unterkiefer benutzt, um ihre Beute aufzuspüren. Zu Zeiten der alten Römer grenzte die Beliebtheit dieses wohlschmeckenden Fisches an Fanatismus. Er wurde in solchen Mengen gegessen, daß er immer seltener wurde, und große Summen Geldes wurden für Exemplare einer annehmbaren Größe gezahlt. Die Preisentwicklung war so inflationär, daß man schließlich eine hohe Steuer für diese Fische einführte, so daß sie für die meisten Käufer unerschwinglich wurden. Als die Nachfrage nach der Roten Meerbarbe zurückging, nahm ihr Bestand langsam wieder zu, und heute ist sie relativ häufig.

Das Problem der Wasserverschmutzung

Während der Ferienzeit nimmt die ohnehin schon ausgedehnte menschliche Besiedlung der Mittelmeerküsten noch erheblich zu. Entsprechend steigt der bereits hohe Zufluß von Abwässern auf Spitzenwerte. Dies kann ernsthafte Folgen für das Leben im Meer haben. Abwässer wirken als Düngung für Bakterien- und Pflanzenwachstum. Wenn aber in einem Gebiet plötzlich Pflanzen und damit auch Tiere erheblich zunehmen, sinkt der Sauerstoffgehalt des Wassers, wodurch möglicherweise viele Organismen absterben. Dieses Problem entsteht durch die Einleitung unbehandelter Abwässer. Küstenstädte und -dörfer haben von altersher all ihre Abwässer auf billigem und schnellem Weg ins Meer geleitet, und alte Gewohnheiten sind schwer zu ändern.

Während einerseits Abwässer als „natürliche" Beigabe im Meerwasser betrachtet werden können, gilt dies allerdings nicht für Industrieabwässer. Industrie hat sich überall am Mittelmeer entwickelt und auch entlang vieler Flüsse, die ins Mittelmeer münden. Außerdem sind mediterrane Häfen offensichtlich besonders gut für die Verschiffung und Verarbeitung von Rohöl geeignet. Als Ergebnis fließen dauernd beträchtliche Mengen von Industrieabwässern ins Meer.

Das gleiche gilt natürlich auch für andere Meere, aber das Mittelmeer hat besondere Probleme mit der Wasserverschmutzung. Bei Gibraltar fließt Oberflächenwasser vom Atlantik ins Mittelmeer, aber nur Wasser der mittleren und tiefen Schichten fließt hinaus. Die Mehrzahl der chemischen Inhaltsstoffe von Abwässern ist weniger dicht als Seewasser und bleibt daher an der Oberfläche. Das aus dem Mittelmeer abfließende Wasser trägt daher allenfalls einen unbedeutenden Anteil von Schadstoffen mit hinaus, während der Zufluß nicht nur die vorhandenen Schadstoffe im Mittelmeer festhält, sondern noch weitere aus dem Atlantik mitbringt. Traurig, aber wahr: Das Mittelmeer gehört zu den am meisten verschmutzten Meeren der Welt.

Die Situation ist jedoch nicht hoffnungslos. Schließlich ist man nach vielen Jahren wirkungsloser Bemühungen dabei, mit den Verursachern von Industrieabwässern Übereinkommen zu treffen. Dies wird mithelfen, der Nachwelt eine Landschaft und ein Meer zu erhalten, an dem es sich nicht nur angenehm lebt, sondern das auch biologisch zu den interessantesten gehört.

Fischer am Strand von Tyros im Libanon

Erklärung einiger Fachausdrücke

Achsel: Winkel zwischen Stengel und Blatt bei Blütenpflanzen
Antenne: Fühler bei Gliederfüßlern
Bartel: fädiges Sinnesorgan am Kiefer einiger Fische
Bulbille: junge Zwiebel, als Vermehrungsorgan angeheftet an alter Zwiebel, an Stengeln, Blättern oder Blütenständen
Byssus: Haftfäden von Muscheln
Carapax: harter Rückenpanzer bei Krebsen
Cephalothorax: Verschmelzung von Kopf und Brustabschnitt bei Krebsen
Cheliceren: Mundwerkzeuge der Spinnentiere
Chlorophyll: grünes Pigment der überwiegenden Zahl der Pflanzenarten
Cilien: winzige, haarförmige Zellanhänge, die zur Fortbewegung und/oder zur Aufrechterhaltung eines Wasserstromes zwecks Zufuhr von Sauerstoff und Nahrung eingesetzt werden
dichotom: in zwei gleiche Teile aufzweigend
dorsal: rückenseitig
Exoskelett: Außenskelett
Garrigue: exponiertes, oft küstennahes Gebiet mit niedriger Buschvegetation, meist auf Kalkböden
Habitat: der gewöhnliche Aufenthaltsort einer Tierart
Lamina: Blattspreite; blattartige Verzweigung bei Algen
Litoral: Küstenzone zwischen den Wasserlinien bei Ebbe und Flut
Lophophor: Ernährungsorgan mit halbkreisförmiger Tentakelanordnung
Macchie: Küstenvegetation mit ausgedehnten Buschdickichten
Mantel: bei Mollusken die schalenbildende Außenhaut des Körpers, bei Manteltieren die gallertige Außenhülle (Tunica)
Meduse: glocken- oder scheibenförmige, freischwimmende Generation von Nesseltieren
Operculum: eine die Schalenöffnung bei manchen Schnecken verschließende Scheibe, bei Fischen der Kiemendeckel
Osculum: die Ausströmöffnung der Schwämme
Periostracum: die äußere, organische Schicht der Schale von Mollusken
Rostrum: Spitzer Fortsatz am Vorderende mancher Krebse
Sublitoral: Küstenregion unterhalb des niedrigsten Wasserstandes bei Ebbe
Tarsus (Plural: Tarsen): Fußglieder der Gliederfüßler
Thallus: bei niederen Pflanzen der nicht in Stengel und Blätter gegliederte Vegetationskörper
ventral: bauchseitig
Wirbel (= **Umbo**): bei Muscheln der älteste Teil der Schale
Zirren: fadenartige Fortsätze mit Sinnesfunktionen (z. B. bei Borstenwürmern, Vielborstern)

Maßangaben und Symbole

Obwohl die relativen Größen bei Pflanzen und Tieren auf den folgenden Tafeln, wo immer möglich, eingehalten wurden, empfiehlt sich ein Vergleich der Größenangaben im Text.

B	Breite
D	Durchmesser
FS	Flügelspannweite
H	Höhe
L	Länge
S	Sommerkleid
W	Winterkleid
♀	Weibchen
♂	Männchen

Paris
ALPEN
Triest
DINARISC
GEB.
Venedig
Po
Rhône
ADRIATISCHES
MEER
Dubro
APENNINEN
DALM
INSE
Golf von
Biscaya
Camargue
Marseille
Rom
Golfe
du Lion
Neape
KORSIKA
PYRENÄEN
KANTABRISCHES
GEB.
Ebro
TYRRHENISCHES
MEER
Straße
Messina
Barcelona
SARDINIEN
Madrid
Palermo
Valencia
BALEAREN
SIZILIE
Kap Bon
Tunis
MAL
Algier
Gibraltar
ALBORÁN
Straße von
Gibraltar
ATLAS-GEB.
Kleine
Syrte

Strömungen

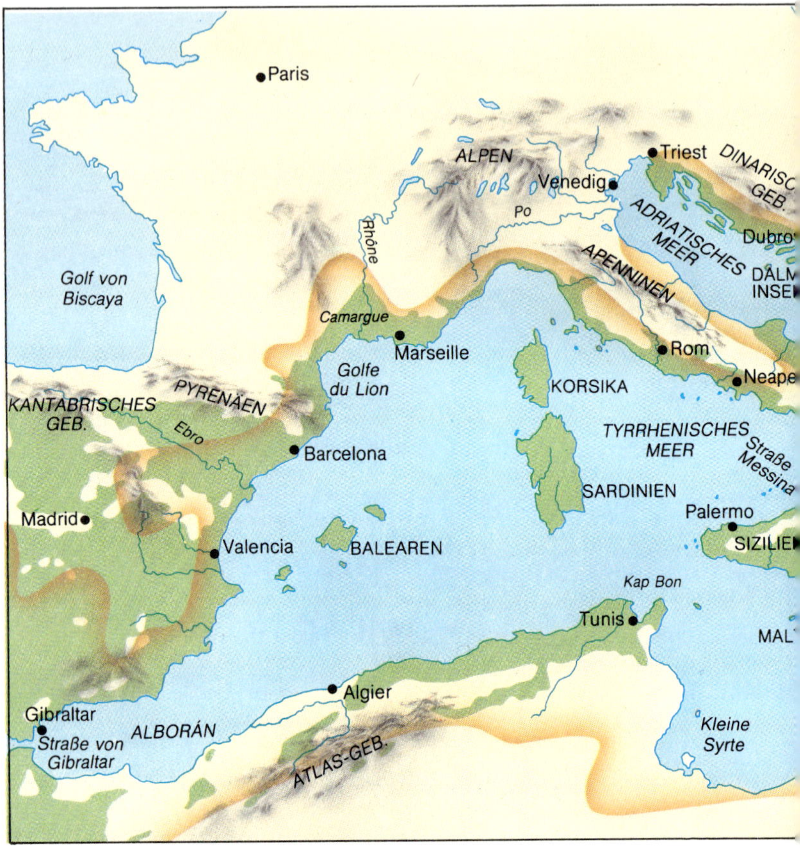

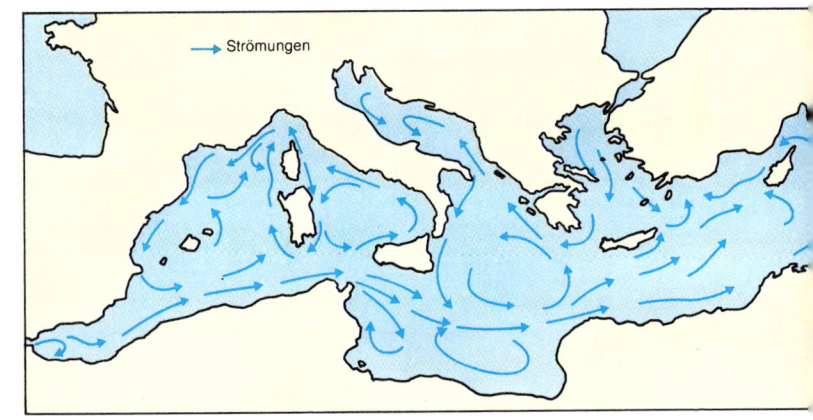

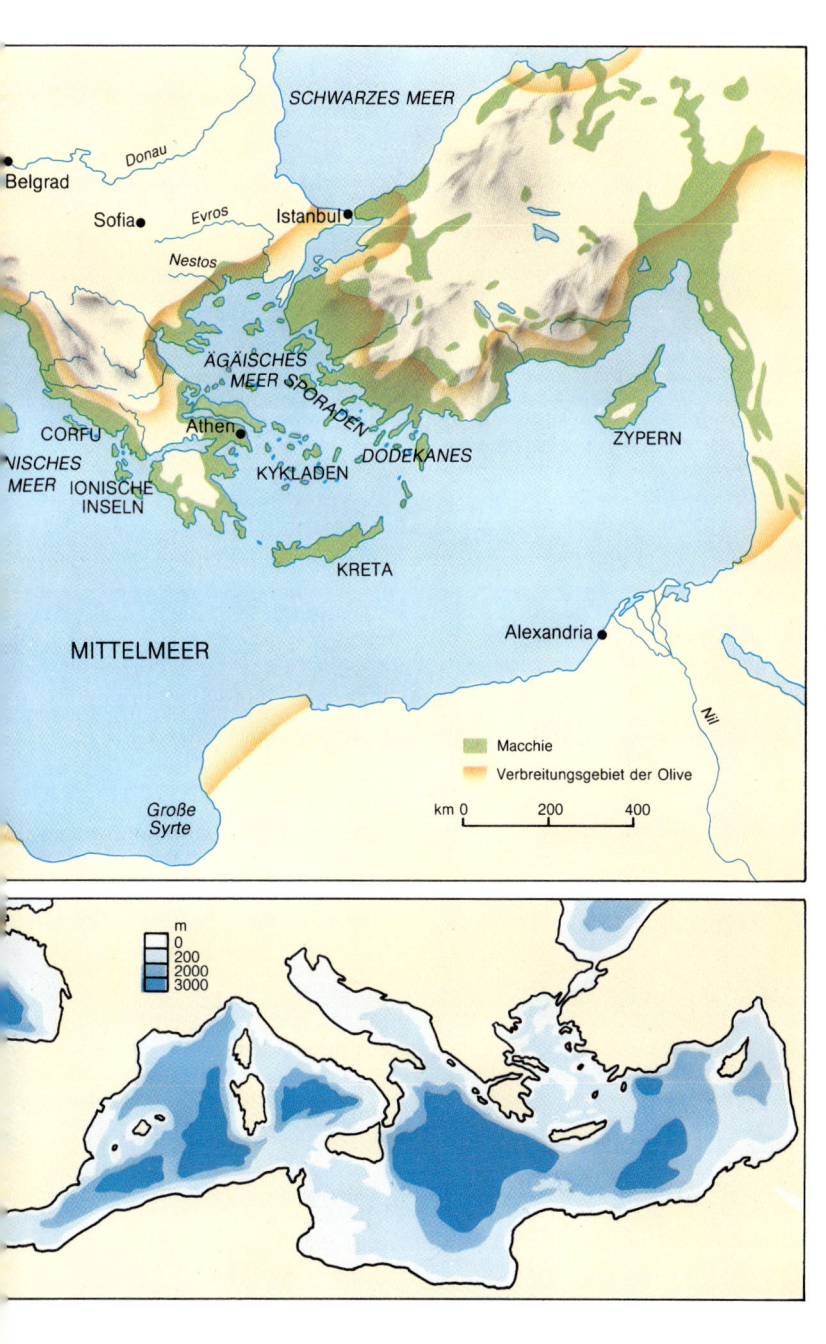

ALGEN
Pflanzen mit einfachen Zellagern (Thallus), oft verzweigt, keine Wurzeln, aber Haftstrukturen, auch Krusten bildend; Photosynthese mit Hilfe von Chlorophyll; Fortpflanzung durch Sporen.

GRÜNALGEN (Chlorophyta)
Chlorophyll nicht durch weitere rote oder braune Pigmente verdeckt: Thallus daher grün erscheinend.
1 *Palmophyllum crassum*
TETRASPORACEA. L bis 5 cm. Thallus gerundet, fächerförmig, sehr dünn, in konzentrischen Wellen gefaltet. Dunkelgrün. Inkrustiert Steine und Corallina-Algen. Unteres Litoral bis Sublitoral.
2 Meersalat *Ulva lactuca*
ULVACEAE. L bis 40 cm. Thallus sehr variabel, gewöhnlich einem durchscheinenden Salatblatt ähnlich, alte Exemplare undurchsichtiger. Mit winzigen Haftstrukturen auf fester Unterlage, oft in Felstümpeln. Oberes Litoral bis Sublitoral.
3 Darmtang *Enteromorpha intestinalis*
ULVACEAE. L bis 1 m und mehr. Thallus röhrenförmig, hellgrün, unregelmäßig eingezogen, dadurch an einen Darm erinnernd. In Felstümpeln, Lagunen und ihren Abzugsgräben, oft in Brackwasser. Oberes Litoral.
Enteromorpha linza ist ähnlich, aber kürzer (L bis 50 cm): Thallus abgeflacht, bandähnlich. Oft in Büscheln. Auf fester Unterlage. Oberes Litoral bis Sublitoral.
4 *Cladophora pellucida*
CLADOPHORACEAE. L bis 5 cm. Thallus dunkelgrün, fädig verzweigt. In Büscheln auf fester Unterlage. Oberes Litoral bis Sublitoral.
5 *Anadyomene stellata*
SIPHONOCLADACEAE. L bis 4 cm. Thallus abgeflacht, blattartig gewellt. Zellreihen des Thallus gut erkennbar. Auf fester Unterlage im seichten Wasser.
6 Seetraube *Valonia utricularis*
VALONIACEAE. L bis 3 cm. Thallus keulenförmig, flaschengrün irisierend. Gruppenweise an gemeinsamer Haftstruktur auf fester Unterlage in seichtem Wasser.

Dasycladus clavaeformis ist ähnlich, aber filzartig und stumpf dunkelgrün.
7 Schirmchenalge *Acetabularia mediterranea*
DASYCLADALES. H bis 8 cm. Grünlichweißer, schlanker, aufrechter Stiel mit runder, radiär gekerbter Scheibe, dadurch einem dünnstieligen Pilz ähnlich; entnimmt dem Seewasser Calciumcarbonat, um es im Gewebe abzulagern. Auf Steinen und Muscheln im Flachwasser, oft in großer Anzahl.
8 Derbesia *Derbesia lamourouxii*
DERBESIACEAE. L bis 10 cm. Thallus stumpf dunkelgrün, fädig. Jeder Faden mit knopfförmigem Fortpflanzungsorgan nahe der Spitze. In Büscheln auf Steinen, Schlamm, seltener auf anderen Algen. Oberes Litoral bis Sublitoral.
9 Grüner Federtang *Bryopsis plumosa*
BRYOPSIDACEAE. L bis 10 cm. Thallus verzweigt, federartig: ♂ Thalli gelbgrün, ♀ dunkelgrün. Auf Steinen, manchmal in Felstümpeln. Mittleres bis unteres Litoral.
Bryopsis balbisiana ist ähnlich, aber mehr verwuchert, da der federige Teil kleiner und kompakter ist.
10 Meerkette *Halimeda tuna*
CODIACEAE. L bis 15 cm. Thallus aus stumpfgrünen rundlichen Segmenten zusammengesetzt, verzweigt. Bildet sehr hartes Skelett aus Calciumcarbonat, das dem Seewasser entnommen wird. Auf fester Unterlage, Sand und Schlamm. Sublitoral.
11 *Codium dichotomum*
CODIACEAE. L bis 40 cm. Thallus röhrenförmig aus vielen Fäden, filzartig, dichotom verzweigt; dunkelgrün, später verblassend. Oft in breiten Büscheln aus einer Haltestruktur auf fester Unterlage, oft in Felstümpeln und Lagunen. Oberes Litoral bis Sublitoral.
12 Meerball *Codium bursa*
CODIACEAE. D bis 20 cm. Thallus kugelig, aus vielen dunkelgrünen Fäden, filz- und schwammartig, auf fester Unterlage im Flachwasser.

ALGEN

BRAUNALGEN (Phaeophyta)
Algen, die grünbraun erscheinen, da ihr Chlorophyll durch das braune Pigment Fucoxanthin maskiert wird; oft derb und lederig.

1 Warzige Braunalge *Ralfsia verrucosa*
RALFSIACEAE. L bis 10 cm. Dünne Kruste zahlreicher rundlicher dunkelgrüner Thalli, unregelmäßig in der Oberflächenstruktur. Auf fester Unterlage. Unteres Litoral bis Sublitoral.

2 Farn-Halopteris *Halopteris filicina*
SPHACELARIALES. H bis 10 cm. Thallus zart, regelmäßig verzweigt, farnartig. Meist mehrere Thalli mit gemeinsamer Haftstruktur. Oliv- oder dunkelbraun. Auf Steinen und anderen Algen, manchmal an schattigen Orten. Mittleres Litoral bis Sublitoral.

3 *Cladostephus verticillatus*
SPHACELARIALES. L bis 25 cm. Stumpfbrauner Thallus mit Seitenzweigen, die ebenfalls verzweigt sind. Sekundärzweige tragen Wirtel kleiner, spitziger Zweige, die dem basalen Teil der Pflanze fehlen. Auf festem Untergrund und Corallina-Algen. Mittleres bis unteres Litoral.

4 Gabeltang *Cutleria multifida*
CUTLERIALES. L bis 40 cm. Thallus dünn, flach, mit bandförmigen, dichotomen Zweigen, diese mit verzweigter Spitze. Oberfläche fein punktiert. Gelblichbraun. Auf festem Untergrund im Flachwasser.

5 Gabelzunge *Dictyota dichotoma*
DICTYOTALES. L bis 15 cm. Thallus zart, dünn und flach, dichotom verzweigt mit durchscheinenden Zweigen; Oberfläche durch Fortpflanzungsorgane oft haarig erscheinend. Oliv- oder gelbbraun. Auf Steinen. Mittleres bis unteres Litoral.

6 Weichhäutiger Tang *Dictyopteris membranacea*
DICTYOTALES. L bis 30 cm. Thallus ziemlich dünn, abgeflacht, dichotom verzweigt, jeder Zweig mit auffälliger Mittelrippe, der membranöse Teil durch zahlreiche Gruppen zarter Haare gefleckt; frisch gepflückt mit typischem, unangenehmem Geruch. Mittelbraun, jung noch gelbbraun. Auf festem Untergrund. Unterstes Litoral bis Sublitoral.

7 Trichteralge *Padina pavonia*
DICTYOTALES. H bis 10 cm. Thallus gewölbt, fächerförmig, manchmal fast trichterförmig; Oberfläche sehr fein behaart. Äußere Oberfläche olivgrün oder hellbraun mit braunen Streifen, innere Oberfläche blaß oliv- oder graugrün. Auf Felsen im Flachwasser.

8 Blattlappentang *Taonia atomaria*
DICTYOTALES. L bis 30 cm. Thallus flach, von schmaler Basis her stark verbreitert, daher etwa dreieckige Erscheinungsform, unregelmäßig unterteilt in bandartige Lappen; winzige Haare und Fortpflanzungsorgane in Querbändern über den Thallus, dieser braun, zum Rand blasser. Auf festem Untergrund. Unterstes Litoral bis Sublitoral.

9 Breitblättriger Meerwegerich *Punctaria latifolia*
PUNCTARIACEAE. L bis 40 cm. Thallus breit (bis 8 cm), blattartig auf kurzem, dünnem Stiel; Oberfläche mit zahlreichen, auffälligen kleinen Punkten und manchmal Haaren. Olivbraun. Auf Felsen und Muschelschalen. Mittleres Litoral bis seichtes Sublitoral.

10 Körniger Blasenschlauch *Asperococcus bullosus*
ASPEROCOCCACEAE. L bis 30 cm. Thallus unverzweigt, aufgebläht, auf kurzem, dünnem Stiel; mehr oder weniger durchscheinend; blaß olivbraun; wenn jung weich und gelatinös, später dick und ziemlich derb. Oft in Gruppen auf Steinen und anderen Algen im Flachwasser.

11 *Colpomenia sinuosa*
PUNCTARIACEAE. D bis 20 cm. Thallus dünnwandig, aufgebläht, hohl; Oberfläche mit auffälligen braunen Punkten. Olivbraun. Auf Steinen und anderen Algen. Mittleres Litoral bis Sublitoral.

ALGEN 55

1 Geschnürter Schlauchtang *Scytosiphon lomentaria*
SCYTOSIPHONACEAE. L bis 45 cm. Thallus röhrenartig, eingeschnitten (wie eine Kette Würstchen), auf kurzem, dünnem Stiel. Olivbraun. Unteres Litoral bis Flachwasser.

2 *Laminaria rodriguezii*
LAMINARIACEAE. L bis 1 m. Thallus bandartig, wellig, mit leicht verzweigtem Halteorgan, dieses meist mit weiteren Thalli. Mittel- bis olivbraun. Auf fester Unterlage oder Geröll. Unterstes Litoral bis Sublitoral.

3 Mittelmeer-Ledertang *Fucus virsoides*
FUCACEAE. L bis 20 cm. Thallus derb, dichotom verzweigt, mit auffälliger Mittelrippe; Verzweigungsspitzen blasser, angeschwollen und punktiert. Mittel- oder olivbraun. Auf Felsen. Mittleres Litoral bis Flachwasser.

4 *Cystoseira barbata*
SARGASSACEAE. L bis 40 cm (manchmal bis 1 m). Thallus mit Hauptachse und unterteilten Ästen; Astspitzen angeschwollen, punktiert durch Öffnungen der Fortpflanzungsorgane; Stamm und Verzweigungen im Querschnitt rund. Mittel- oder olivbraun. Auf Felsen und Steinen. Unteres Litoral bis Sublitoral.
Cystoseira abrotanifolia ist ähnlich, aber angeschwollene Fortpflanzungsregionen unterhalb der Verzweigungsspitzen.
Cystoseira adriatica ist kleiner, stachelig und entspringt aus büscheliger Basis.

5 Beerentang *Sargassum linifolium*
SARGASSACEAE. L bis 30 cm. Thallus mit deutlichem, unregelmäßig verzweigtem Hauptstamm; mit blattartigen Laminae, rundlichen Blasen und Gruppen verdickter Fortpflanzungsorgane. Auf fester Unterlage. Sublitoral.
Sargassum vulgare ist ähnlich, die „Blätter" aber kürzer, bandförmig, den Hauptstamm dichter umkleidend.

6 Luftblasen-Beerentang *Sargassum hornschuchii*
SARGASSACEAE. L bis 40 cm. Thallus mit starkem Hauptstamm und alternierenden oder irregulären Seitenzweigen, diese mit blattartigen, gewundenen Laminae mit vorstehender Mittelrippe, rundlichen Blasen und Gruppen länglicher Fortpflanzungsorgane. Auf Felsen und Steinen. Sublitoral.

ROTALGEN (Rhodophyta)
Algen, die rot oder purpurn erscheinen, da ihr Chlorophyll durch das rote Pigment Phycoerythrin überdeckt wird; oft kalkhaltig.

7 *Porphyra leucosticta*
BANGIACEAE. B bis 30 cm. Thallus sehr dünn, rundlich oder oval, an einer Stelle angeheftet; gelatinös oder schleimig. Purpurn, trocken dunkler. Auf Felsen, manchmal auf anderen Algen. Unteres Litoral bis Sublitoral.

8 Wurmtang *Nemalion helminthoides*
HELMINTHOCLADIACEAE. L bis 25 cm. Thallus im Querschnitt rund, gummiartig; dunkelbraun, im Wasser wurmähnliche Bewegung vortäuschend; mehrere Thalli auf gemeinsamem, kurzem Hauptstamm; gelegentlich verzweigt. Auf Felsen, oft exponiert. Mittleres Litoral bis Sublitoral.

9 Schuppenblatt *Peyssonnelia squamaria*
SQUAMARIACEAE. D bis 10 cm. Thallus dunkelrot mit lappigen, abgeflachten Laminae, schichtweise aus dem faserigen Halteorgan entspringend; dunkle Ringe auf der oberen Oberfläche. Auf festem Grund und anderen Algen. Unterstes Litoral, Sublitoral.

10 Echte Hildenbrandia *Hildenbrandia prototypus*
HILDENBRANDIACEAE. D bis 5 cm (aber unregelmäßig). Thallus flach, dicht an der Unterlage, erinnert an dicken Farbschmierer auf Felsen; portweinfarbig, weich und glänzend, wenn trocken: stumpf und dunkel. Auf festem Untergrund. Mittleres Litoral bis Sublitoral.

11 Farntang *Grateloupia filicina*
GRATELOUPIACEAE. H bis 12 cm. Thallus mit zugespitztem Hauptstamm, im Querschnitt rund. Seitenäste gegenständig oder alternierend, mit ähnlich angeordneten Sekundärästen. Dunkel- oder purpurrot. Auf Steinen, oft nahe Süßwasserzuflüssen. Mittleres bis unteres Litoral.

ALGEN

1 Kleinästiger Kalktang *Lithothamnion fruticulosum*
CORALLINACEAE. D bis 3 cm (Ausdehnung des Thallus sehr variabel). Kalkkrustenbildende Alge, Entnahme von Calciumcarbonat aus dem Seewasser, Ablagerung im Gewebe; Thallusoberfläche granulär, mit unregelmäßig gerundeten oder leicht gespitzten Vorsprüngen. Rosa, purpurrosa oder rot. Auf festem Untergrund. Mittleres Litoral bis Sublitoral.
Lithothamnion lenormandii ist ähnlich, aber Thallus gewöhnlich dünner, unregelmäßiger granuliert, erinnert an rauhen, roten Zement.

2 *Pseudolithophyllum expansum*
CORALLINACEAE. D bis 5 cm (Ausdehnung des Thallus sehr variabel). Thallus bildet Kalkkrusten und an einigen Stellen ausgedehnte Riffe (Trottoire); Oberfläche sehr gewunden. Rosa mit weißen Stellen. Auf festem Untergrund im Flachwasser.
Lithophyllum incrustans hat weniger rauhe Oberflächenskulpturierungen.
Lithophyllum racemus mit knotiger Oberfläche.
Lithophyllum tortuosum tritt als einschichtiges, ausgedehntes Lager auf.

3 Derbes Korallenmoos *Corallina officinalis*
CORALLINACEAE. H bis 8 cm. Thallus mit Hauptstamm und verzweigten Ästen, mehrere Stämmchen aus gemeinsamer Basis; fühlt sich wegen Kalkgehalt rauh an; Fortpflanzungsorgane an Ästchenspitzen. Purpurrosa oder rot, nach Zerfall der Weichteile verbleibt weißes Skelett. Auf Felsen. Mittleres Litoral bis Sublitoral, oft in Felstümpeln.
Corallina mediterranea ist ähnlich aber weniger rauh; Fortpflanzungsorgane leicht aufgewölbt, mit winzigem Hornpaar.

4 Besentang *Gracilaria confervoides*
GRACILARIACEAE. L bis 50 cm. Thallus im Querschnitt rund, faserig, mit zugespitzten Seitenästen und verstreuten, warzenähnlichen Fortpflanzungsorganen. Rotbraun. Auf Felsen und Geröll. Mittleres bis unteres Litoral.

5 *Neurocaulon reniforme*
FURCELLARIACEAE. L bis 10 cm und mehr. Thallus mit gummiartigem, gebogenem, unregelmäßig verzweigtem Hauptstamm; blattähnliche, nierenförmige Laminae. Dunkelrot. Auf Felsen. Sublitoral.

6 *Phyllophora nervosa*
PHYLLOPHORACEAE. L bis 20 cm. Thallus gurtartig, schmal, unregelmäßig verzweigt, mit schlanker aber deutlicher Mittelrippe; Ränder wellig. Dunkelrot. Auf fester Unterlage. Sublitoral, manchmal an beschatteten Orten.

7 *Gigartina acicularis*
GIGARTINACEAE. L bis 10 cm. Thallus aus schlanken, verzweigten Fäden, diese am Ende zugespitzt, im Querschnitt rundlich. Rötlich purpurn. Auf Felsen. Im Flachwasser.

8 *Botryocladia botryoides*
RHODYMENIACEAE. L bis 12 cm. Thallus aus mehreren Fäden, die oft aus gemeinsamer Basis entspringen; selten verzweigt; rundliche Fortpflanzungsorgane über die Oberfläche verteilt; braunrot. Auf festem Untergrund. Sublitoral, an schattigen Orten.

9 *Lomentaria linearis*
LOMENTARIACEAE. L bis 20 cm. Thallus im Querschnitt rund, dichotom verzweigt, regelmäßig eingeschnürt, daher an eine Kette Würstchen erinnernd, hell-rosarot. Auf Steinen und mit Corallina-Algen. Unterstes Litoral bis Sublitoral.

10 Busch-Rotalge *Asparagopsis armata*
BONNEMAISONIACEAE. L bis 20 cm. Thallus mit verzweigtem Hauptstamm, an ihm zahlreiche zarte, fadenartige Zweige, manche gelegentlich mit winzigen Widerhaken wie Harpunen. Rosenrot. Auf Felsen, häufig in Felstümpeln. Unteres Litoral.

11 *Falkenbergia rufolanosa* ist eine geschlechtliche Generation der vorigen Art von so unterschiedlichem Aussehen, daß sie für eine eigene Art gehalten wurde. Sie erinnert an Büschel dunkelroter Baumwolle, angeheftet an Thalli anderer fädiger Algen.

1 Horntang *Ceramium rubrum*
CERAMIACEAE. L bis 15 cm. Thallus zart, stark verzweigt, Hauptstamm und Zweige gewöhnlich quergebändert; Zweigspitzen näher betrachtet, erinnern an die gebogenen Schenkel einer Kneifzange. Rosa, hell- oder braunrot. Auf Felsen, oft und häufig in Felstümpeln. Oberes Litoral bis Sublitoral.

2 *Wrangelia penicillata*
CERAMIACEAE. L bis 15 cm. Zarter, federiger Thallus verzweigter Stämmchen mit Büscheln winziger Seitenzweige. Rosenrot. Auf Steinen und anderen Algen. Sublitoral.

3 Geweih-Tang *Nitophyllum punctatum*
DELESSERIACEAE. L bis 50 cm. Thallus breit, flach, tief geteilt in breite Lappen, die weiter bandförmig unterteilt sind. Rötlichrosa. Auf anderen Algen. Unterstes Litoral bis Sublitoral.

4 *Polysiphonia sertularioides*
RHODOMELACEAE. L bis 5 cm. Thallus aus stark verzweigten Fäden; erscheint oft als dichter Büschel, der von einer Haftscheibe ausgeht. Dunkelrot. Auf Steinen. Unterstes Litoral bis Sublitoral. *Polysiphonia fruticulosa* ist ähnlich, die Sekundärverzweigungen sitzen aber büschelweise an den Hauptästen.

5 Knorpel-Tang *Laurencia obtusa*
RHODOMELACEAE. L bis 15 cm. Thallus mit Hauptachse und gegenständigen oder alternierenden, im Querschnitt runden Seitenästen, an diesen dicke, rundliche Zweige spiralig angeordnet; derb, knorpelig. Braunrot, rosa oder gelbbraun. Auf anderen Algen. Unteres Litoral und Flachwasser.

6 *Vidalia volubilis*
RHODOMELACEAE. L bis 16 cm. Thallus gurtartig, gesägt, gekerbt oder gezähnt, manchmal verzweigt, z. T. in blattartige Regionen aufgeteilt, leicht gewunden; deutliche Mittelrippe. Dunkelrot. Auf Steinen, Sand, Geröll oder Schlamm. Sublitoral.

SEEGRAS (Zosteraceae)

Unabhängig von seiner eigentlichen systematischen Stellung bei Blütenpflanzen (Angiospermen) wird das Seegras an dieser Stelle abgehandelt, da es im gleichen Lebensraum wie die Algen vorkommt – unter Wasser und dauernd überflutet.

7 Seegras *Zostera marina*
ZOSTERACEAE. L bis 1 m. Dicke, derbe unterirdische Ausläufer, aus denen gruppenweise schmale, leuchtend grüne Blätter entspringen. Parallele Blattnerven in gleichbleibendem Abstand; Blüte grasähnlich, unauffällig. Auf Sand und sandigem Schlamm. Flachwasser.
Zostera hornemanniana ist ähnlich, hat aber kürzere, schmalere Blätter. Blattadern in zwei Paaren parallel zur zentralen Ader.

8 Neptungras *Posidonia oceanica*
ZOSTERACEAE. L bis 1 m. Derbe unterirdische Ausläufer mit Büscheln dunkelgrüner bandförmiger Blätter, an der Basis mit faserigen Resten alter Blätter, diese oft am Strand angespült, wo sie von Wind und Wasser zu weichen, faserigen Bällen (**9**) zusammengerollt werden, die sich am Strand ansammeln. Auf Sand, kiesigem und schlammigem Sand; oft dichte Wiesen bildend. Flachwasser.

10 Tanggras *Cymodocea nodosa*
ZOSTERACEAE. L bis 20 cm. Ähnelt gewöhnlichem Seegras, aber kleiner und zarter; Blattbasen ohne faserige Hülle. In ähnlichen Habitaten wie Zostera, daher oft damit vergesellschaftet.

BLÜTENPFLANZEN (Angiospermae) Pflanzen, deren Samenanlage in einem Fruchtknoten eingeschlossen ist. Nach Befruchtung Umwandlung zu einer Frucht, die mehrere Samen enthalten kann.

1 Gelber Hornmohn *Glaucium flavum*
PAPAVERACEAE. H bis 90 cm. Pflanze mit aufrechtem, verzweigtem Sproß; blaugraue Blätter den Sproß umfassend; gelbe Blüten (D bis 9 cm); Frucht: lange Kapsel (L bis 30 cm), rauh, aber nicht behaart. Auf kiesigem oder grobem Sand. Obere Küstenzone.

2 Gelber Wau *Reseda lutea*
CRUCIFERAE. H bis 75 cm. Stengel steif, gefurcht; blaßgrüne Blätter tief geteilt; grüngelbe Blüten klein (D bis 6 mm), auf langstieliger Ähre. Oft in Sanddünen und auf Kalkstein.

3 Meerstrands-Schöterich *Malcolmia maritima*
CRUCIFERAE. H bis 40 cm. Niedrig, von der Basis verzweigt; wenige gezähnte Blätter; Blüten weiß, blaßrosa oder violett (D bis 1,5 cm), Blütenblätter gekerbt; Früchte gestielt, länglich (L bis 6 cm). Oft an Klippen.

4 *Matthiola sinuata*
CRUCIFERAE. H bis 60 cm. Stark verzweigt und mit Drüsenhaaren bedeckt; graugrüne Blätter; Blüten rot-lila, in locker stehenden Köpfen; Blütenblätter gezähnt (D bis 2,5 cm), wohlriechend; Frucht: haarige Schote (L bis 12 cm). Sand- und Felsböden.

5 Strandkresse *Lobularia maritima*
CRUCIFERAE. H bis 30 cm. Schlank verzweigt; Blätter silbrigweiß, lazettförmig, haarig; Blüten weiß (D bis 5 mm), in dicht stehenden Köpfen, diese zunächst rundlich, später länglicher. Auf sandigen und felsigen Stellen der Küste.

6 Meerkohl *Crambe maritima*
CRUCIFERAE. H bis 1 m. Sparrig, verzweigt; Blätter graugrün (L bis 30 cm), die unteren breit, gezähnt, die oberen schmäler; Blüten grünadrig weiß (D bis 1,6 cm); Frucht schlank, länglich, durch Meerwasser verbreitet. Sand, Felsen.

7 Johanniskraut *Hypericum empetrifolium*
HYPERICACEAE. H bis 30 cm. Niedrig, buschig. Blätter blaßgrün, schmal mit transparenten Flecken; Blüten kräftig gelb mit fünf weitgetrennten Blütenblättern, Staubblätter in deutlichem Büschel darüber hervorragend. Felsige Stellen.

8 Montpellier-Zistrose *Cistus monspeliensis*
CISTACEAE. H bis 0,5 m. Buschig; Blätter tiefgrün, glänzend, lanzettförmig; Blüten klein, weiß (D bis 3 cm), manchmal mit gelbem Klecks auf jedem Blütenblatt; aromatisch riechend. Auf Kalkböden der Macchie und Garrigue.
Rote Zistrose. *Cistus albidus* ist kleiner, magenta- oder rosenrote Blüten.

9 Geflecktes Sandröschen *Tuberaria guttata*
CISTACEAE. H bis 30 cm. Zart, haarig; Blätter lanzettförmig mit drei deutlichen parallelen Adern; während Blütezeit oft abgestorben; Blüten blaßgelb, jedes Blütenblatt mit rotem Basalfleck. Auf trockenen Böden, an Berghängen.

10 Französische Tamariske *Tamarix gallica*
TAMARICACEAE. H bis 10 m. Verholzter, stark verzweigter Busch; Blätter graugrün, dicht stehend; Blüten rosa, winzig (D bis 2 mm), in zarten Trauben. Auf sandigem Boden in Küstennähe.

11 Baum-Lavatere *Lavatera arborea*
MALVACEAE. H bis 3 m. Kräftig, buschartig, mit verholztem Stengel; Blätter groß, unregelmäßig, oft gefaltet; Blüten rosarot mit roten Adern (D bis 5 cm), Blütenblätter überlappend. Früchte fünfteilig. Sandige, steinige Böden.

12 Strand-Lavatere *Lavatera maritima*
MALVACEAE. H bis 1 m. Buschig, verholzt; Blätter mit grauweißem Flaum; Blüten blaßrosa mit purpurnem Zentrum (D bis 4 cm); reife Früchte schwarz. Sandige, steinige Böden.

13 Strand-Wolfsmilch *Euphorbia paralias*
EUPHORBIACEAE. H ist 40 cm. Sproß kurz, verholzt; Blätter graugrün, konkav, fleischig, Stengel dicht umhüllend; Blüten blaßgrün und gelb, winzig, flach doldenartig angeordnet. Sanddünen.

BLÜTENPFLANZEN

1 Lein *Linum campanulatum*
LINACEAE. H bis 25 cm. Niedrig; Stengel kurz, holzig; Blätter lanzettförmig, Rand durchscheinend, zwei braune Drüsen an der Basis; Blüten hellgelb mit blaßorangen Adern; Blütenblätter zu Röhre verschmolzen. Auf Kalkböden der Garrigue.

2 Reiherschnabel *Erodium cicutarium*
GERANIACEAE. H bis 60 cm. Zart; Stengelverzweigungen in papierartigen Nebenblättern; Blätter geteilt, federig; Blüten rosig purpurn; Früchte mit langem (L bis 4 cm) spitz zulaufendem Schnabel. Auf Sandböden.
Erodium gruinum: untere Blätter oval, obere Blätter geteilt; Schnabel der Frucht sehr lang (L bis 11 cm).

3 Raute *Ruta chalepensis*
RUTACEAE. H bis 80 cm. Groß, verzweigt; Stiel holzig; Blätter geteilt, stinkend; Blüten gelb, jedes Blütenblatt mit deutlichem Saum zahnartiger Haare. Auf steinigen und felsigen Böden.

4 Immergrüner Kreuzdorn *Rhamnus alaternus*
RHAMNACEAE. H bis 5 m. Holziger Strauch; dornenlos; Blätter oval oder lanzettförmig, gezähnt oder glattrandig; Blüten grünlichweiß, winzig, eingeschlechtlich, ♀ aufrecht, ♂ hängend; Frucht rot, schwarz werdend. Auf Felsböden der Macchie und Garrigue.

5 Christdorn *Paliurus spina-christi*
RHAMNACEAE. H bis 5 m. Holziger, sehr dorniger Strauch, zwei ungleiche Dornen an jeder Blattbasis; Blätter oval, asymmetrisch; Blüten gelb, klein, gruppenweise in Blattachseln; Früchte erinnern an offenen Regenschirm. Auf trockenen Böden in Macchie und Garrigue.

6 Feige *Ficus carica*
MORACEAE. H bis 5 m. Wild unregelmäßig wuchernder Strauch, kultiviert baumförmig; Blätter dunkelgrün, groß, geteilt, haarig; Blüten eingeschlechtlich, in großer birnförmiger Hülle eingeschlossen; ♂ und ♀ bei wilden Feigen, bei Kulturform nur ♀♀. Wildform an felsigen Stellen, Wald, Macchie und Garrigue.

7 Hottentottenfeige
Carpobrotus edulis
AIZOACEAE. L bis 1 m (Stämme). Niedrig, kriechend, stark verzweigt; Stamm holzig; Blätter linealisch, fleischig; Blüten gänseblümchenähnlich, groß (D bis 10 cm), blaßgelb, gelb, orange oder blaßlila; Frucht: fleischig, eßbar. In Küstennähe auf Klippen, Felsen und Sand.
Carpobrotus acinaciformis ist ähnlich, aber mit karminroten Blüten.

8 Salzmelde *Halimione portulacoides*
CHENOPODIACEAE. H bis 1,5 m. Holziger Strauch, dicht; Blätter graugrün, oval, flaumig; Blüten winzig, rosagetönt, grünlichgelb. In Salzmarschen, häufig am Rand von Gewässern.

9 Queller *Salicornia fruticosa*
CHENOPODIACEAE. H bis 50 cm. Buschig, verzweigt, besonders unten; Stiele sukkulent; Blätter zu einem Paar Schuppen dicht am Stengel reduziert; Blüten winzig, traubig, unscheinbar. Ganze Pflanze hellgrün, untere Teile oft rot getönt. In Salzmarschen, manchmal an trockeneren Stellen.

10 Sode *Suaeda maritima*
CHENOPODIACEAE. H bis 40 cm. Buschig, kriechend, aber mit aufrechten Zweigen; Blätter schmal-fleischig; Blüten winzig, in kleinen Trauben in den Blattachseln. Ganze Pflanze hellgrün. In Salzmarschen und am oberen Rand von Sandstränden.

11 Kali-Salzkraut *Salsola kali*
CHENOPODIACEAE. H bis 60 cm. Buschig, stachelig, kriechend, blattragende Zweige aufrecht; Blätter an der Spitze in Dorn auslaufend; Blüten winzig, weißlich, in den Blattachseln. Auf Sandstränden.

12 Taubenkropf-Leimkraut *Silene vulgaris*
CARYOPHYLLACEAE. H bis 90 cm. Buschig mit zahlreichen blühenden Stengeln; Blätter oval, zugespitzt; Blüten weiß mit blasenartigen Kelchblättern und tief eingeschnittenen Blütenblättern. Auf Felsböden und grobem Kies in Küstennähe.
Sukkulentes Leimkraut *Silene succulenta* mit haarigen, klebrigen Blättern.

BLÜTENPFLANZEN

1 Acker-Gauchheil *Anagallis arvensis*
PRIMULACEAE. L bis 30 cm. Kriechend; Stengel vierkantig; Blätter oval, zugespitzt; Blüten sternförmig, rosa, scharlachrot, blau oder violett, spitzige Kelchblätter zwischen den Blütenblättern hervorragend. Auf verschiedenen Böden, aber oft in sandigen Gebieten in Küstennähe.
2 Stachelträubchen
Coris monspeliensis
PRIMULACEAE. H bis 30 cm. Buschig, verzweigt; zahlreiche Blätter mit zwei oder drei Dornen am Grunde; Blüte bläulichpurpurn, mit drei großen aufrechten Lappen und zwei schmäleren Lippen; Staubblätter auffällig. Auf Sand in Küstennähe, weiter landeinwärts auf steinigen Böden.
3 Salzbunge *Samolus valerandi*
PRIMULACEAE. H bis 45 cm. Schlank; Stiel aus basaler Rosette; Blätter oval, giftgrün; Blüten weiß (D bis 3 mm) in aufgelockertem Blütenstand. An feuchten Stellen in Küstennähe.
4 Widerstoß *Limonium sinuatum*
PLUMBAGINACEAE. H bis 50 cm. Hauptsproß zwei- oder dreiteilig, aus basaler Rosette entspringend, aber auch blatttragend; Kelchblätter purpurn, Blütenblätter klein, blaßgelb, unscheinbar, Blüten gedrängt auf verzweigten Blütenständen. Obere Region sandiger und steiniger Strände.
Die Strandnelke *Limonium vulgare* ist ähnlich, aber mit nur einem Blütenstand pro Rosette. Blütenblätter hellpurpurn.
5 Erdbeerbaum *Arbutus unedo*
ERICACEAE. H bis 10 m. Baum mit rauher, brauner Borke, junge Äste rötlich; Blätter lanzettförmig, gezahnt, hart, glänzend; Blüten cremegelb, vasenförmig, in Büscheln; Frucht rot, wie eine runde Erdbeere, mit rauher harter Schale. In der Macchie.
6 Baumheide *Erica arboraa*
ERICACEAE. H bis 3 m (auch mehr). Holziger, stark verzweigter Busch, oben weich; Blätter winzig; Blüten winzig, weiß oder zartrosa, glockenförmig (L bis 3 mm), Blütenstand dicht, traubig. In der Macchie.
7 Ästiges Tausendgüldenkraut
Centaurium pulchellum
GENTIANACEAE. H bis 15 cm. Hauptsproß oft unverzweigt; Blätter oval; Blüten rosa, sternähnlich, in langen, dichten Blütenständen, die kleine Blätter tragen. Feuchte Stellen in Küstennähe.
8 Bitterling *Blackstonia perfoliata*
GENTIANACEAE. H bis 45 cm. Schlank; Hauptsproß aus basaler Rosette; Blätter graugrün, oval, basal den Stengel umfassend; Blüten hellgelb, auf beblättertem Stengel. In Sanddünen.
9 Ölbaum *Olea europaea*
OLEACEAE. H bis 10 m. Baum mit deutlich gefurchter Borke, oft knorrig; Blätter länglich, oben graugrün, unten weiß und silberig; Blüten winzig, in lockerem Blütenstand; Frucht pflaumenförmig, stumpf grün oder schwarz.
Der wilde Ölbaum *Olea europaea* var. *oleaster* tritt in der Macchie und der Garrigue auf.
10 Jasmin *Jasminum fruticans*
OLEACEAE. H bis 1 m. Aufrechter Strauch mit gefurchten Ästen; Blätter länglich, dunkelgrün; Blüten gelb, fünf ausgebreitete Blütenblätter. Früchte schwarz, glänzend. Gewöhnlich auf Kalkboden; in der Garrigue.
11 Winde *Convolvulus althaeoides*
CONVOLVULACEAE. L bis 1 m. Kletternd, haarig; Stiele gestreckt; untere Blätter oval, obere geteilt; Blüten purpurrosa, trompetenförmig, papierartig. Zwischen anderer Vegetation in Küstennähe.
12 Tausch, Färber-Alkanna *Alkanna tinctoria*
BORAGINACEAE. L bis 30 cm. Kriechend; Hauptsproß kurz, holzig, umgeben von einer Menge haariger, lanzenförmiger Blätter; Blüten hellblau, an liegenden beblätterten Zweigen. Obere Region von Sandstränden und andere kalkige Böden.

BLÜTENPFLANZEN

1 **Violetter Natterkopf**
Echium lycopsis
BORAGINACEAE. H bis 60 cm. Auffällig mit aufrechten oder liegenden Stengeln; Stengel und Blätter haarig; Blüten groß (D bis 3 cm), blauviolett, mit breitem Schlund und fünf Zähnen, auffällig lange Staubblätter. Sandböden in Küstennähe.
2 *Echium diffusum*
BORAGINACEAE. H bis 30 cm. Buschig verzweigter Stengel aus Rosette gelblich grüner Blätter; Blätter und Stengel mit dichten, steifen Haaren; mit roten oder rosa-violetten, kleinen Blüten mit vorstehenden Staubblättern, auf Sandböden in Küstennähe.
Italienischer Natterkopf *Echium italicum* (H bis 1 m); Blüten klein (D bis 14 mm), fleischfarben oder weiß, pyramidenförmiger Blütenstand.
3 **Keuschbaum, Mönchspfeffer** *Vitex agnus-castus*
VERBENACEAE. H bis 3 m. Holziger Strauch mit verzweigtem Stamm; Blätter gegliedert lanzettförmig, oben glänzend, unten fein filzig behaart; Blüten lila mit zwei Lippen, außen behaart, mit zwei vorstehenden Staubblättern; Blüten in langer Ähre. An feuchten Plätzen in Küstennähe.
4 **Gelber Günsel** *Ajuga chamaepitys*
LABIATAE. H bis 20 cm. Niedrig wachsend, buschig, Stengel verzweigt, unten liegend, Spitzen aufrecht; Blätter geteilt, harzig; Blüten gelb, unregelmäßig, paarweise in Blattachseln. Auf trockenen Böden in der Garrigue.
5 **Strauch-Gamander**
Teucrium fruticans
LABIATAE. H bis 1,5 m. Strauch mit verzweigtem Stamm; Blätter oval, hart, oben dunkelgrün, unten mit weißem Filz feiner Haare; Blüten blaßblau, unregelmäßig. Zwischen Felsen und auf bewaldeten Hügeln an der Küste.
6 **Rosmarin** *Rosmarinus officinalis*
LABIATAE. H bis 1,5 m. Buschiger Strauch mit verzweigtem Stamm; Blätter länglich, aromatisch riechend, mit weißhaariger Unterseite; Blüten lila, unregelmäßig, Staubblätter und Griffel vorstehend. In Macchie und Garrigue.

7 **Schopflavendel** *Lavandula stoechas*
LABIATAE. H bis 60 cm. Niedriger Busch mit verzweigten Stämmchen; Blätter aromatisch riechend, länglich, haarig; Blüten klein, purpurn, in dichtem, ährigem Blütenstand mit vorstehenden violetten Deckblättern. Garrigue.
8 **Ysop** *Hyssopus officinalis*
LABIATAE. H bis 60 cm. Holziger Strauch mit verzweigten Ästen; Blätter aromatisch, lanzettförmig; Blüten blauviolett, unregelmäßig. In der Garrigue.
9 **Eisenkraut-Salbei** *Salvia verbenaca*
LABIATAE. H bis 80 cm. Haariger Strauch mit wenigen Ästen; Blätter groß, unregelmäßig, graugrün, länglich, Oberseite faltig, basale Blattrosette; Blüten violett oder blau, die Oberlippe größer als die untere und an der Spitze gewölbt. In Macchie und Garrigue.
Salbei *Salvia triloba* mit verzweigtem Stengel, unregelmäßige violette Blüten in aufrechtem, klebrigem Blütenstand.
10 **Bergminze** *Satureia thymbra*
LABIATAE. H bis 50 cm. Niedriger Busch mit stark verzweigtem Stämmchen; Blätter dunkelgrün, aromatisch, oval, mit gefalteter Spreite, sehr haarig; Blüten rosa, unregelmäßig. In der Garrigue.
11 **Echter Thymian** *Thymus vulgaris*
LABIATAE. H bis 30 cm. Gedrungener Busch mit stark verzweigten, holzigen Stämmen; Blätter aromatisch, winzig, lanzettlich, oben mit Drüsenflecken, unten haarig; Blüten rotpurpurn, unregelmäßig behaart, in zusammengedrängtem Blütenstand. Trockene Standorte.
12 **Königskerze** *Verbascum undulatum*
SCROPHULARIACEAE. H bis 1 m. Auffällig, mit Stengeln, die aus einer basalen Rosette großer, graugrüner, haariger Blätter entspringen; Blüten gelb, schalenförmig, gruppenweise am Stengel. An trockenen, steinigen Orten.
13 *Parentucellia latifolia*
SCROPHULARIACEAE. H bis 20 cm. Schlank, mit unverzweigten oder basal verzweigten Stengeln; Blätter rötlich grün, haarig, tief geteilt; Blüten rötlich purpurn, innen weiß, klein (L bis 1 cm), haarig. Trockene Sandböden.

BLÜTENPFLANZEN

1 Schlitz-Wegerich *Plantago coronopus*
PLANTAGINACEAE. H bis 6 cm (Blatt). Niedrig; Blätter tief gezähnt, variabel, in Rosette; Blüten hellbraun, winzig, in kompaktem Köpfchen mit vorstehenden gelben Staubblättern. Auf sandigem und steinigem Boden in Küstennähe.
2 Stern-Mauerpfeffer *Sedum stellatum*
CRASSULACEAE. H bis 15 cm. Kriechend; Stiele aufrecht, dick; Blätter eiförmig, fleischig, gezähnt; Blüte rosa, sternähnlich, in den Achseln blattförmiger Deckblätter auf einem gegabelten Stiel. An trockenen, steinigen, felsigen Orten.
3 Johannisbrotbaum *Ceratonia siliqua*
LEGUMINOSAE. H bis 10 m. Baum mit vielen, ausgebreiteten Ästen; Blätter zusammengesetzt, hart, glänzend; Blüten klein, grünlich, in Gruppen zwischen Blättern; Früchte auffällig, lang (L bis 20 cm), lederig, reife Hülsen braun (die Samen waren das ursprüngliche Karatgewicht der Juweliere). An steinigen Orten in Küstennähe, oft kultiviert.
4 Ginster *Genista acanthoclados*
LEGUMINOSAE. H bis 1 m. Auffälliger Strauch; stark verzweigt, dornige grauweiße Zweige; Blätter dreiteilig, nur an jungen Trieben; Blüten hellgelb, unregelmäßig, Kiel haarig, gruppenweise an den Zweigen. Besonders auf Kalk.
5 Torniger Hauhechel *Ononis spinosa*
LEGUMINOSAE. H bis 20 cm. Am Boden wuchernd; Stengel steif, dornig, mit schlanken, zickzackförmigen Verzweigungen; Blüten rosa, ginsterähnlich. Sand- und Felsböden in Küstennähe.
6 Strand-Schneckenklee *Medicago marina*
LEGUMINOSAE. L bis 15 cm (oder mehr). Liegend; Blätter weiß mit wolligen Haaren; Blüten blaßgelb, klein (L bis 8 mm), in rundlichen Köpfen an der Zweigspitze; Frucht spiralig gewundene Hülse. An sandigen Orten der Küste.
7 Einblütiger Klee *Trifolium uniflorum*
LEGUMINOSAE. H bis 5 cm (in Blüte). Niedrig, dichte Matten bildend; Blätter typisch dreigeteilt; Blüten rosa-purpurn oder weiß, ähnlich dem Ginster. Auf trockenen Böden, oft auf Sand in Küstennähe.
8 Wundklee *Anthyllis cytisoides*
LEGUMINOSAE. H bis 80 cm. Rundlicher Strauch, Zweige und Blätter grauweiß; Blüten gelb, gruppenweise in Achseln blattförmiger Deckblätter. An trockenen, steinigen Orten in Küstennähe.
9 Kretischer Hornklee *Lotus creticus*
LEGUMINOSAE. L bis 40 cm. Niedrig, wuchernd; Blätter mit silbrigen Haaren bedeckt; Blüten gelb, ginsterähnlich, manchmal einzeln, sonst in Ständen bis zu acht. Sandböden, Dünen, Klippen.
10 Hufeisenklee *Hippocrepis unisiliquosa*
LEGUMINOSAE. H bis 30 cm. Niedrige Ausläufer; Blätter zusammengesetzt; Blüten gelb, ginsterähnlich; Frucht charakteristisch gebogene Hülse mit sieben bis zehn hufeisenförmigen Markierungen. In Macchie und Garrigue.
11 Hahnenkopf *Onobrychis caputgalli*
LEGUMINOSAE. H bis 40 cm. Liegend oder aufrecht: Blätter grau, haarig; Blüten rosa, klein (L bis 6 mm) in kompakten Blütenständen; Frucht eine abgeflachte stachelige Hülse mit dreieckigen Zähnchen am Rand und rundlichen Vertiefungen auf beiden Seiten. Trockene Sand- und Felsböden.
12 Becherstrauch *Poterium spinosum*
ROSACEAE. H bis 50 cm. Kompakter Strauch; Äste verzweigt, jung mit Dornenpaar an der Spitze; Blätter klein, gedrungen; Blüten rot in kompakten Ständen, eingeschlechtlich, ♂ gelbe Staubblätter, ♀ federiger purpurner Stempel. An trockenen Orten, Garrigue.
13 Echter Feigenkaktus *Opuntia ficus-indica*
CACTACEAE. H bis 5 m. Ein typischer Kaktus: Äste mit sukkulenten Gliedern, stachelig; Blätter winzig, bald nach Erscheinen abfallend; Blüten gelb, auffällig (D bis 7 cm), zahlreiche Blütenblätter zu einer Röhre verschmolzen; Frucht gelb, ziegelrot oder purpurn, eßbar. An trockenen, steinigen Orten; oft in Gärten angepflanzt.

BLÜTENPFLANZEN

1 Zistrosen-Schmarotzerblume
Cytinus hypocistis
RAFFLESIACEAE. H bis 8 cm. Parasitisch auf Wurzeln von Zistrosen, Cistus-Arten; Stiel mit zahlreichen roten Hüllschuppen; keine Blätter; Blüten hellgelb mit vier röhrenförmig verschmolzenen Kelchblättern, bis zu 10 in kompaktem Blütenstand. Unter Zistrosen in Macchie und Garrigue.

2 Myrte *Myrtus communis*
MYRTACEAE. H bis 3 m. Holziger, immergrüner Strauch, buschig, mit verzweigten Stämmen; Blätter wie Liguster, mit durchscheinenden Drüsenflecken, aromatisch; Blüten weiß mit Büschel langer Staubblätter, einzeln stehend, wohlriechend; Frucht: ovale, rundliche Beere, schwarz im reifen Zustand. In Macchie und Garrigue; kultiviert.

3 Strand-Mannstreu *Eryngium maritimum*
UMBELLIFERAE. H bis 60 cm. Stark verzweigt, steif; Blätter grau, sehr stachelig; Blüten blau, klein mit langen Staubblättern, in kompakter Dolde. Sanddünen und sandige Böden in Küstennähe.

4 Meerfenchel *Crithmum maritimum*
UMBELLIFERAE. H bis 30 cm. Kleinwüchsig, buschig, mit stark verzweigten Stengeln; Blätter graugrün, fleischig; Blüten weiß, winzig, in abgeflachter, verzweigter Dolde. Auf Klippen in Küstennähe.

5 Vogelkopf *Thymelaea hirsuta*
THYMELAEACEAE. H bis 1 m. Strauchig mit stark verzweigten Stengeln; Blätter klein, fleischig, konkav, unterseits weißlich behaart; Blüten grünlich gelb, Blütenblätter nicht sichtbar, aber haarige Kelchblätter. Auf steinigen und sandigen Böden in Küstennähe.

Thymelaea tartonraira ist anders; Blätter spatelförmig, haarig, untere Stengelteile mit geschwollenen Blattnarben.

6 Aufrechter Seidelbast *Daphne gnidium*
THYMELAEACEAE. H bis 1,25 m. Aufrechter, holziger Strauch mit schlanken Zweigen; Blätter lanzettlich, graugrün mit blaßweißen Flecken; Blüten grünlich

grau, außen haarig; Frucht: auffällige rote oder schwarze Beere. Auf felsigem Boden, in der Garrigue.

7 Purpur-Skabiose, Krätzkraut *Scabiosa atropurpurea* var. *maritima* DIPSACACEAE. H bis 1 m. Schlank, verzweigt; Blätter gesägt oder geteilt; Blüten rosa oder blaß violett, klein, in abgeflachtem, kompaktem Köpfchen; fruchtendes Köpfchen zylindrisch, mit vielen vorstehenden Stacheln. Auf sandigen Böden, Küstennähe.

8 *Evax pygmaea* COMPOSITAE. H bis 4 cm. Klein, gedrungen; Blätter in Rosette, weiß mit dichten Haaren; Blüten gelb, mit blütenblattähnlichen Deckblättern. Auf Sandböden in Küstennähe, Garrigue.

9 Strohblume *Helichrysum stoechas* COMPOSITAE. H bis 30 cm. Kleinwüchsig, kriechend; Blätter grauweiß, länglich, dicht behaart, stark nach Curry riechend; Blüten gelb, winzig, in rundlichen Köpfchen. Auf sandigem, steinigem und felsigem Boden in Küstennähe.

10 *Pallenis spinosa* COMPOSITAE. H bis 1 m. Aufrecht, verzweigt; untere Blätter keilförmig, obere lanzettförmig; Blüten gelb, gänseblümchenartig, stachelspitzige Deckblätter. Felsböden.

11 *Odontospermum maritimum* COMPOSITAE. H bis 30 cm. Buschig, stark verzweigt, ausladend; Blätter spatelförmig, haarig; Blüten gelb, gänseblümchenartig, groß (D bis 4 cm). Auf trockenen, felsigen Böden in Küstennähe.

12 Hundskamille *Anthemis chia* COMPOSITAE. H bis 30 cm. Kleinwüchsig, aufrecht oder liegend; Blätter geteilt; Blüten (D bis 3 cm) mit gelben Scheiben- und weißen Randblüten. An trockenen Orten.

13 Salzaster *Aster tripolium* COMPOSITAE. H bis 1 m. Aufrecht mit kräftigen bräunlichen Stielen; Blätter fleischig, länglich; Blütenköpfchen mit gelben Scheibenblüten und purpurnen oder lila Randblüten. Auf verschiedenen Böden in Küstennähe, Salzmarschen.

1 Alant *Inula crithmoides*
COMPOSITAE. H bis 90 cm. Buschig, ausladend; Stengel unten verholzt, aufrechte Stengel fleischig; Blätter graugrün, fleischig, länglich; Blüten mit orangen Scheiben- und gelben Randblüten. Auf Küstenklippen und in Salzmarschen.

2 *Otanthus maritimus*
COMPOSITAE. H bis 40 cm. Kleinwüchsig, kriechend, mit stark verzweigten Stielen; ganze Pflanze wollig; Blätter und Stengel weiß; Blüten gelb, in rundlichen Köpfchen. Sandböden in Küstennähe.

3 Zweifarben-Kreuzkraut *Senecio cineraria* COMPOSITAE.
H bis 60 cm. Strauchig, verzweigt; von weißem Haarfilz bedeckt; Blätter tief geteilt; Blüten gelb in kompakten Köpfchen. Sand-, Felsböden, Küstennähe.

4 Kugeldistel *Echinops ritro*
COMPOSITAE. H bis 1 m. Rundlicher, stark verzweigter, distelartiger Busch; Blätter tief geteilt, stachelig, die Unterseite flaumig; Blüten hellblau in rundlichen Köpfchen (D bis 5 cm). Auf steinigem Boden, oft in Meeresnähe.

5 Eberwurz *Carlina corymbosa*
COMPOSITAE. H bis 40 cm. Kräftige, aufrechte Stengel; Blätter steif, stumpf grün; Blütenkopf gelb (D bis 4 cm). An trockenen Stellen, in der Garrigue.

6 Mariendistel *Silybum marianum*
COMPOSITAE. H bis 2 m. Robuste, aufrechte Stengel; Blätter dunkelgrün, weiß gemustert, breit und tief eingeschnitten, stachelig; Blütenköpfe purpurn, groß (bis 8 cm), stachelig. Felsböden.

7 Distel *Leuzia conifera* COMPOSITAE.
H bis 30 cm. Aufrecht mit wenig verzweigtem Stengel; Blätter graugrün, tief geteilt; Stengel und untere Blattseiten dicht behaart, weiß, purpurne Einzelblüten unscheinbar. Felsböden.

8 Gänsedistel *Sonchus spinosus*
COMPOSITAE. H bis 1 m. Aufrecht mit kräftigem Stengel; Blätter meist länglich, geteilt, Unterseite flaumig; Blüten gelb, löwenzahnartig, in gestielten Gruppen am Ende der Stengel. Auf steinigen Böden, oft in Küstennähe.

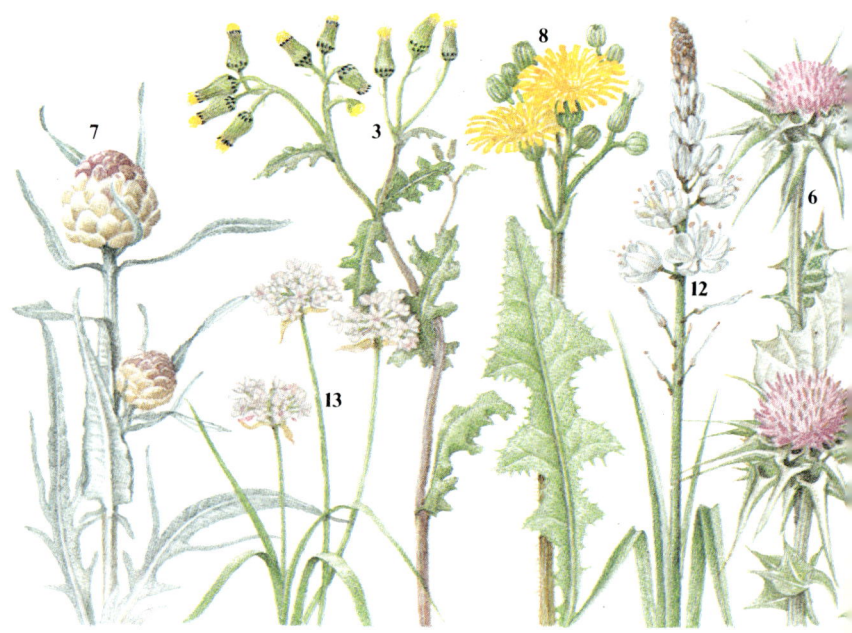

9 Goldwurzel *Scolymus hispanicus* COMPOSITAE. H bis 1 m. Buschig; Stengel stämmig, haarig, mit gezähnten Blättern, hellgrün, tief geteilt, stachelig; Blüten gelb, mit stacheligen Hüllblättern in den Blattachseln. Auf sandigen und steinigen Böden, oft auf Brachland.

10 Wegwarte, Zichorie *Cichorium pumilum* COMPOSITAE.
H bis 1,25 m. Aufrecht, mit steifem, verzweigtem Stengel; Blätter blaugrün, lanzettförmig, die unteren geteilt; Blüten hellblau, löwenzahnartig (D bis 4 cm), in Achseln der oberen Blätter, äußere Hüllblätter sehr haarig. Auf sandigem und felsigem Boden in Küstennähe.

11 Kermeseiche *Quercus coccifera* FAGACEAE. H bis 3 m. Baum, der aber oft stark verzweigt Dickichte bildet (H bis 1 m); Blätter stechpalmenartig; Blüten klein, nur die ♂ auffällig als quastenförmige Kätzchen; Becher der Eicheln borstig. Macchie und Garrigue.

Steineiche *Quercus ilex* ist höher und hat haarige Zweige und Blattunterseiten; Schuppen der Eichelbecher dicht anliegend.

Korkeiche *Quercus suber* ist ein großer Baum (H bis 15 m), mit tief gefurchter Borke (Kork); Eichelbecher konisch, haarig, leicht abstehende Schuppen.

12 Affodill *Asphodelus microcarpus* LILIACEAE. H bis 1,5 m. Groß, schlank, Stengel reich verzweigt, Blätter schwertförmig (L bis 1 m); Blüten weiß, in auffälligen pyramidenförmigen Blütenständen; unterirdische, kartoffelähnliche Speicherknollen. Auf harten, trockenen Böden. Weißer Affodill: Stengel gewöhnlich unverzweigt; Blütenstand kompakter, Blüten größer (D bis 6 cm).

13 Rosenfarbiger Lauch *Allium roseum* LILIACEAE.
H bis 40 cm. Schlank, aufrecht, nach Knoblauch riechend; Blätter flach, riemenförmig; Blüten rosa oder blaßviolett (D bis 2,5 cm), in runden Köpfchen; unterirdische Zwiebel von mehreren kleineren Brutknospen umgeben. Oft am obersten Rand des Strandes.

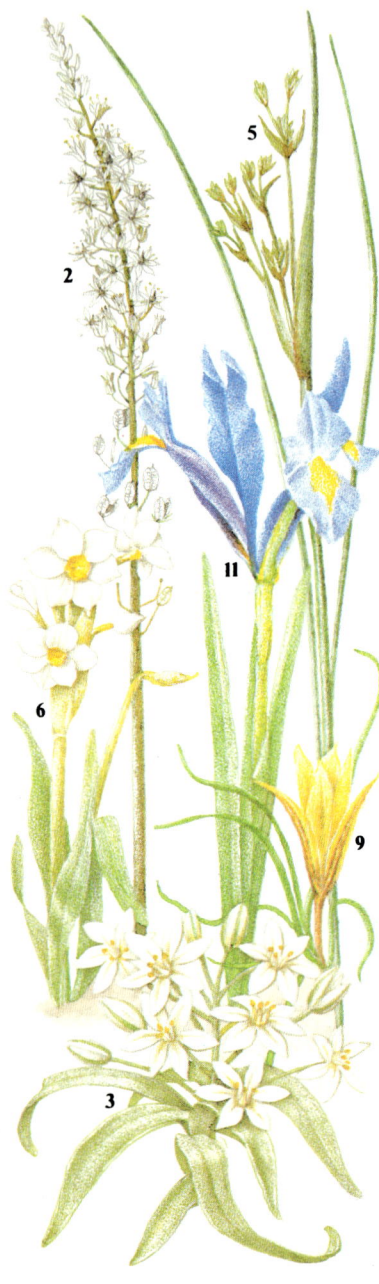

1 Schachblume *Fritillaria messanensis* LILIACEAE. H bis 50 cm. Schlank, aufrecht; Blätter blaugrün, lanzettlich; Blüte purpurn und gelblichgrün, glockenförmig (L bis 4 cm), einzeln, meist nicht mehr als zwei an einer Pflanze. In Wiesen und feuchten Wäldern.

2 Meerzwiebel *Urginea maritima* LILIACEAE. H bis 1,5 m (blühend). Auffällig, Blätter dunkelgrün, lanzettlich, sterben vor Blüte ab; Blüten grünaderig weiß, sternförmig mit vorstehenden Staubblättern, zahlreich in langem, zylindrischem Blütenstand. Riesige Zwiebel (D bis 15 cm). Auf Sand- und Felsböden, oft in Küstennähe.

3 Berg-Milchstern *Ornithogalum montanum* LILIACEAE. H bis 20 cm. Aufrecht, schlank, mit Zwiebel; Blätter lanzettförmig; Blüten weiß, mit grüner Ader, sternförmig, in abgeflachten Köpfchen bis zu 20. Auf verschiedenen, oft auch auf steinigen Böden.

4 Schopfige Bisamhyazinthe *Muscari comosum* LILIACEAE. H bis 60 cm. Schlank, aufrecht; Blätter riemenförmig; zwei Arten Blüten – sterile hellblaue oder blauviolette in Büscheln, darunter fertile purpurbraune. In Feldern und Obstgärten, manchmal auf steinigem Boden.
Muscari commutatum hat einen kompakteren Blütenstand aus rundlichen, fertilen, dunkelblauen Blüten, darüber manchmal sehr wenige oder keine blaßblauen sterilen Blüten.

5 Strandbinse *Juncus maritimus* JUNCACEAE. H bis 1 m. Dichte, grobe Büschel; Stengel und Blätter zäh; Blüten blaßgrün und strohfarben, klein, in unregelmäßigem Büschel an einer Seite des Stengels. In Salzmarschen.
Juncus acutus ist ähnlich, wird aber höher (H bis 1,5 m), mit weniger Blättern; Blüten rötlichbraun, in dichterem Büschel. An sandigen Stränden und in Dünentümpeln.

Kröten-Binse *Juncus bufonius* ist klein (H bis 25 cm), mit schlanken, stark verzweigten Stengeln; Blütenstand groß.

6 Tazette *Narcissus tazetta*
AMARYLLIDACEAE. H bis 50 cm. Eine charakteristische Narzisse; Blätter riemenförmig mit Kiel; Blüten mit relativ kurzer Krone (L bis 8 mm). Auf Wiesen und feuchten Stellen der Garrigue.

7 Narzissenlilie *Pancratium maritimum*
AMARYLLIDACEAE. H bis 40 cm. Oft beachtliche Bestände; Blätter blaugrün, riemenförmig, spiralig gedreht; Blüten groß (L bis 15 cm), wohlriechend, weiß mit grünen Streifen, in Gruppen bis zu 12. Auf Sand in Küstennähe, oft auf Dünen und Küstensteppen.

8 Gelber Krokus *Crocus flavus*
IRIDACEAE. H bis 8 cm (Blüte). Ein typischer Krokus, Blätter dunkelgrün, schwertartig; Blüten hellorange, manchmal blaßgrau gesäumt. Auf kargem Boden, Garrigue.

9 *Romulea bulbocodium*
IRIDACEAE. H bis 7 cm (Blüte). Krokusähnlich mit schmalen, dunkelgrünen Blättern; Blüten lila, gelb oder weiß, einzeln oder in Gruppen. Auf sandigen Böden in Küstennähe, oft auf Dünen.

10 Zwerg-Schwertlilie *Iris chamaeiris*
IRIDACEAE. H bis 15 cm. Schwertförmige, dunkelgrüne Blätter umgeben den Stengel; Blüten purpurn oder blaßgelb mit stark zurückgebogenen äußeren Blütenblättern. Auf Felsböden, Garrigue.

11 Spanische Schwertlilie *Iris xiphium*
IRIDACEAE. H bis 60 cm. Stengel blattreich, hohl; Blätter dunkelgrün; Blüten violettpurpurn. Narben zungenartig, aufrecht. Grasige Stellen am Meer.

12 Sumpf-Schwertlilie *Iris pseudacorus*
IRIDACEAE. H bis 1,5 m. In ausgedehnten Beständen; Blätter moosgrün, schwertartig, steif; Blüten blaßgelb bis orange, groß (D bis 10 cm), äußere Blütenblätter breit, zungenartig. Sumpfige Böden.

1 **Strandhafer** *Ammophila arenaria*
GRAMINEAE. H bis 1,25 m. Bildet große Bestände; Blätter hellgrün, steif, zugespitzt; Blüten weiß-rehfarben, winzig, in dickem Büschel wie ein Fuchsschwanz; das faserige Wurzelsystem sehr ausgedehnt, hält bestens wandernden Sand. Sanddünen.

2 **Schilfrohr** *Phragmites australis*
GRAMINEAE. H bis 3 m. Dichte, ausgedehnte Bestände; Blätter breit (B bis 20 mm), zugespitzt; Blüten klein, purpurn, in langem, nickendem Blütenstand (L bis 30 cm). An feuchten Stellen, besonders an Flußufern, Lagunen, in Mündungsgebieten.

3 **Spanisches Rohr, Pfahlrohr** *Arundo donax*
GRAMINEAE. H bis 5 m. Bildet Dickichte; Stengel bambusähnlich; Blätter riemenförmig; Blüten blaß rehfarben, klein, in bis zu 70 cm langen Blütenständen. An nassen Stellen, Fluß- und Lagunenufern.

4 **Weißes Waldvöglein** *Cephalanthera damasonium*
ORCHIDACEAE. H bis 60 cm. Schlank, aufrecht. Stengel ziemlich steif; Blätter dunkelgrün, oval; Blüten weiß, tulpenähnlich, in ziemlich lockerer Ähre. In Wäldern und Buschwerk, stets auf Kalkboden, oft in Küstennähe.

5 **Herbst-Drehwurz** *Spiranthes spiralis*
ORCHIDACEAE. H bis 12 cm. Zarte Blätter in basaler Rosette, sterben vor Blüte ab; Blüten weiß, winzig (L bis 5 mm) in dichter Spirale nahe Stengelspitze. Blütezeit im Gegensatz zu den meisten anderen Orchideen in Spätsommer oder Herbst. Auf Sanddünen und trockenen, grasigen Orten in Küstennähe.

6 **Spiegel-Ragwurz** *Ophrys speculum*
ORCHIDACEAE. H bis 15 cm. Kräftig, aufrecht; Blätter riemenförmig; Blüten insektenähnlich, grün, kastanienbraun, blau und gelb. An grasigen Stellen auf Kalkboden.

7 **Schmetterlings-Knabenkraut** *Orchis papilionacea*
ORCHIDACEAE. H bis 50 cm. Fest; Stengel dick und steif; Blätter dunkelgrün, oval; Blüten rötlich bis grünlich violett mit krauser Lippe, wohlriechend. An grasigen, manchmal trockenen Stellen, in der Garrigue.

8 **Römisches Knabenkraut** *Dactylorhiza romana*
ORCHIDACEAE. H bis 35 cm. Schlank; Blätter riemenförmig; Blüten violett bis rötlich purpurn, manchmal weiß oder gelb, in lockerer Ähre. Sand- und Felsböden, in der Garrigue.

9 **Dingelorchis** *Serapias cordigera*
ORCHIDACEAE. H bis 45 cm. Kräftig; Blätter grün, an der Basis purpurn gesprenkelt, schmal, hohl; Blüten rötlich purpurn, groß (L bis 4 cm), mit einer herzförmigen, dunkelpurpurnen haarigen Lippe. An trockenen, sandigen oder steinigen Orten, Garrigue.
Serapias parviflora ist wesentlich kleiner (H bis 20 cm) mit leicht gewellten Blättern; Blüte rötlich violett mit einer schmalen, haarigen, rostroten Lippe. An sandigen und steinigen Orten in Küstennähe.

10 **Pyramidenorchis** *Anacamptis pyramidalis*
ORCHIDACEAE. H bis 30 cm. Schlank; Blätter schmal, gekielt; Blüten rosa und rosig purpurn, in spiraliger Anordnung einen gedrungenen pyramidenförmigen Blütenstand bildend. Auf trockenen Böden, oft auf Sanddünen.

11 **Aleppokiefer** *Pinus halepensis*
PINACEAE. H bis 20 m. Baum mit silbriger Borke, jung auch unten verzweigt, später nur oben einen Schirm bildend; Nadeln hellgrün, schlank, biegsam (L bis 10 cm); Zapfen konisch, gelbbraun, später nußbraun. Auf felsigen Böden in Küstennähe.

12 **Zedernwacholder** *Juniperus oxycedrus*
CUPRESSACEAE. H bis 6 m. Buschiger, verholzter Strauch; Blätter oben weiß und grün, unten dunkelgrün; stark zugespitzt; Zapfen gelb, gerundet, Pflanzen meist eingeschlechtlich; Früchte beerenartig, in Gruppen, bei Reife schwarz. Auf trockenen Böden, in der Garrigue.

BLÜTENPFLANZEN

SCHWÄMME (Porifera)

Sessile Tiere; bilden Wasserkanalsystem, das durch viele kleine Einströmöffnungen (Ostien) und eine oder mehrere Ausströmöffnungen (Osculum) mit der Außenwelt in Verbindung steht. Skelett aus Kalk- oder Kieselnadeln oder hornigen, organischen Substanzen.

1 *Leucosolenia coriacea*
HOMOCOELIDAE. H bis 3 cm, B bis 10 cm. Spitzenartige Krusten verzweigter Röhren; aufrechte Teile oben verbunden, mit gemeinsamem Osculum. Weiß, gelb, braun oder ziegelrot. Unter Steinen, auf Schalen und Algenhaftscheiben. Mittleres Litoral bis Sublitoral.

2 *Sycon coronatum*
SYCETTIDAE. H bis 3 cm. Vasenförmig; um das Osculum große auffällige Nadeln. Gelbweiß. Auf fester Unterlage. Unteres Litoral bis Sublitoral.
Sycon raphanus H bis 2 cm. Durch längere Nadeln stacheliger erscheinend.

3 *Grantia compressa*
GRANTIIDAE. H bis 5 cm. Außerhalb des Wassers flach, börsenförmig, im Wasser rundlicher; Osculum auffällig; weißlich oder blaßgelb. Unter Überhängen, meist in Gruppen. Unteres Litoral.

4 *Chondrosia reniformis*
CHONDROSIIDAE D bis 10 cm, H bis 3 cm. Rundlich, nierenförmig; zähe, weiche Außenseite; keine Nadeln; inneres Gewebe fest; Ostien und Oscula winzig. Glänzend dunkel rotbraun oder grau, innen gelblichweiß. Auf Felsen. Litoral.

5 Meerorange *Tethya aurantium*
TETHYIDAE. D bis 4 cm (D bis 10 cm bei sublitoralen Tieren). Rundlich. Oberfläche rauh und warzig; wegen radial vom Zentrum ausgehenden Kieselnadeln erinnert Inneres an einen Schnitt durch eine Orange. Blaßgelb bis tieforange. An geschützten Stellen. Unteres Litoral bis Sublitoral.

6 Häuschenschwamm *Suberites domuncula*
CLAVULIDAE. D bis 30 cm. Massig, rundlich, Oberfläche weich. Oscula vorstehend. Grau, schwefelgelb oder stumpforange. Gewöhnlich auf Schneckenhäusern mit Einsiedlerkrebsen. Sublitoral.

SCHWÄMME

7 Bohrschwamm *Cliona celata*
CLAVULIDAE. B bis 1 m (massige Form).
Zwei Formen: Im Litoral in Muschelschalen bohrend (daher nur als rundlicher Vorsprung sichtbar; D 2 mm); manchmal dünnes Lager auf der Schale bildend. Im Sublitoral u. U. fest und teigartig, weiche Vorsprünge mit den Oscula. Schwefelgelb, grün oder bläulich. Unteres Litoral bis Sublitoral.

8 *Axinella polypoides*
AXINELLIDAE. H bis 30 cm. Länglich, zylindrisch; Oscula in Gruppen, wie Salzstreuer. Gelb oder rot. Auf Hartböden. Sublitoral.

Geweihschwamm *Axinella verrucosa*
H bis 20 cm. Stark verzweigt, jeder Zweig länglich, röhrenförmig; Oscula klein. Blaßgelb, orange oder rosenrot.

Axinella damicornis D bis 10 cm. Krustenbildend, bildet faltige Schichten, manchmal mit stumpfen, fingerartigen Falten. Goldgelb. Sublitoral.

9 Brotkrumenschwamm *Halichondria panicea*
DESMACIDONIDAE. B bis 25 cm, H bis 3 cm. Ziemlich weiche Kruste; große Oscula auf vulkanartigen Vorsprüngen; sehr variabel. Meist grün, aber auch gelb, orange, braun. Auf Felsen, zwischen Haftscheiben von Algen. Mittleres Litoral bis Sublitoral.

10 Badeschwamm *Spongia officinalis*
SPONGIIDAE. D bis 30 cm. Massig, gewöhnlich rundlich, dunkelbraun oder schwarz; kann dicke Krusten bilden; Oberfläche körnig oder spitzenartig; Oscula groß. Skelett hornig, gelb. Auf festem Untergrund. Gewöhnlich Sublitoral.

Pferdeschwamm *Hippospongia communis* D bis 30 cm, ähnlich aber rauher.

Goldschwamm *Verongia aerophobia*
SPONGIIDAE. H bis 20 cm, D bis 3 cm. Von dünner Kruste ziemlich geradseitige Röhren aufragend; Osculum groß. Hell goldgelb; an der Luft grün, dann schwarz werdend. Auf fester Unterlage, auf sandigem oder steinigem Boden mit Seegras Zostera, im Sublitoral sehr groß (bis 60 cm). Unteres Litoral bis Sublitoral.

NESSELTIERE(Cnidaria): Seeanemonen, Korallen und Medusen
Hohltiere aus zwei Zellschichten, dazwischen Stützlamelle. Beuteerwerb mit Hilfe von Nesselzellen: Nesselkapseln mit ausschleuderbaren, z. T. Gift enthaltenden Nesselfäden. Festsitzende Polypen teilweise mit Kalkskeletten (Korallen), freischwimmende Medusen.

1 Röhrenpolyp *Tubularia mesembryanthemum*
TUBULARIIDAE. H bis 15 cm oder mehr. Schlank, in horniger Hülle (Periderm). Polypenköpfchen rundlich mit mehreren Tentakelkränzen, weiß, die inneren steifer, rosa oder rot. Fortpflanzungsorgane wie kleine Bündel von Trauben. Periderm blaßbraun, Polypen rosa, weiß oder rot. Auf fester Unterlage in bewegtem Wasser, oft als Schiffsaufwuchs. Unteres Litoral bis Sublitoral.

2 *Neoturris pileata*
PANEIDAE. L bis 7 cm. Längliche, transparente Meduse, oben schmäler; 90 oder mehr kurze, schlanke Tentakeln; Mundstiel groß mit stark gefaltetem Rand, trägt ziegelrote Gonaden. Radialkanäle schwach milchweiß. In offenem Wasser, flache Küstengewässer.

3 Blasenqualle *Physophora hydrostatica*
PHYSOPHORIDAE. L bis 10 cm. Kolonie aus kleinem, durchscheinendem, Schwimmkörper mit Doppelreihe kontraktiler Schwimmglocken und strahligem Büschel strohgelber Nähr- und Fortpflanzungspolypen und transparenten, nachschleppenden Wehrpolypen, dazwischen sehr auffällige rosa und rosenrote Nährpolypen. Im offenen Wasser.

4 Portugiesische Galeere *Physalia physalis*
PHYSALIIDAE. L bis 30 cm (Schwimmblase). Schwimmblase länglich, zugespitzt, silbrigblau bis purpurn, mit aufrechtem, welligem Segel. Unter der Schwimmblase zahlreiche blaue und purpurne Nähr-, Fortpflanzungs- und Wehrpolypen, letztere über 30 m weit nachschleppend. Im offenen Wasser, manchmal angespült. Sollte nicht berührt werden!

5 Segelqualle *Velella velella*
VELELLIDAE. L bis 10 cm. Schwimmkörper als flache, ovale Scheibe, silbrigblau und purpurn, mit gasgefüllter Zentralkammer und senkrechtem Segel; unten großer Nährpolyp, umgeben von zahlreichen kleinen Fortpflanzungs- und Wehrpolypen. Im offenen Wasser.

6 Kompaßqualle *Chrysaora hysoscella*
PELAGIIDAE. D bis 30 cm. Schirm schalenförmig, beige mit braunen Flecken; Rand mit 32 Lappen und 24 langen Tentakeln, diese kürzer als gekräuselte Mundlappen. Im offenen Wasser.

7 Leuchtqualle *Pelagia noctiluca*
PELAGIIDAE. D bis 15 cm. Schirm gefleckt, milchigpurpurrosa; phosphoreszierend; Rand gelappt, mit acht langen Tentakeln, etwas länger als die gekräuselten Mundlappen. Im offenen Wasser.

8 Gelbe Lungenqualle *Rhizostoma pulmo*
RHIZOSTOMIDAE. D bis 60 cm (auch mehr), Schirm milchigweiß, purpurn, rosa, blau oder gelb, niedrig gewölbt mit 96 Randlappen, ohne zentrale Tentakeln; ledrig; keine zentrale Mundöffnung, rotgezeichnete Mundlappen zu Büschel verschmolzen mit zahlreichen Poren zum Magenraum. Im offenen Wasser.

9 Mittelmeer-Zylinderrose *Cerianthus membranaceus*
CERIANTHIDAE. L bis 35 cm. Violetter Körper mit verschmälertem Hinterende; 130 schlanke Tentakeln, Röhre dunkelbraun, dick, filzartig, in schlammigem Sand eingegraben. Sublitoral.

10 Krustenanemone *Epizoanthus arenaceus*
EPIZOANTHIDAE. H bis 1 cm. Koloniebildend, anemonenähnliche, graue Polypen auf häutig-trüber Kruste; jeder Polyp mit 24 weißen Tentakeln. Sublitoral.
Parazoanthus axinellae: bis zu 36 goldgelbe Tentakeln. Oft auf Geweihschwamm Axinella. Sublitoral.

11 Speeranemone *Peachia hastata*
HALOCLAVIDAE. H bis 10 cm. Länglich, wurmförmig, keine basale Haftscheibe; rosabraun, 12 vertikale Streifen und 12 blasser braun gezeichnete Tentakeln. Grabend. Unteres Litoral bis Sublitoral.

HOHLTIERE

1 Goldfarbene Seerose *Condylactis aurantiaca*
HALOCLAVIDAE. H bis 40 cm, D bis 7,5 cm. Mauerblatt weißlich, fleischfarben, mit orangeroten Längsstreifen und weißen Warzen; grünliche kontraktile Tentakeln mit purpurner Spitze; Saugfuß. Auf Schalen und Steinen, im Sand vergraben, daher meist nur Mundscheibe und Tentakeln sichtbar. Sublitoral.
2 Pferdeanemone *Actinia equina*
ACTINIIDAE. H bis 8 cm, D bis 6 cm. Weich; rot, stumpfgrün, braun oder orange, oder rot mit grünen Flecken; Fuß haftend, mit schmalem blauem Band; Scheibe rund, 6 Kreise mit 200 Tentakeln. Auf Felsen, in Felsspalten. Oberes Litoral bis Sublitoral.
3 Warzenanemone *Bunodactis verrucosa*
ACTINIIDAE. H bis 5 cm, D bis 3 cm. Mauerblatt rosa oder graugrün gemischt, Haftfußscheibe; 6 senkrechte Reihen von Haftwarzen, zahlreiche Reihen kleinerer, grauer Warzen; bis zu 50 gebänderte, grünliche Tentakeln in 6 Kreisen. Unter Felsbrocken, in Felsspalten und -tümpeln. Mittleres Litoral bis flaches Sublitoral.
4 Wachsrose *Anemonia viridis*
ACTINIIDAE. H bis 10 cm, D bis 6 cm. Mauerblatt grau, grün oder hellbraun, weich, mit schwach haftender Fußscheibe; bis zu 6 Kreise, an der Spitze purpurn gefärbter Tentakeln. Auf Felsen und großen Algen. Mittleres Litoral bis Sublitoral.
5 Trompetenanemone *Aiptasia mutabilis* var. *couchi*
AIPTASIIDAE. H bis 6 cm, D bis 4 cm. Mauerblatt braun mit winzigen Warzen. Fuß schwach haftend; trompetenförmig; Scheibe weißgestreift, mit retraktilen Tentakeln. Auf Felsen, in Spalten. Unteres Litoral bis Sublitoral.
6 Schmarotzerrose *Calliactis parasitica*
HORMATHIIDAE. H bis 10 cm, D bis 4 cm. Mauerblatt gefleckt, lederfarben oder braun, steif, mit stark haftender Fußscheibe und etwa 300 durchscheinenden Tentakeln. Meist auf Schneckenschalen von Einsiedlerkrebsen. Sublitoral.

7 Mantelaktinie *Adamsia carciniopados*
HORMATHIIDAE. D bis etwa 5 cm. Mauerblatt und Fußscheibe um Schneckenschale eines Einsiedlerkrebses gewickelt, cremefarben oder gelblich mit dunkelroten Punkten; ältere Exemplare können dem Krebs die Schale ganz ersetzen; Mundöffnung oft zum Boden hin; etwa 500 weiße Tentakeln. Bei Störung Ausstoß von purpurnen Fäden (Acontien) aus der Körperwand. Sand- und Schlammböden. Sublitoral.
8 Seenelke *Metridium senile*
METRIDIIDAE. H bis 10 cm, D bis 5 cm. Mauerblatt weiß, rehfarben, orange, rosa oder braun, weich und schleimig, mit auffälligem Kragen unter der breitlappigen Mundscheibe. Zahlreiche, durchscheinende Tentakeln, federig. Auf festem Untergrund, oft unter Überhängen. Unterstes Litoral bis Sublitoral.
9 Seemannsliebchen, Sonnenrose *Cereus pedunculatus*
SAGARTIIDAE. H bis 10 cm, D bis 4 cm. Mauerblatt cremefarben, blaßgrau oder orange, trompetenförmig mit verstreuten Warzen, Fußscheibe stark haftend; oft mehr als 700 kurze, braungezeichnete Tentakeln. In Spalten und geschützten Felstümpeln, aber oft auf fester Unterlage in weichem Schlamm vergraben. Unteres Litoral bis Sublitoral.
10 Warzenkoralle *Balanophyllia italica*
EUPSAMMIDAE. H bis 2,5 cm. Einzelkoralle, aber oft gruppenweise zusammen; Skelett schmutzigweiß, pyramidenförmig, oben oval; Skelettsepten stachelig oder körnig, am lebenden Tier nicht sichtbar; Polyp irisierend, farblos oder gelblichbraun. Auf Felsen. Sublitoral.
Nelkenkoralle *Caryophyllia clavus* mehr tulpenförmig, (H bis 1,5 cm) mit glatten Septen; Polypen rosa oder braun.
11 *Lophelia pertusa*
OCULINIDAE. H bis 50 cm. Koloniebildend; Skelett gelblichweiß, unregelmäßig verzweigt mit verstreuten Kelchen, darin rosa Polypen. Auf Felsen. Sublitoral, oft im tiefen Wasser. Adria.

HOHLTIERE

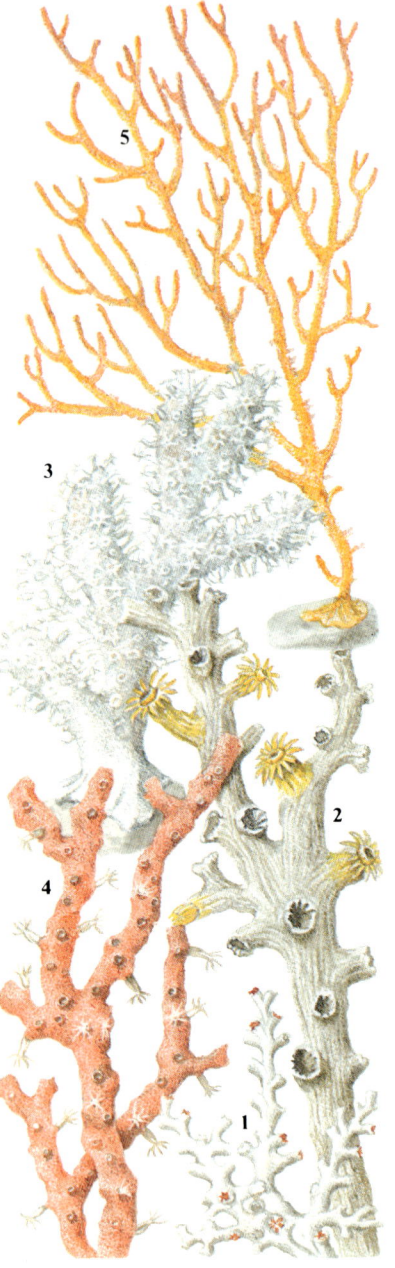

1 Weiße Koralle *Madrepora oculata*
OCULINIDAE. H bis 40 cm. Koloniebildend; Skelett weiß, unregelmäßig verzweigt, Polypenkelche in zickzack-förmiger Anordnung, Polypen weiß und orange. Auf hartem Untergrund, bildet manchmal Bänke. Im tiefen Wasser (200–1000 m).

2 *Dendrophyllia ramea*
OCULINIDAE. H bis 80 cm. Koloniebildend; Skelett schmutzigweiß, unregelmäßig verzweigt, gerippt, oft an ein Stück Treibholz erinnernd; Polypen gelb. Auf hartem Untergrund. Sublitoral.

3 Totemannshand *Alcyonium palmatum*
ALCYONIDAE. H bis 50 cm. Plumpe, verzweigte Kolonien; weiß, rosa, orange, rot oder braun, gummiartig hornige Konsistenz, Skelett aus einzelnen Kalknadeln; große Anzahl kleiner, durchscheinend weißer Polypen. Auf harter Unterlage, gelegentlich auch auf festen Schlammböden. Unterstes Litoral bis Sublitoral.

4 Edelkoralle *Corallium rubrum*
CORALLIDAE. H bis 50 cm. Koloniebildend, Skelett ziegelrot, weiß, rosa, braun oder schwarz, stark verzweigt, unregelmäßig, geriefelt; Polypenkelche klein, zahlreich; Polypen weiß. Poliertes Achsenskelett als Schmuck. Auf festem Untergrund im Schatten, oft in Höhlen. Im tieferen Wasser (50–200 m).

5 Seefächer *Eunicella cavolinii*
PLEXAURIDAE. H bis 30 cm. Koloniebildend; rötlichgelbes Skelett fächerartig unregelmäßig verzweigt, äußere Schicht weich, innere hornig; Polypenkelche klein, zahlreich, erhaben; Polypen blaßrosa. Auf Felsen. Sublitoral.
Eunicella verrucosa ist ähnlich, das Skelett aber tiefrosa oder ziegelrot.

6 Gelbe Seefeder *Veretillum cynomorium*
VERETILLIDAE. L bis 30 cm oder mehr. Körper weich, röhrenförmig, mit schwellbarem Ankerfuß; Polypen bis 2 cm lang, senkrecht abstehend. Blaßrosa oder fleischfarben. Auf Schlamm oder schlammigem Sand. Sublitoral.

7 Graue Seefeder *Pteroeides griseum*
PTEROEIDIDAE. L bis 30 cm. Körper weichhäutig, aber prall, rosa mit grauweißen Seitenzweigen, diese mit irisierenden Nadeln versteift und die Polypen tragend; schwellbarer Ankerfuß. In Schlamm und schlammigem Sand. Sublitoral.
Phosphoreszierende Seefeder *Pennatula phosphorea* ähnlich, aber rot, kleiner (L bis 20 cm) und schlanker.
8 *Virgularia mirabilis*
VIRGULARIIDAE. L bis 50 cm. Körper weiß, rosa oder fleischfarben, extrem dünn, steif, mit kurzen paarigen Seitenzweigen; Polypen kurz; Ankerfuß. In Schlamm oder schlammigem Sand. Sublitoral.
RIPPENQUALLEN, KAMMQUALLEN (Ctenophora)
Disymmetrische Hohltiere, Fortbewegung durch acht Reihen von Wimperplatten. Ohne Nesselzellen, aber meist mit Klebkapseln zum Beuteerwerb, dann auch ein Paar Tentakeln.
9 *Pleurobrachia pileus*
PLEUROBRACHIDAE. L bis 3 cm. Oval bis kugelig, transparent, mit 8 Reihen von Wimperplättchen, ein Paar langer, gefranster Tentakeln; rosa Darm, leicht irisierend. Freischwimmend im offenen Wasser, manchmal zahlreich in Küstennähe, auch zufällig in Felstümpeln.
Hormiphora plumosa ist ähnlich, aber mehr birnenförmig, mit schmaleren, feineren Wimpernplättchen, Tentakeln aus schmaleren Scheiden entspringend.
10 Venusgürtel *Cestus veneris*
CESTIDAE. L bis 1,5 m. Körper durchscheinend, farblos, gurtförmig; zwei Wimpernbänder an jeder Kante entlang; Tentakeln reduziert; nachts phosphoreszierend. Im offenen Wasser.
11 Melonenqualle *Beroë cucumis*
BEROIDAE. L bis 10 cm. Tulpenförmig, etwas abgeflacht, transparent, leicht rosa; Mundöffnung und Schlund sehr groß; acht auffällige Reihen von Wimpernplättchen; keine Tentakeln; verzweigtes Kanalsystem von außen sichtbar. Im offenen Wasser, auch zufällig in Felstümpeln.

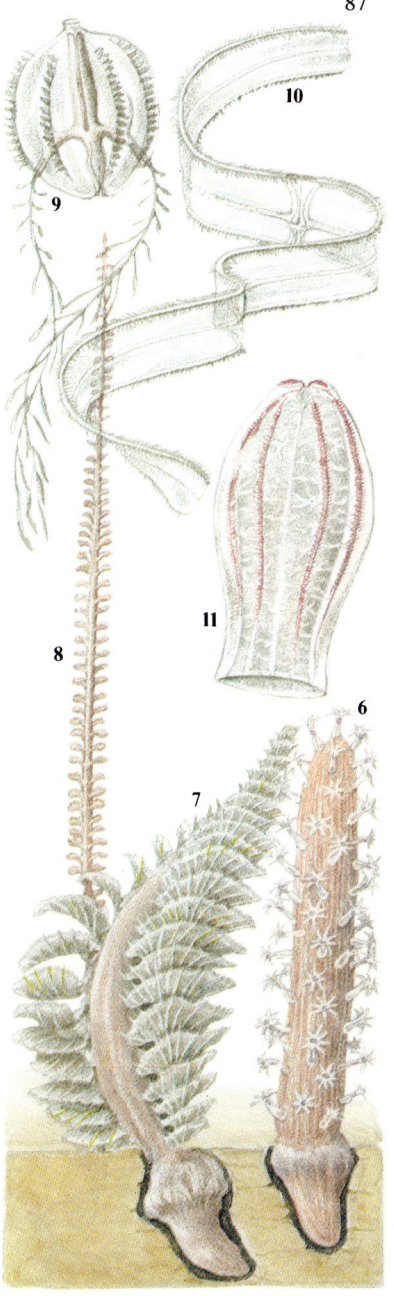

PLATTWÜRMER (Plathelminthes)

Stark abgeflacht, Mundöffnung an der Unterseite, oft mit ausstülpbarem Schlund; kein After; Augen vorhanden. Fortbewegung durch Wimperschlag. (Hierher auch stark abgewandelte Parasiten: Saug- und Bandwürmer.)

1 *Thysanozoon brochii*
PSEUDOCERIDAE. L bis 5 cm. Strudelwurm, Mitte dicker, abgeflacht, zwei dicke Tentakeln; fleischige Papillen auf dem Rücken. Zwischen Algen und in Muschelbänken. Unteres Litoral bis Sublitoral.

SCHNURWÜRMER (Nemertini)

Wurmförmig, nicht segmentiert; zu starker Kontraktion befähigt, sonst relativ lang; Sinnesorgane und Augen vorhanden. Nahrungserwerb mit langem ausstülpbarem Rüssel.

2 *Lineus geniculatus* LINEIDAE.
L bis 40 cm. Körper abgeflacht, braun oder grünlichschwarz, mit weißen Seitenstreifen; Kopf stumpf; Kopfspalten mit weißer und roter Zeichnung. Zwischen Steinen, unteres Litoral.

3 *Cerebratulus fuscus*
LINEIDAE. L bis 10 cm. Körper abgeflacht, hellgelb oder rehbraun, vorn und hinten zugespitzt; 4–8 auffällige Augen. Kopfspalten rot. Zwischen Algen, Steinen. Unteres Litoral bis Sublitoral.

4 *Amphiporus lactifloreus*
AMPHIPORIDAE. L bis 8 cm. Körper rosa, Bauchseite flach, Rückenseite gerundet; Hinterende spitz zulaufend; Kopf kellenförmig mit schrägen Kopfspalten und zahlreichen, in vier Gruppen angeordneten Augen. Zwischen Algen und Steinen. Unteres Litoral bis Sublitoral.

VIELBORSTER (Polychaeta)

Würmer mit segmentiertem Körper. Am Kopf zahlreiche Sinnesorgane. Jedes Körpersegment mit paarigen paddelähnlichen Extremitäten (Parapodien), daran Borstenbüschel (Setae).

5 Seemaus *Aphrodite aculeata*
APHRODITIDAE. L bis 12 cm. Gedrungen, Enden spitz zulaufend; Rückenschuppen groß, verborgen unter graubraunem Filz langen Borstengewirrs; Parapodien unter langen, grüngolden irisierenden

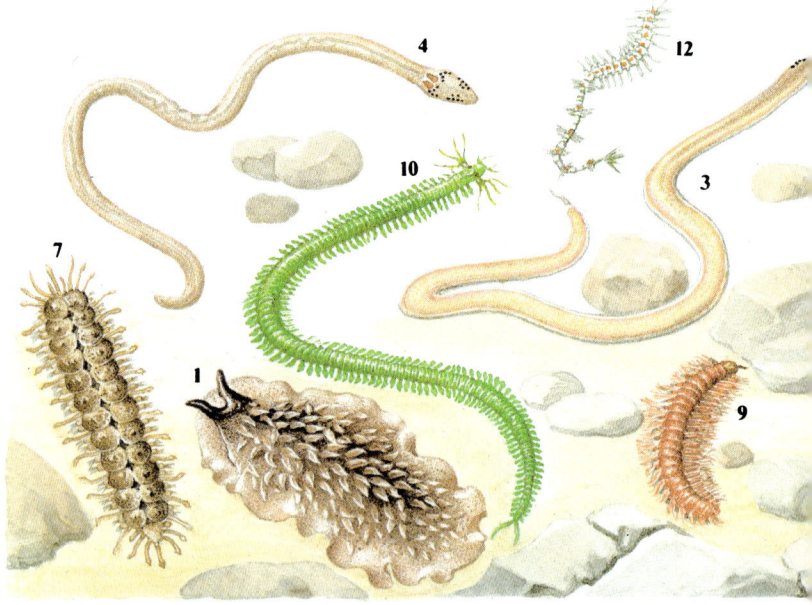

RINGELWÜRMER

Borsten verborgen; Bauchseite blaß. In weichem Schlamm. Sublitoral.

6 *Hermonia hystrix* APHRODITIDAE. L bis 7 cm. Rücken von überlappenden Schuppen bedeckt; Parapodien tragen lange Zirren; Setae zahlreich, lang, blaßgelb oder golden schimmernd; Kopf verborgen. In Schlamm, Sand und Schalenresten. Sublitoral.

7 Keuliger Schuppenwurm *Lepidonotus clava* POLYNOIDAE. L bis 3 cm. Körper braun, abgeflacht, Rückenseite fast ganz unter 12 Paaren nicht überlappender Schuppen verborgen; Kopf verborgen. Unter Steinen. Mittleres Litoral bis Sublitoral.

8 *Stenelais boa* SIGALIONIDAE. L bis 30 cm. Rückenseite konvex, bedeckt mit einander überlappenden Paaren nierenförmiger Schuppen, mit metallischem Glanz. Grau, braun oder stumpfgelb. Unter Steinen, zwischen Algen, an schlammigen Orten. Unteres Litoral und Sublitoral. Anm.: Weitere Schuppenwurmarten nur durch Spezialisten zu bestimmen.

9 *Euphrosine foliosa* AMPHINOMIDAE. L bis 3 cm. Körper oval; orangerot, hell- oder ziegelrot; Parapodien länglich, jedes mit einer Reihe Kiemen; auf dem Kopf auffällige ovale Anschwellung, kleiner Tentakel. Unter Steinen. Unterstes Litoral bis Sublitoral.

10 Grüner Blattwurm *Eulalia viridis* PHYLLODOCIDAE. L bis 15 cm. Körper im Querschnitt rundlich, dünn, grün; Parapodien schaufelförmig; 5 Antennen. Zwischen Krustenalgen auf Steinen. Mittleres Litoral bis Sublitoral.

11 *Alciopa cantrainii* ALCIOPIDAE. L bis 11 cm. Körper transparent, hinten spitz zulaufend, vorn abgestumpft mit zwei großen roten Augen; Parapodien klein mit braunem Basalpunkt. Freischwimmend.

12 *Myrianida pinnigera* SYLLIDAE. L bis 4 cm (oder länger). Körper abgeflacht, reinweiß mit hellorange oder gelben Flecken; Parapodien mit abgeflachten, spatelförmigen Zirren. Zwischen faserigen Algen und Algen-Haftscheiben. Unteres Litoral bis Sublitoral.

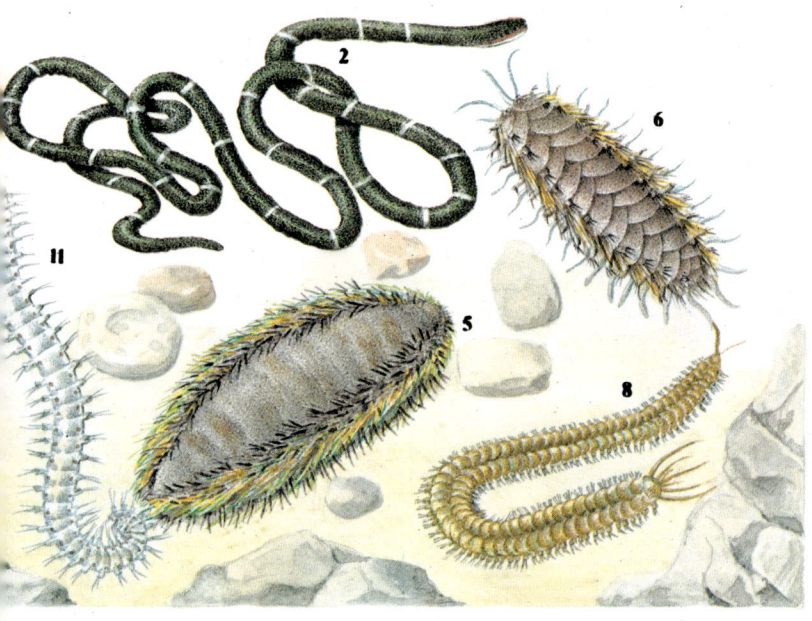

1 *Glycera convoluta*
GLYCERIDAE. L bis 10 cm. Körper auffällig geringelt, fleischfarben, Kopf konisch zugespitzt mit 4 winzigen Tentakeln; riesiger Schlund, birnenförmig, mit 4 sichelförmigen schwarzen Kiefern bewehrt. Grabend in Sand und Kies. Unteres Litoral bis Sublitoral.
2 Brauner Seeringelwurm *Nereis pelagica*
NEREIDAE. L bis 20 cm. Körper muskulös; grau oder braun; Parapodien, Kopfanhänge und Rückengefäß deutlich. Zwischen Krusten auf Felsen, Steinen, manchmal in membranöser, dünner Röhre. Unteres Litoral bis Sublitoral.
3 Opalwurm *Nephtys hombergi*
NEPHTYIDAE. L bis 20 cm. Körper im Querschnitt rechtwinklig, bunt schillernd; Kopf klein, Augen mikroskopisch klein; Schlund mit Papillen besetzt; ein schlanker Fortsatz auf dem Hinterende. Im Sand. Unteres Litoral bis Sublitoral.
4 Kieferwurm *Eunice harassii*
EUNICIDAE. L bis 25 cm. Körper ziemlich rund, dick, purpurn, mit weißen Flecken auf jedem Segment sowie einem hellroten kammartigen Kiemenpaar; ein Paar Rückenzirren auf dem ersten Segment; zwei Fäden am Hinterende. Unter Steinen, in Spalten. Unteres Litoral bis Sublitoral, oft in Seegraswiesen.
5 *Hyalinoecia tubicola*
ONUPHIDAE. L bis 12 cm. Schlank, irisierend, blaßrosa oder gelb; fünf auffällige Tentakeln, drei sehr lang; lebt in horniger, strohfarbener Röhre. Auf sandigem und kiesigem Boden. Sublitoral.
6 *Polydora ciliata*
SPIONIDAE. L bis 3 cm. Körperquerschnitt rundlich; schlank, gelblichbraun; 5. Segment größer mit längeren Setae; After von Kragen umgeben; Kopf stumpf mit zwei tentakelähnlichen Palpen. In U-förmigen Vertiefungen, die in Kalkstein oder Molluskenschalen gebohrt werden. Unteres Litoral bis Sublitoral.
7 Pergamentwurm *Chaetopterus variopedatus*
CHAETOPTERIDAE. L bis 25 cm. Körper gelblich. Erste 9 Segmente mit dreieckigen Parapodien; Segment 10 mit großen, flügelartigen Parapodien, Segment 11 mit rundlicher, schalenförmiger Struktur, Segmente 12–14 als muskulöse, halbrunde Paddel; Kopf flach mit langen Palpen. In membranöser U-förmiger Röhre (L bis 75 cm), im Sand. Unteres Litoral bis Sublitoral.
8 Zweihörniger Schneckenwurm *Ophelia bicornis*
OPHELIIDAE. L bis 7 cm. Körper irisierend, rosapurpurn; vorn verdickt; hintere Region flacher, Bauchseite mit tiefer Rinne, mit schlanken Kiemen; Kopf klein, zugespitzt. ♂ weiß, ♀ grün, wenn reif. Im Sand. Unteres Litoral.
9 Fächerwurm *Flabelligera affinis*
FLABELLIGERIDAE. L bis 6 cm. Körper grün, gedrungen, spitz zulaufend, umgeben von dicker, transparenter, gelatinöser Hülle. Kopf von vorstehendem Korb langer Setae umgeben; Palpen gelb oder orange. Unter Steinen und zwischen Algen. Unteres Litoral bis Sublitoral.
10 *Lagis koreni*
PECTINARIIDAE. L bis 5 cm. Körper rosa, plump, leicht zugespitzt; vorn zwei Paar federiger Kiemen; Endabschnitt kurz; knotige Papillen und zwei Fächer großer dolchartiger Setae auf dem Kopf. Röhre konisch, leicht gebogen, mit Sandkörnern besetzt. Im Sand. Unteres Litoral bis Sublitoral.
11 Sandkorallenwurm *Sabellaria alveolata*
SABELLARIIDAE. L bis 4 cm. Rosabraun, ziemlich rechtwinklig, mit auffälligen Parapodien, fingerartigen Kiemen und Setae; Hinterende röhrenförmig, hakig gebogen, so daß der After nach vorn zeigt; Kopf abgeflacht, mit kellenartigen Setae und einem Tentakelbüschel; Röhre mit einzelnen Sandkörnern; oft Sandriffe bildend. An Felsen angeheftet.
12 *Amphitrite gracilis*
TEREBELLIDAE. L bis 12 cm. Körper plump, rosa oder gelbgrau; vorn 17–19 Segmente mit deutlichen Setae; zahlreiche geschwungene blaßrosa Tentakeln; Röhre, wenn vorhanden, schleimbeschichtet in Sand oder Schlamm. Unteres Litoral bis Sublitoral.

RINGELWÜRMER

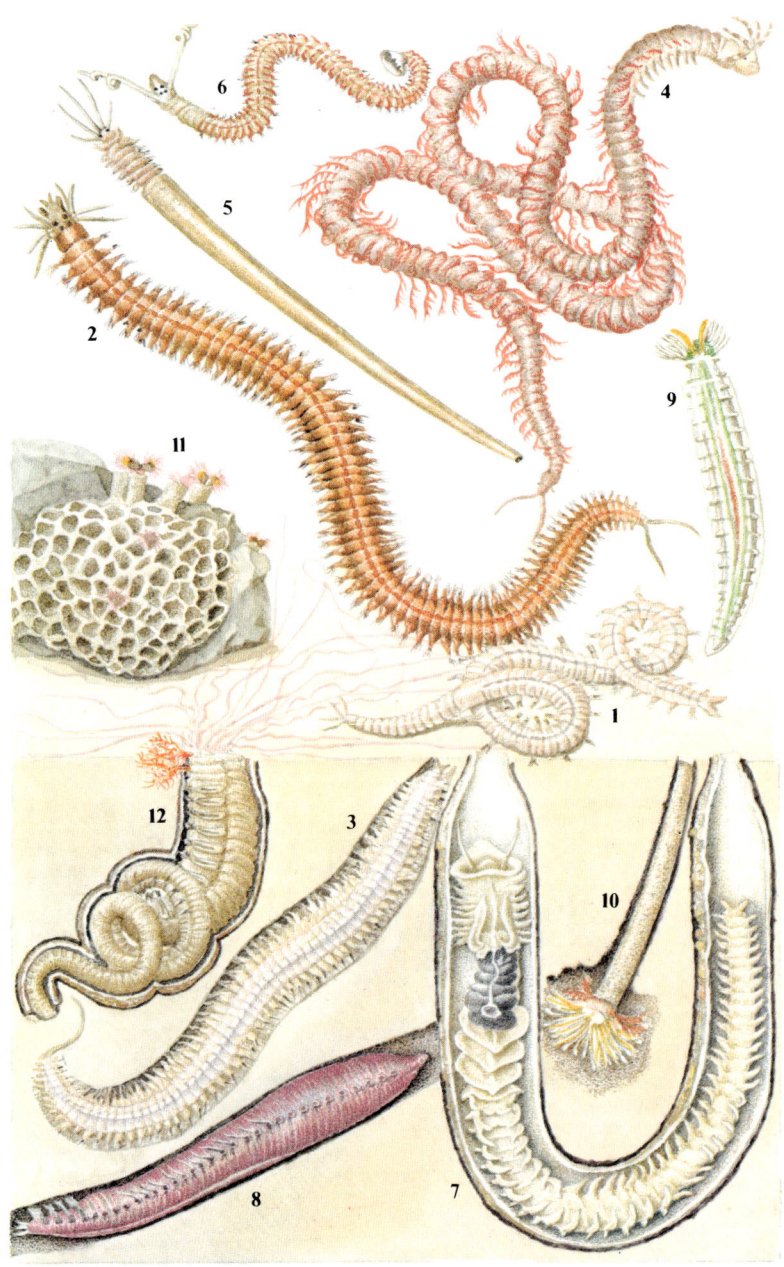

1 **Muschelsammlerin** *Lanice conchilega*
TEREBELLIDAE. L bis 30 cm. Vordere 17 Segmente verdickt, rosa oder weißlich; zahlreiche gewundene, blaßrosa Tentakeln; Röhre aus Sand, Steinchen oder Schalenresten; Vorn mit Büschel sandiger Fäden. Im Sand. Unteres Litoral bis Sublitoral.
2 *Sabella penicillus*
SABELLIDAE. L bis 25 cm. Gelblichbraun, violett oder schwarz gestreift; 2 Fächer von bis zu 45 langen Tentakeln auf dem Kopf; Röhre aus schleimverklebtem Schlamm bis 15 cm hervorragend. Unterstes Litoral bis Sublitoral. *Branchiomma lucullana* (L bis 3 cm), mit paarigen, fingerartigen Fortsätzen an den Tentakeln. Röhren an Algen.
3 *Spirographis spallanzanii*
SABELLIDAE. L bis 30 cm (oder mehr). Gelblich oder hellkastanienbraun, ungleiche Fächer braun-purpurgestreifter Tentakeln: einer sehr klein, der andere sehr groß, gewunden und mit vielen Tentakeln. In schlammigem Sand, aus dem die Röhre hervorragt. Sublitoral.
4 *Potamilla reniformis*
SABELLIDAE. L bis 10 cm. Körper schlank, abgeflacht, orange oder ziegelrot; Setae deutlich; vorn 2 Fächer rehiger braun-purpur gebänderter Tentakeln, bis zu 8 Augenflecke; Röhre hornig, sandinkrustiert. In Spalten. Unteres Litoral bis Sublitoral.
5 **Saugmund** *Myzostomum cirriferum*
MYZOSTOMIDAE. D bis 5 mm. Gelb oder blaßbraun, parasitisch auf dem Mittelmeer-Haarstern *Antedon mediterranea*; abgeflacht, kreisförmig, an der Unterseite 5 konische Parapodien, 4 Saugnäpfe. Unterstes Litoral bis Sublitoral.
6 **Kleiner Kalkröhrenwurm** *Serpula vermicularis*
SERPULIDAE. L bis 7 cm. Körper orange, rosa und grün; vordere Segmente von dünner Membran bedeckt, die einen trichterartigen „Kragen" bildet; 2 Fächer weiß-gelb-orange gebänderter Tentakeln; Röhre kalkig, dickwandig, geringelt und gerieft. Sublitoral.

7 **Dreikantwurm** *Pomatoceros triqueter*
SERPULIDAE. L bis 3 cm. Ähnlich Serpula, ein keulenförmiger Tentakel; Röhre im Querschnitt dreikantig.
8 **Posthörnchenwurm** *Janua pagenstecheri*
SPIRORBIDAE. D bis 3 mm (Röhre). Winziger Kopftentakel; ein Tentakel abgewandelt zur Aufnahme von Embryonen; Röhre gerieft, gegen Uhrzeigersinn gewunden. Auf Steinen und Schalen. Mittleres Litoral bis Sublitoral.
EGEL (Hirudinea)
Segmentierte Würmer, weich, stark geringelter, abgeflachter Körper mit großem Vorder- und Hintersaugnapf.
9 **Rochenegel** *Pontobdella muricata*
PISCICOLIDAE. L bis 10 cm. Körper warzig, bräunlichgrau. Parasitisch auf Rochen und Glattrochen, gewöhnlich am Kopf nahe Kiemen angeheftet.
IGELWÜRMER (Echiurida)
Äußerlich wurmartige Tiere mit muskulösem Rüssel und bauchseitig gelegener Mundöffnung.
10 *Thalassema gigas*
ECHIURIDA. L bis 40 cm. Körper sackförmig, schleimig, grünlich, von Papillen bedeckt; Rüssel lang; Mundöffnung mit zwei greiferähnlichen Borsten. Zwischen Sediment unter Felsbrocken. Sublitoral.
11 *Bonellia viridis*
ECHIURIDA. L bis 15 cm. Körper oval, schleimig, kräftiggrün; Rüssel sehr lang (bis 1,5 m), gegabelt in zwei große Lappen. In Gesteinsspalten. Sublitoral.
SPRITZWÜRMER (Sipunculida)
Wurmartige, wurstförmige Tiere. Mundöffnung auf einziehbarem Rüssel.
12 *Sipunculus nudus*
SIPUNCULIDAE. L bis 35 cm. Körper bräunlichgrau, mit rechtwinkligem Muster, Rüssel mit stark gefalteten Lappen. Im Sand. Sublitoral.
13 *Golfingia elongata*
GOLFINGIIDAE. L bis 15 cm. Körper strohfarben, vorn und hinten schokoladenbraun; Kreis paariger Tentakeln um die Mundöffnung. In schlammigem Sand und Kies. Unteres Litoral bis Sublitoral.

RINGELWÜRMER, SPRITZWÜRMER

SCHNECKEN UND MUSCHELN
(Mollusca: Gastropoda und Lamellibranchiata)
Schnecken mit gut entwickeltem Kopf, Raspelzunge (Radula) und Sinnesorganen; oft mit Schalen. Muscheln zweischalig mit filtrierender Lebensweise.
1 *Lepidopleurus cajetanus*
LEPIDOPLEURIDAE. L bis 3 cm. Käferschnecke mit 8 schmalen, überlappenden Kalkplatten; Platte 1 und 8 mit konzentrischen Ringen. Hellbraun. Auf Felsen, unter überhängenden Algen. Mittleres Litoral bis Sublitoral.
Acanthochiton communis Acanthochitonidae ist ähnlich, aber größer (L bis 5 cm); mit Borstenbüscheln an den Plattenseitenrändern.
2 Seeohr *Haliotis lamellosa*
HALIOTIDAE. L bis 7 cm. Schale oval, umgebogen, flache asymmetrische Spirale, mit auffälliger Reihe seitlicher Löcher; braun, rot und grün. Auf Felsen und Felsbrocken. Unterstes Litoral bis Sublitoral.
Grünes Seeohr *Haliotis tuberculata* ist deutlich skulpturiert, mit perlmutterartiger Schicht an der Innenseite.
3 Ausschnittschnecke *Emarginula elongata*
FISSURELLIDAE. L bis 1 cm. Schale konisch, gewellt, mit erhabener Spitze und vorderem Schlitz. Gelblichweiß. Auf Felsen und Steinen. Unteres Litoral.
4 Italienische Napfschnecke *Diodora italica*
FISSURELLIDAE. L bis 4,5 cm. Schale abgeflachter Konus, mit länglichem Loch an der Spitze. Hell graubraun, mit grauvioletten Rippen und undeutlichen Graten. Auf Felsen. Unteres Litoral bis Sublitoral.
5 Gewöhnliche Napfschnecke *Patella coerulea*
PATELLIDAE. L bis 4,5 cm. Schale konisch, gerieft mit welligem Rand. Braun, rot oder violett, grün getönt; innen gestreift mit blauem, perlmuttrigem Zentrum. Auf Felsen. Mittleres bis unteres Litoral.
6 Zauberbuckel *Gibbula magus*
TROCHIDAE. L bis 2,5 cm; B bis 3 cm. Schale dick, mit deutlichen Windungen, Knötchen; unterseits leicht gekielt. Grauweiß mit rötlichen Punkten und Bändern, Oberteil meist bis zur Perlmutterschicht abgeschliffen. Auf Sand und Kies. Unterstes Litoral bis Sublitoral.
Die Gemeine Buckelschnecke *Gibbula divaricata* mit noch deutlicheren Windungen; graugrün mit roten Punkten.
7 Würfelturban *Monodonta turbinata*
TROCHIDAE. H bis 2,5 cm; B bis 2,5 cm. Schale konisch, letzte Windung groß, mit schwachem Zahn an Mündung. Basis strahlend weiß, sonst gelblichweiß mit parallelen rötlichen Querstreifen; Spitze gewöhnlich bis zum Perlmutter abgeschliffen. Auf Felsen und Steinen. Unteres Litoral.
8 *Clanculus cruciatus*
TROCHIDAE. H bis 1 cm; B bis 1 cm. Schale gedrungen, gewunden, mit spiraligen Reihen kleiner Knöpfchen; Mündung mit einem Zahn. Rötlichbraun, weiß und braun gebändert. Auf Felsen, zwischen Algen. Unteres Litoral.
9 *Cantharidus exasperatus*
TROCHIDAE. H bis 1 cm; B bis 0,6 cm. Schale steil konisch; auffälliger Kiel an der Basis jeder Windung; kleiner Nabel. Letzte Windung rötlich, die übrigen grauweiß und gelblich mit rötlichbrauner Zeichnung. Auf Felsen, zwischen Algen. Unteres Litoral.
10 Bunte Kreiselschnecke *Calliostoma zizyphium*
TROCHIDAE. H bis 3 cm. Schale geradseitig, steil konisch, kreiselförmig. Graugrün gemasert mit roten, braunen, manchmal purpurnen Zeichnungen. Unter Felsbrocken. Unteres Litoral bis Sublitoral.
Calliostoma conulus mit stumpfem Kiel am Oberrand jeder Windung.
11 Turbanschnecke *Astraea rugosa*
TURBINIDAE. H bis 5 cm; B bis 5 cm. Schale gedrungen, dick, auffällig gegratet; Operculum dick, kalkig, orangerosa, mit tiefgekerbter Spirale. Rötlichbraun. Auf algenbedeckten Felsen. Unteres Litoral bis Sublitoral.

MOLLUSKEN

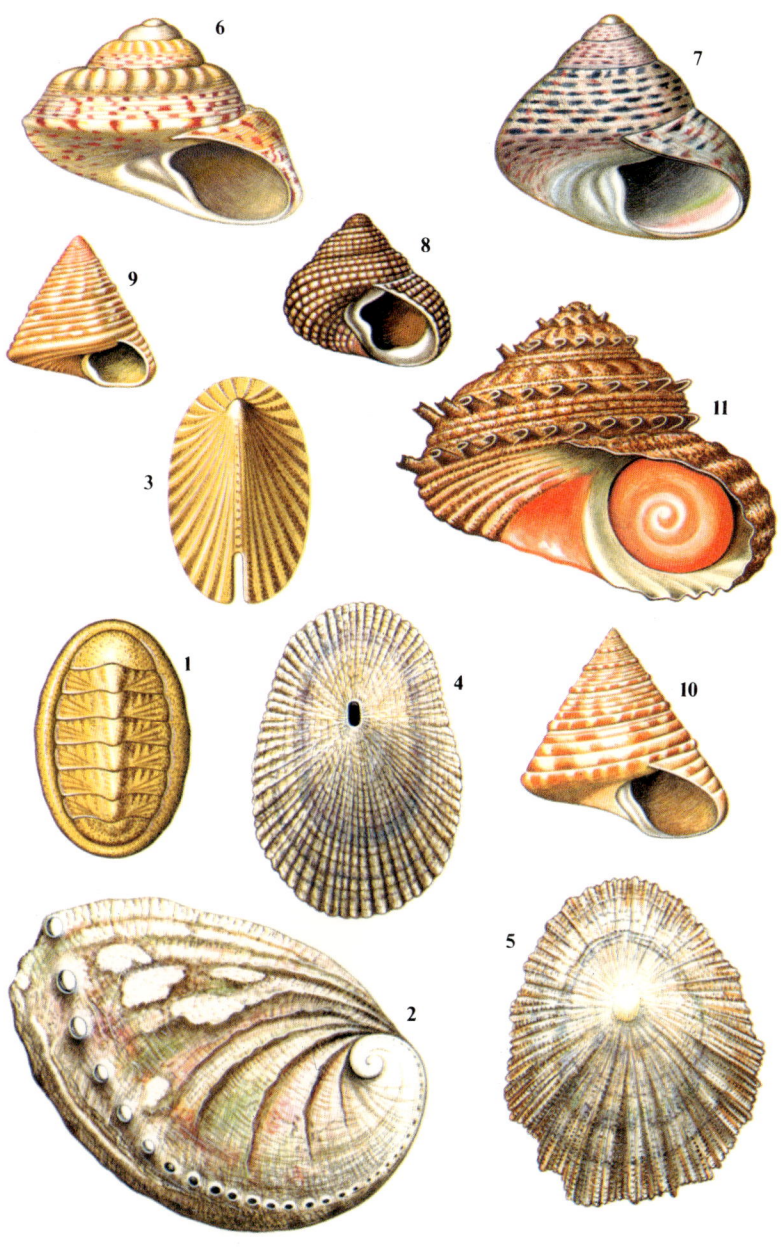

1 Fasanschnecke *Tricolia pullus*
TURBINIDAE. H bis 0,7 cm. Schale steil konisch; Operculum dick, kalkig, glänzend. Weißlich mit rötlichbraunen Schmierflecken und Streifen. Zwischen krustenbildenden Organismen auf Felsen. Unteres Litoral bis Sublitoral.
Tricolia speciosa ist ähnlich, aber die Öffnung länglicher. Rosenfarbige Flekken und 3 leicht getönte Bänder auf der letzten Windung.

2 Kleine Strandschnecke *Littorina neritoides*
LITTORINIDAE. H 0,5–1 cm. Schale konisch, glatt, steil zugespitzt; letzte Windung groß. Dunkelbraun mit dunkelblauem Schimmer. In Felsspalten. Oberstes bis mittleres Litoral.

3 *Alvania cimex*
RISSOIDAE. H bis 0,6 cm. Schale dickwandig mit nach außen gewölbter Öffnung; Windungen mit 4 Reihen gerundeter Knöpfchen, dunkelbraun, Öffnung weiß. Auf algenbewachsenen Felsen. Unteres Litoral bis Sublitoral.

4 *Rissoa variabilis*
RISSOIDAE. H bis 0,8 cm. Schale hoch, steil gewunden, Öffnung mit glattem Rand; Windungen mit flachen Längsrippen. Milchigweiß mit feinen braunen Spiralbändern und Flecken. Zwischen Büscheln fädiger Algen. Unteres Litoral bis Sublitoral.
Rissoa ventricosa mit weniger vorstehenden Windungen und schwächeren Längsrippen. Gelbbraun mit violett an Spitze und Öffnung.

5 Turmschnecke *Turritella communis*
TURITELLIDAE. H bis 5 cm. Schale länglich, schmal, steil spitz zulaufend mit vielen spiralig gerippten Schneckenwindungen. Rötlichbraun. Auf schlammigen Böden. Sublittoral.
Turritella triplicata ist ähnlich, aber jede Windung mit spiraliger Dreierreihe kleiner Knöpfchen.

6 *Triphora perversa*
TRIPHORIDAE. H bis 0,3 cm. Schale schlank, länglich; zahlreiche Windungen mit spiraligen Reihen kleiner Knöpfchen; linksgewunden (Mehrzahl der Schneckenhäuser rechtsgewunden). Rötlichbraun. In Felsspalten und zwischen Algenkrusten. Unteres Litoral bis Sublitoral.

7 Riesenwurmschnecke
Vermetus gigas
VERMETIDAE. Bis 20 cm (schwer zu messen wegen aufgespulter Windung). Schale dünnwandig, unregelmäßig gewunden, an Unterlage zementiert, dadurch an Wurmröhre erinnernd. Hellgrau oder schmutzigweiß. Auf unterschiedlichen Unterlagen. Unteres Litoral bis Sublitoral.
Dreikant-Wurmschnecke *Vermetus triqueter* ist ähnlich, aber kleiner, oft dichter gewunden; Schale spröde. Weiß, gewöhnlich glänzend.

8 Nadelschnecke *Bittium reticulatum*
CERITHIIDAE. H bis 1 cm. Schale steil und schmal konisch mit vielen skulpturierten Windungen, jede durch Furche abgesetzt. Brauntöne. Unter Felsbrokken. Unteres Litoral bis Sublitoral.

9 Hornschnecke *Cerithium vulgatum*
CERITHIIDAE. H bis 5 cm. Schale steil zugespitzt mit vielen Windungen, diese mit konischen Vorsprüngen; Öffnung mit gewelltem Rand. Braun und rotbraun, oft weiß oder rehfarben gezeichnet. In verschiedenen Habitaten. Unteres Litoral bis Sublitoral.
Cerithium rupestre ist ähnlich, aber kleiner (L bis 2,5 cm) mit stärker ausgebauchten Seiten und größeren Knöpfchen auf den Windungen.

10 *Clathrus clathrus*
SCALIDAE. H bis 4 cm. Schale steil konisch mit runden, deutlichen Windungen und vorstehenden Querrippen. Cremeoder blaßrehfarben, manchmal mit schwacher brauner Zeichnung. Auf Sand und festem Untergrund. Sublitoral, kommt aber im Frühling in Ufernähe.

11 Floßschnecke *Janthina janthina*
JANTHINIDAE. H bis 3 cm. Schale sehr zerbrechlich, schneckenförmig mit fein gefurchten Windungen; letzte Windung groß, aufgebläht. Leuchtend violett oder purpurn. Pelagisch, an einem Floß schleimumhüllter Luftblasen treibend.

MOLLUSKEN

1 Ungarhut-Schnecke *Capulus hungaricus*
CAPULIDAE. L bis 4 cm. Schale mittelhoch, mützenförmig, mit leichter Andeutung einer Spirale; Spitze stark gewunden. Rehbraun oder beige; äußere hornige Schicht braun, geschichtet. Auf Muscheln. Sublitoral, gelegentlich auf Felsen des untersten Litorals.

2 *Calyptraea chinensis*
CALYPTRAEIDAE. D bis 2,5 cm. Erinnert an flache, konische Napfschnecke mit kreisförmigem Rand; Spitze manchmal mit leichter Spiralisierung; in der Schale Septum mit c-förmigem Rand. Weiß. Auf Steinen und Molluskenschalen. Unterstes Litoral bis Sublitoral.

3 Pantoffelschnecke *Crepidula fornicata*
CALYPTRAEIDAE. L bis 5 cm. Schale oval im Umriß, glatt, aber mit deutlichen Wachstumslinien; Spitze scharf gebogen; etwa die Hälfte der Schalenöffnung von glänzend weißem Septum mit konkavem Rand eingenommen. Rosa mit dunklerer oder brauner Schattierung. Meist in senkrechten Reihen aus mehreren Individuen, Weibchen unten, Männchen oben. Männchen wechseln mit dem Alter das Geschlecht. Unterstes Litoral bis Sublitoral.

4 Pelikanfuß *Aporrhais pes-pelecani*
APORRHAIDAE. H bis 4 cm. Schale konisch mit skulpturierten Windungen; Rand der Öffnung seitlich ausgezogen. Gelblichgrau, innen glänzend cremefarben. Auf sandigem Schlamm und Kies. Sublitoral.

5 Mittelmeer-Stielfüßer *Carinaria mediterranea*
CARINARIIDAE. L bis 30 cm. Körper länglich, wegschneckenähnlich mit vorspringendem Vorderende; Fuß als abgeflachte Flosse; Schale dünn, als Schutzdeckel für Kiemen reduziert; Tier schwimmt in Rückenlage. Durchscheinend, farblos oder schwachmilchig-weiß. Freischwimmend im offenen Wasser.

6 *Pterotrachea coronata*
PTEROTRACHEIDAE. L bis 10 cm. Länglich und oberflächlich wegschneckenähnlich; Fuß als flache Flosse wie bei Carinaria mediterranea; Schale gänzlich reduziert. Transparent, farblos. Freischwimmend. Im offenen Wasser.

7 *Polynices guillemini*
NATICIDAE. H bis 2 cm. Schale rundlich; letzte Windung aufgewölbt; Schnecke ziemlich klein; Öffnung groß, vorgezogen; Nabel vorstehend. Grau mit roter Zeichnung, ein rotgeflecktes, weißes Band entlang der Grenzlinie zwischen den Windungen. Auf sandigen Böden. Sublitoral.

8 Halsbandschnecke *Natica alderi*
NATICIDAE. H bis 1,5 cm. Schale rundlich mit kurzer Schnecke; letzte Windung groß. Creme- oder rehfarben mit rotbraunem Punktmuster. In den oberen Schichten des Sandes. Unteres Litoral bis Sublitoral.
Natica millepunctata (H bis 3,5 cm), cremefarben mit rötlichbraunen Punkten.
Natica hebraea (H bis 4,5 cm), mit stark vergrößerter, bräunlichvioletter Öffnung. Oberseite der Windungen gelblichorange mit rötlichen Flecken; Schale innen glänzend weiß, Nabel rot. Auf schlammigen Böden. Sublitoral.

9 Europäische Kauri *Trivia monacha*
ERATOIDAE. L bis 1,25 cm. Typische Kaurischnecke; letzte Windung mit kleinen Riefen, die übrigen Windungen umfassend; Öffnung als länglicher Schlitz an der Unterseite. Weißlich mit drei deutlichen schwarzen Flecken, nahe Öffnung rosa. Unter Steinen, besonders zwischen Seescheidenkolonien. Unteres Litoral bis Sublitoral.

10 Birnenkauri *Erronea pirum*
CYPRAEIDAE. L bis 5 cm. Außenseite wie Porzellan; Ränder der Öffnung leicht gezähnt. Rötlichbraun, oben dunklere Zeichnung, unten hellrot. Auf Felsen und Steinen, besonders zwischen Algen. Sublitoral.

11 *Cypraea lurida*
CYPRAEIDAE. L bis 4,5 cm. Typische Kauri; außen wie Porzellan; Ränder der Öffnung leicht gezähnt. Bräunlich, rehfarben mit drei braunen Querbändern und zwei dunkelbraunen Punkten an jedem Ende, unten weiß. Auf festem Untergrund. Sublitoral.

MOLLUSKEN

1 Helmschnecke *Cassidaria echinophora*
CASSIDAE. H bis 11 cm. Schale dickwandig, letzte Windung groß, Schnecke steil zugespitzt; Windungen mit Reihen großer Tuberkel; Ränder der Mündung auf- und zurückgebogen. Gelblich-rehbraun, Saum der Mündung weiß. Auf sandigen Böden, in Seegraswiesen. Sublitoral.

2 Riesentonnenschnecke *Dolium galea*
DOLIIDAE. H bis 20 cm. Große, rundliche Schale; Oberrand jeder Windung die nächste Windung leicht überlappend; Gelblichbraun, in der Öffnung glänzend weiß. Auf sandigen Böden. Sublitoral. Ernährt sich von Seeigeln, Seegurken und Muscheln; Speichel enthält Schwefelsäure, womit Schalen und Skelette der Beutetiere aufgelöst werden.

3 Brandhorn *Bolinus brandaris*
MURICIDAE. H bis 9 cm. Letzte Windung sehr groß, mit langem Siphonalkanal; Außenseite mit ziemlich langen Stacheln und spiraligen Rippen. Bräunlichgrau, in der Öffnung orangebraun. Früher zur Gewinnung der kaiserlichen Purpurfarbe benutzt. Auf schlammigen und steinigen Böden. Sublitoral.

4 *Trophon muricatus*
MURICIDAE. H bis 1,5 cm. Schale mit deutlichen Windungen, deutlich spiralige Erscheinung; Siphonalkanal mindestens halb so lang wie Schale; Außenskulptur aus gewellten Rippen vorzüglich an Windungsunterseite. Gelb und rosa. Auf hartem Substrat. Sublitoral.

5 Stachelschnecke, Austernbohrer *Ocenebra erinacea*
MURICIDAE. H bis 6 cm. Schale stark skulpturiert mit vorstehenden Rippen und dicken Spiralgraten; letzte Windung groß; Rand der Öffnung mit reicher Zeichnung, Saum aufgebogen; Siphonalkanal kurz, bei jungen offen, später geschlossen. Rehbraun und gelb. Auf Felsen. Unteres Litoral bis Sublitoral.

6 Zierliche Spindelschnecke *Fusus rostratus*
FASCIOLARIIDAE. H bis 4 cm. Schale mit deutlichen Windungen, steil zugespitzt; Siphonkanal fast so lang wie Schale; breite Längsrippen und scharfe, feinspiralige Grate. Rötlich-braun. Auf Sand und Schlamm. Sublitoral.

7 Mitraschnecke *Mitra ebenus*
MITRIDAE. H bis 2 cm. Schale mit länglicher Windung und ziemlich schlitzförmiger Öffnung; zentrale Säule der Schale (Columella) mit 2–3 auffälligen Graten. Dunkelbraun und glänzend, mit weißlichem Band um die Windungen. Auf Felsen. Unterstes Litoral bis Sublitoral.

8 Netzreusenschnecke *Nassarius reticulatus*
NASSIDAE. H bis 2,5 cm. Schale konisch, Windungen abgeflacht; mit charakteristischen Kreuz- und Quergraten skulpturiert. Graubraun. Unter Steinen, oft im Sand. Unteres Litoral bis Sublitoral.

9 Dicklippige Reusenschnecke *Nassarius incrassatus*
NASSIDAE. H bis 1 cm. Schale konisch, Windungen deutlich, durch tiefe Rillen getrennt, kräftige Skulptur mit gekreuzten Graten. Hellbraun mit schwarzem Schmierfleck auf dem Siphonalkanal. Unter Steinen. Unteres Litoral bis Sublitoral.

10 Kegelschnecke *Conus mediterraneus*
CONIDAE. H bis 5 cm. Letzte Windung hervorstehend, länglich, zur Basis verschmälert; Öffnung als Längsschlitz; Schnecke niedrig mit breiter Basis. Schalenmuster braun, gelb und grün auf weiß. Erzeugt Gift, das nach Einspritzung in die menschliche Haut zu unangenehmer Entzündung führen kann.

11 *Scaphander lignarius*
SCAPHANDRIDAE. L bis 14 cm. Schnecke mit muskulösem Körper mit breitem, zungenförmigem Mittelteil und zwei flacheren Seitenteilen; Schale nur halbe Körperlänge, einfache Form mit großer Öffnung, an einem Ende zugespitzt. Weichteile rosarehbraun, Schale gelbbraun, braun gezeichnet. Auf sandigen und schlammigen Böden. Sublitoral.

MOLLUSKEN

1 Seehase *Aplysia depilans*
APLYSIDAE. L bis 25 cm. Körper länglich, schlaff; 4 Tentakeln; innere Schale von zwei großen muskulösen Lappen flankiert. Grünlichbraun mit weißen oder blaßgelben Flecken. Zwischen Algen in Felstümpeln. Unteres Litoral bis Sublitoral.
Aplysia punctata (L bis 20 cm), mit weißen Flecken und schwarzen Punkten.
2 Grüne Samtschnecke *Elysia viridis*
ELYSIIDAE. L bis 4 cm. Körper länglich, abgeflacht, mit zwei flügelartigen Lappen (ausgebreitet oder hochgeklappt); 2 Tentakeln. Grün oder rot (nahrungsabhängig), mit winzigen roten, grünen und blauen Punkten. Auf Algen, besonders Grünalgen Codium und Cladophora. Mittleres Litoral bis Sublitoral.
3 *Berthella aurantiaca*
PLEUROBRANCHIDAE. L bis 6 cm. Körper plump; Mantel den Fuß verdeckend (außer hinten); einzelne, federförmige Kieme rechts unter dem Mantel; ein Paar Tentakeln und breiter Kopfschleier; Schale innen. Goldgelb oder orangerot. Unter Steinen. Unteres Litoral bis Sublitoral.
4 *Polycera quadrilineata*
POLYCERIDAE. L bis 2 cm. Nacktschneckenähnlich, ohne Schale; Kopf mit zwei gefältelten Tentakeln und 4 gelbspitzigen Fortsätzen; Ring federiger Kiemen etwa auf der Hälfte der Rückenseite, flankiert von zwei gelbspitzigen Fortsätzen. Milchweiß mit gelben Längsstreifen und Flecken. Auf Algen. Unteres Litoral bis Sublitoral.
5 *Archidoris tuberculata* DORIDIDAE. L bis 11 cm. Körper gebuckelt, ledrig, den Fuß verdeckend; 2 gefältelte Tentakeln; Ring 7–9 federiger Kiemen; auf Rückseite verstreut rundliche Tuberkel. Gelblich mit braunen oder violetten Flecken. Auf verschiedenen Substraten. Unteres Litoral bis Sublitoral.
6 *Tethys leporina* TETHYIDAE. L bis 30 cm. Kopf sehr breit, mit schwarzem oder tiefblauem Rand, mit fädigem Saum; 2 dickliche Tentakeln; Körper gebuckelt, zwei Reihen zarter Kiemen an der Basis blattförmiger, rotgefleckter

MOLLUSKEN

Papillen. Milchigweiß. Im tiefen Wasser, gelegentlich an die Oberfläche kommend, freischwimmend.

7 Zahnschnecke *Dentalium vulgare*
DENTALIIDAE. L bis 6 cm. Schale röhrenförmig, längsgerippt, hinten verschmälert, an beiden Enden offen; dreilappiger Fuß am weiten Ende hervorragend. Schmutzigweiß. Grabend im Sand. Unteres Litoral bis Sublitoral.

8 Nußmuschel *Nucula nucleus*
NUCULIDAE. L bis 1,25 cm. Schalen breit dreieckig, gerippt, Rand gewölbt, innen fein gezähnt; Wirbel neben der Mitte; kleine Zähne am Schloß. Grün, gelb oder braun. In schlammigem Sand und kiesigen Böden.

9 Arche Noah *Arca noae*
ARCIDAE. L bis 8 cm. Schalen braun, länglich, bootförmig, gerippt; Wirbel im vorderen Viertel; Schloß gerade, lang, mit zahlreichen kleinen Zähnen. An Steinen angeheftet. Sublitoral.
Arca barbata ist ähnlich, aber Schalenrippen durch auffällige Wachstumsringe unterbrochen.

10 Meermandel *Glycymeris glycymeris*
GLYCYMERIDAE. L bis 6 cm. Schalen fast kreisförmig, mit gezackten Rändern und vielen Schloßzähnen. Hellrehbraun mit charakteristischer brauner Zickzack-Zeichnung, innen weiß. In schlammigem Sand und Kies. Unteres Litoral bis Sublitoral.

11 Bärtige Pferdemuschel *Modiolus barbatus*
MYTILIDAE. L bis 6 cm. Schale ziemlich miesmuschelförmig, aber stärker gerundet und gedrungener; Wachstumslinien grob; bedeckt mit rauher, haariger Schicht (Periostracum). Bräunlichpurpurn. Angeheftet an Felsen und Algenhaftscheiben. Unteres Litoral bis Sublitoral.

12 Meerdattel *Lithophaga lithophaga*
MYTILIDAE. L bis 7 cm. Schalen länglich, Längskanten leicht geschwungen, mit feinen, konzentrischen Linien skulpturiert; ähnlich einem Dattelstein. Gelbbraun. Bohrt in Felsen und Corallinensubstrat. Im Flachwasser.

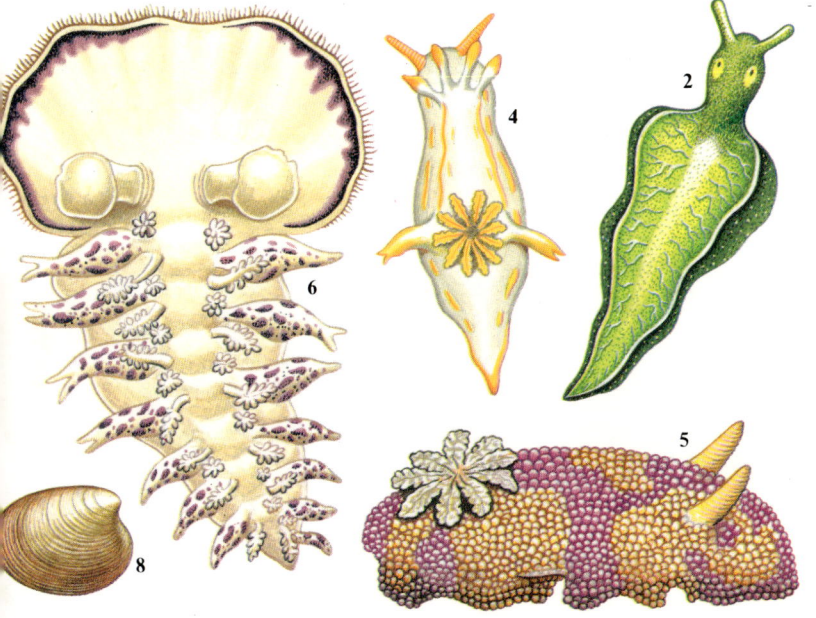

1 Mittelmeer-Miesmuschel *Mytilus galloprovincialis*
MYTILIDAE. L bis 15 cm. Im Verhältnis zur Länge breit; Wirbel vorstehend und gezähnt. Dunkelblaubraun, Mantelrand dunkel. An fester Unterlage. Im Flachwasser. Häufig kultiviert.
Gewöhnliche Miesmuschel *Mytilus edulis*, ähnlich, aber im Verhältnis zur Länge schlanker; Wirbel gerade; Mantelrand gelblichweiß. Anmerkung: Mytilus galloprovincialis wird manchmal als Rasse von M. edulis angesehen.
2 Steckmuschel *Pinna nobilis*
PINNIDAE. L bis 45 cm. Schalen fächerförmig, hinten spitz zulaufend; mit Tuberkeln und welligen Schuppen. Hellbraun und rehfarbig, Byssusfäden goldfarben. In schlammigem Sand eingegraben, mit Byssus verankert. Sublitoral.
3 Flügelauster *Pteria hirundo*
PTERIIDAE. L bis 7,5 cm. Schalen extrem asymmetrisch, spröde, unterer Rand wellig; grob austernförmig, aber mit einem kurzen runden, und einem weiteren langen Fortsatz an der Schloßseite. Graubraun, innen perlmutterfarbig; Schalen von horniger, brauner Schicht bedeckt. An Steinen angeheftet, oft in schlammigen Habitaten. Sublitoral.
4 *Chlamys opercularis*
PECTINIDAE. L bis 9 cm. Schalen etwa fächerförmig, gerippt; beide Schalen gewölbt; Wirbel von Öhrchen flankiert, das vordere länger und rundlicher als das hintere. Variiert über weiß, gelb und braun bis rot. Auf Sand und Kies. Unterstes Litoral bis Sublitoral.
5 Jacobs-Pilgermuschel *Pecten jacobaeus*
PECTINIDAE. L bis 13 cm. Schalen mit breiten, rechteckigen Rippen; untere Schale tellerförmig, obere flach; Wirbel von großen Öhrchen flankiert. Auf Sand und Kies. Sublitoral.
6 Klaffende Feilenmuschel *Lima hians*
LIMIDAE. L bis 4 cm. Schalen flach, unregelmäßig, asymmetrisch mit stacheligen Rippen; Öhrchen klein, ungleich; dicker Büschel orangeroter, nicht einziehbarer Tentakeln ragt zwischen den Schalen hervor. Weißlich oder schmutziggrehfarben. Zwischen Felsen und Algenhaftscheiben. Unteres Litoral bis Sublitoral.
7 Stachelauster *Spondylus gaederopus*
SPONDYLIDAE. L bis 10 cm. Schalen oval; Öhrchen reduziert; untere Schale konvex mit weitstehenden, breiten Stacheln; obere Schale flacher, fein gerippt, mit längeren, unregelmäßigen, scharfen Stacheln. Bräunlich oder bräunlichpurpurn. An Felsen angeheftet. Sublitoral.
8 Sattelmuschel *Anomia ephippium*
ANOMIIDAE. L bis 6 cm. Schale rund, aber oft wegen enger Verbindung zur Unterlage verformt; obere Schale leicht gewölbt, untere viel kleiner mit relativ großer Öffnung. Hellrehbraun, innen perlmutterfarbig. Auf Felsen. Unteres Litoral bis Sublitoral.
9 Auster *Ostrea edulis*
OSTREIDAE. L bis 10 cm. Schalen rund oder unregelmäßig; untere Schale tellerförmig, gewöhnlich an die Unterlage zementiert; obere Schale flacher, geschichtet und unregelmäßig gewölbt. Schmutzigrehbraun, innen perlfarben, mit weißem oder perlfarbenem Muskelansatz. Auf festem Substrat. Unteres Litoral bis Sublitoral. Ausgedehnte Kulturen.
10 Portugiesische Auster *Crassostrea angulata*
OSTREIDAE. B bis 15 cm. Schalen länglich, schmal zulaufend, mit Schichtenbau; trogförmig, obere flacher; beide dicht schließend. Schmutziggrauweiß, innen perlfarben mit dunklen Muskelansatzstellen. Auf festem Substrat. Sublitoral. Ausgedehnte Kulturen.
11 Herzmuschel *Glossus humanus*
GLOSSIDAE. L bis 10 cm. Schalen dick, ziemlich rund; erinnern an stilisiertes Herz; Wirbel lang, von Mittellinie weggewunden. Hellbraune hornige Schicht (Periostracum), Schalen dunkelbraun. In Sand und Schlamm. Sublitoral.
12 Mittelmeer-Hufmuschel *Chama gryphoides*
CHAMIDAE. L bis 4 cm. Schalen fast rund, untere Schale tellerartig, der Unterlage anzementiert, obere Schale gewölbt; geschichtete Wachstumsringe auffällig, oft gekräuselt. Weiß, innen violett. An Felsen angeheftet. Sublitoral.

MOLLUSKEN

1 Igel-Herzmuschel *Acanthocardia echinata* CARDIIDAE.
L bis 7,5 cm. Schalen breit oval, dick, gerippt, stachelig; Rand gezackt. Weißlich oder rehfarben. In Sand oder Schlamm. Sublitoral. **Stachelige Herzmuschel** *Acanthocardia aculeata*, ähnlich, aber die radialen Rippen mit getrennten konischen Stacheln.

2 Eßbare Herzmuschel *Ceratoderma edule* CARDIIDAE.
L bis 5 cm. Schalen breit oval, dick, gerippt, mit schuppenartigen Stacheln. Gelb, bräunlich. Im Sand. Mittleres Litoral bis Sublitoral. **Lagunenherzmuschel** *Ceratoderma lamarcki* ist ähnlich, hinterer Teil der Schalen aber stärker vorgezogen; die unten verlaufenden Rippen fast bis zum Wirbel reichend.

3 *Callista chione* VENERIDAE.
L bis 9 cm. Schalen fast oval, dick, schwer; Wirbel nach vorn verschoben. Bräunlich, innen weiß; hornige Schicht überzieht die Schalen kastanienbraun. In sauberem Sand. Sublitoral.

4 *Dosinia lupina* VENERIDAE.
D bis 4 cm, Schalen dick, ziemlich rund, konzentrisch gerippt, Lunula nahe den Wirbeln. Schmutzigweiß, rehbraun oder rosigbraun, hornige Schicht (Periostracum) blaßgelb. In Sand oder Kies. Unteres Litoral bis Sublitoral.

5 *Venus verrucosa* VENERIDAE.
D bis 6 cm. Schale gerippt, hinten mit warzigen Stacheln; herzförmige Zone (Lunula) vorstehend, schmutzigweiß, gelb oder bräunlich, hornige Schicht (Periostracum) braun. In Sand oder Kies. Unteres Litoral bis Sublitoral.

6 Teppichmuschel *Venerupis decussata* VENERIDAE.
L bis 7,5 cm. Schalen fest, oval bis rechtwinklig. Hellbraun, braun oder grau mit strahligem, fleckigem oder zickzack-förmigem braunem Muster. In Sand und Schlamm. Unteres Litoral bis Sublitoral.

7 Bunte Trogmuschel *Mactra corallina* MACTRIDAE. L bis 5 cm. Schalen breit dreieckig, spröde, mit zarter konzentrischer Skulpturierung. Cremefarben oder

blaßrehbraun, braun gestreift, purpurn nahe dem Wirbel, glänzend. Im Sand. Unteres Litoral bis Sublitoral.

8 Sägezähnchen *Donax vittatus*
DONACIDAE. L bis 4 cm. Schalen keilförmig, fest, fein gerieft; Rand gezackt, grob. Weißlich, gelb, blaßbraun oder violett, innen weiß und purpurn; Periostracum braun oder purpurn, glänzend. Im Sand. Unteres Litoral bis Sublitoral.

9 Große Pfeffermuschel *Scrobicularia plana*
SCROBICULARIIDAE. L bis 6 cm. Schalen dünn, aber nicht zerbrechlich, breit oval; fein gerippt und gerieft. Weißlich, blaßgrau, hellbraun oder gelb, oft mit Farbstoffen der Umgebung. Im Schlamm. Unteres Litoral bis Sublitoral; vor allem in Mündungsgebieten und Salzsümpfen.

10 Dünne Plattmuschel *Tellina tenuis*
TELLINIDAE. L bis 2 cm. Breit oval; dünn, spröde, Ventralrand hinten gewunden. Schattierungen von blaßgelb; rosa oder orange und grau. Im Sand. Unteres Litoral bis Sublitoral.

Plattmuschel *Tellina balaustina* ist ähnlich, aber breiter. Weiß oder gelb mit rosa Außenstrahlen.

11 Große Sandmuschel *Gari depressa*
GARIIDAE. L bis 6,25 cm. Schalen oval; Wirbel zentral; Schalen hinten klaffend; Wachstumslinien deutlich. Rosa, innen weißpurpurn; Periostracum grünlichbraun. Im Sand. Unterstes Litoral bis Sublitoral.

12 Muschel *Lutraria lutraria*
LUTRARIIDAE. L bis 13 cm. Schalen breit oval, solide, mit feinen konzentrischen Riefen. Weißlich bis gelblichrehbraun; Periostracum olivbraun. In schlammigem Sand oder Kies. Unteres Litoral bis Sublitoral.

13 Taschenmessermuschel *Pharus legumen*
SOLECURTIDAE. L bis 13 cm. Schalen länglich, schmal, an den Enden gerundet; Schloß ziemlich zentral. Hellrehbraun; Periostracum grünlich, glänzend. Im Sand. Unteres Litoral bis Sublitoral.

1 Gefurchte Scheidenmuschel *Solen marginatus*
SOLENIDAE. L bis 12,5 cm. Schale dünn, länglich, schmal rechteckig mit geraden Enden. Rehbraun und gelb; Periostracum hellbraun. In schlammigem Sand. Unterstes Litoral bis Sublitoral.
2 Schwertmuschel *Ensis ensis*
SOLENIDAE. L bis 13 cm. Schalen dünn, länglich, schmal, gebogen, beide Enden flach gerundet. Cremefarben, rehbraun mit rötlichbrauner Zeichnung; Periostracum olivgrün, glänzend. Im Sand. Unteres Litoral bis Sublitoral.
Meerscheide *Ensis siliqua:* Schalen fast rechteckig, Vorder- und Hinterrand gerade mit gerundeten Ecken.
3 Nordischer Steinbohrer *Hiatella arctica*
HIATELLIDAE. L bis 4 cm. Schalen solide, unregelmäßig, breit rechtwinklig mit hinterem Spalt, gefurcht. Weißlich. In weichem Gestein bohrend oder frei unter Steinen; mit Byssusfäden angeheftet. Unteres Litoral bis Sublitoral.
4 Gewöhnliche Bohrmuschel *Pholas dactylus*
PHOLADIDAE. L bis 15 cm. Schalen dünn, spröde, länglich; hinten schmäler werdend, gerundet, gefurcht; vorn dreieckig, stachelig, vorn unten klaffend; zusätzliche Kalkplatten vorhanden. Weiß, innen glänzend, Spuren äußerer Skulpturierung. In festem Substrat bohrend. Mittleres Litoral bis Sublitoral.
Barnea candida ist ähnlich, aber kleiner (L bis 6,5 cm); hinten stärker gerundet und vorn weniger spitzwinklig.
5 Schiffsbohrwurm *Teredo navalis*
TEREDINIDAE. L bis 1 cm (Schalen). Schalen spröde, gerundet, rundlich, unregelmäßig, gekerbt und gefurcht; Tier mit wurmförmiger Gestalt, bohrt in Holz und scheidet dicke, harte, kalkwandige Röhre ab. Weiß. In Holz. Sublitoral.
6 Sepia *Sepia officinalis*
SEPIIDAE. L bis 40 cm. Körper oval, breit, muskulös; Augen auffällig; 10 Fangarme mit Saugnäpfen, zwei davon lang, am Ende blattartig verbreitert; Schulp innen, blattförmig. Cremigweiß, zu schneller Farbänderung fähig, bis zu rötlichbraun und purpurschwarz. Freischwimmend.
Sepia elegans ist ähnlich, aber kleiner (L bis 8 cm) mit zwei Reihen von Saugnäpfen auf schlanken Fangarmen.
7 *Sepiola rondeleti*
SEPIOLIDAE. L bis 5 cm. Körper kelchförmig; Seitenflossen gerundet, hinten ansetzend, bis zu halber Körperlänge reichend; 10 Arme. Farbe variabel, zu schnellem Farbwechsel fähig. Im Flachwasser über Sand; vergräbt sich an der Sandoberfläche.
8 Gemeiner Kalmar *Loligo vulgaris*
LOLIGINIDAE. L bis 50 cm. Körper schlank; Seitenflossen mit breiter Basis, fast dreieckig, auf etwa zwei Drittel Körperlänge; Kopf klein; Augen groß; 10 Arme mit Saugnäpfen, 2 lang; Schulp im Innern, hornig, schreibfederförmig. Farbe wechselnd, oft rosaweiß gemustert, Rückenseite dunkler. Freischwimmend im offenen Wasser.
9 *Ommatostrephes sagittatus*
OMMATOSTREPHIDAE. L bis 60 cm. Körper rundlich, torpedoförmig; Seitenflossen dreieckig, auf etwa ein Drittel Körperlänge; 2 lange Arme mit Saugnäpfen sind nicht rückziehbar. Farbe wie Loligo vulgaris. Freischwimmend.
10 Gewöhnlicher Krake *Octopus vulgaris*
OCTOPODIDAE. L bis 1 m. Körper taschenartig; 8 Fangarme, jeder mit zwei Saugnapfreihen. Graubraun bis grünlichbraun, Farbanpassung an Umgebung. In Höhlen, Spalten. Sublitoral.
Moschuspolyp *Eledone moschata* ist ähnlich, aber nur eine Reihe Saugnäpfe auf den Armen, benachbarte Arme häutig verbunden.
11 Papierboot *Argonauta argo*
ARGONAUTIDAE. L bis 20 cm (♀), 1 cm (♂). Ähnliche Octopus, aber zwei Arme des ♀ bilden lappenartige Verbreiterung und scheiden eine zarte kalkschalige Brutkammer ab; ein Arm des ♂ für die Übertragung des Samenpaketes umgebildet. Farbe veränderlich, silbrigweiß, grün, violett, grau, rot oder blau. Auf Sandböden oder im freien Wasser.

MOLLUSKEN

KREBSTIERE (Crustacea)
Tiere mit hartem Außenskelett, häufig mit panzerartigem Carapax, der über Kopf und Vorderkörper (Cephalothorax) ragt, gelenkig verbundene Skelettplatten bedecken den Hinterkörper (Abdomen); Extremitäten gegliedert. Meist Wasserbewohner.

1 Samtige Entenmuschel *Scalpellum scalpellum*
SCALPELLIDAE. L bis 2 cm (Schale). Körper auf einem kurzen, muskulösen, schuppigen, bräunlichen Stiel; Schale aus 14 kleinen, kalkigen, grauweißen Platten. Angeheftet an festen Unterlagen. Gewöhnlich Sublitoral.

2 Entenmuschel *Lepas anatifera*
LEPADIDAE. L bis 5 cm (Schale). Körper bedeckt mit 5 zarten weißen Platten, auf muskulösem Stiel; Tier dunkelgraubraun oder schwarz. Pelagisch, an driftende Gegenstände angeheftet.

3 Sternseepocke *Chthamalus stellatus*
CHTHAMALIDAE. D bis 1,5 cm. Schale konisch, aus 6 sich überlappenden Platten; auffällig gefurcht; Zentralöffnung rhombisch, Seitennähte der Zentralplatte gerade. Schmutzigweiß oder rehfarben. Auf Felsen. Spritzwasserzone.

4 Schwamm-Seepocke *Acasta spongites*
BALANIDAE. D bis 1,2 cm. Schale aus 6 stacheligen Platten, blütenblattähnlich angeordnet; Basis der Seepocke konvex. Blaßrehbraun oder purpurn getönt. Immer in Schwammkolonien eingebettet. Unterstes Litoral bis Sublitoral.

5 *Boscia anglicum*
BALANIDAE. D bis 1,0 cm. Schale aus sechs Platten, in steilseitigem Konus angeordnet. Rosigrehbraun. Immer gemeinsam mit und angeheftet an der Nelkenkoralle Caryophyllia. Sublitoral.

6 Großer Heuschreckenkrebs *Squilla mantis*
STOMATOPODA. L bis 25 cm. Carapax etwa schildförmig; Abdomen nach hinten verbreitert; Schwanzfächer mit zwei großen schwarzen Augenflecken; letztes Glied des zweiten Laufbeinpaares stark bestachelt, als Greifapparat; Augen groß, Antennen mittellang, an den Spitzen geteilt; weißlich bis sandfarben. Sand- und Schlammböden. Sublitoral.
Squilla desmaresti ist ähnlich, aber schlanker und ohne Augenflecke.

7 Krill *Meganyctiphanes norvegica*
EUPHAUSIIDAE. L bis 4 cm. Garnelenähnlich; Carapaxbreite wie restlicher Körper; kein vorstehendes Rostrum; alle Beinpaare ähnlich; Augen groß, rundlich. Durchsichtig mit Pigmentflecken. Planktonisch im offenen Wasser.

8 *Siriella clausi*
MYSIDAE. L bis 1 cm. Schlank, garnelenähnlich mit kurzem Carapax und zarten federartigen Beinen; Rostrum schlank, zugespitzt; Augen groß, auffällig gestielt. Durchscheinend. Im offenen Wasser, aber oft gruppenweise in flachen Küstengewässern und Mündungszonen.

9 Küstenassel *Ligia italica*
LIGIIDAE. L bis 1,5 cm. Erinnert an große, graubraune Kellerassel; Augen sehr groß; Antennen lang; Hinterende mit zwei Y-förmigen Afterfortsätzen. Unter Steinen und Algen. Spritzwasserzone.

10 Baltische Klippenassel *Idotea baltica*
IDOTEIDAE. L bis 3 cm. Körper länglich oval, etwas abgeflacht; Telson lang mit vorgezogener Mittelspitze am Ende, diese winkelig flankiert. Farbe variabel, meist rötlichbraun oder grün. Zwischen Algen. Unteres Litoral bis Sublitoral.

11 *Anilocra physodes*
CYMOTHOIDAE. L bis 4 cm. Körper asselähnlich, mit schildförmiger Endplatte, flankiert von läppchenförmigem Extremitätenpaar. Weißlich-hellbraun oder sehr blaßgrau. Parasitisch, an oder nahe dem Auge von Fischen angeheftet.

12 Flohkrebs *Gammarus locusta*
GAMMARIDAE. L bis 2 cm. Körper seitlich abgeflacht, Hinterende eingeschlagen; oberes Antennenpaar mit kleinem Ast; Anhänge der letzten 3 Segmente zweigeteilt. Grünlichbraun. Unter Steinen, mittleres bis unteres Litoral.

13 Rollassel *Armadillidium granulatum*
ORISCIDAE. L bis 2 cm. Oval, deutlich segmentiert; kann sich einrollen. Graubraun. Unter Steinen.

KREBSE 111

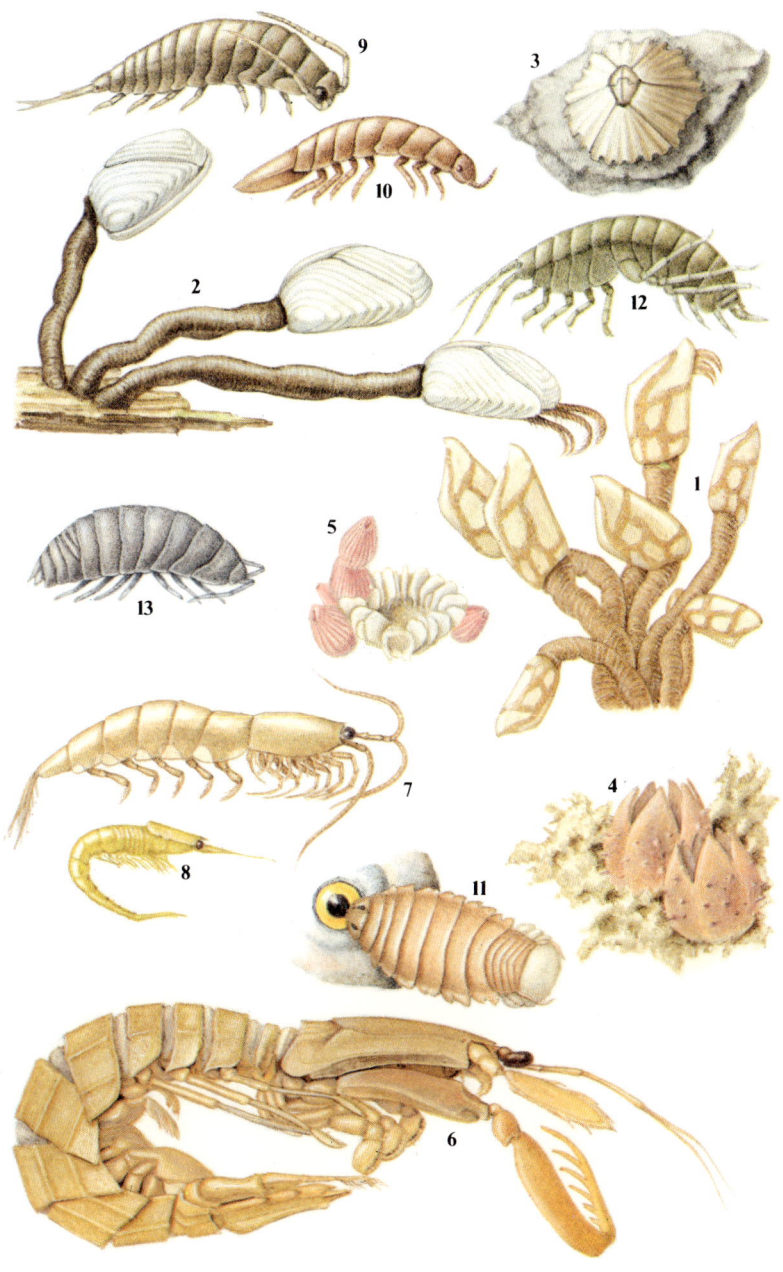

1 Strandfloh *Talitrus saltator*
TALITRIDAE. L bis 1,6 cm. Ähnlich Gammarus locusta, aber obere Antenne kürzer als untere, ohne Verzweigung. Graugrün oder grünlichbraun. Im Sand, unter verrottenden Algen.

2 Gespensterkrebs *Phtisica marina*
CAPRELLIDAE. L bis 1,5 cm. Körper wie ein Stück geknoteten Fadens; vorn Greifbeine; ♀ mit Bruttasche unter 4. und 5. Segment. Blaßbraun, manchmal tiefrot. Zwischen Algenkrusten. Mittleres Litoral bis Sublitoral.

3 Garnele *Penaeus trisulcatus*
PENAEIDAE. L bis 20 cm. Innerer Zweig der unteren Antenne verbreitert; Carapax gefurcht, mit gezähntem Kamm; Scheren klein. Sandfarben. Über sandigen und schlammigen Böden. Flachwasser, in Mündungsgebieten.

4 *Aristeomorpha foliacea*
PENAEIDAE. L bis 22 cm. ♀ lang, mit 5 oder 6 Zähnen, ♂ kürzer, stark gezähnt; äußere Mundwerkzeuge groß, vorstehend, gefranst. Rot. Im tiefen Wasser. Oft auf Fischmärkten angeboten.

5 Haubengarnele *Athanas nitescens*
ALPHEIDAE. L bis 3 cm. Rostrum zugespitzt; Scheren des ersten Laufbeinpaares groß. Rosa oder rötlich mit weißem Rückenstreifen. Zwischen Algen. Unteres Litoral bis Sublitoral.

6 Pistolenkrebs *Synalpheus laevimanus* ALPHEIDAE.
L bis 2 cm. Rostrum von großem Zahn flankiert; Scheren des ersten Laufbeinpaares ungleich; beweglicher Finger der linken Schere kann hörbares Knacken erzeugen. Sandfarben. Zwischen Algen. Sublitoral.

7 *Spirontocaris cranchi*
HIPPOLYTIDAE. L bis 2 cm. Abdomen gebogen; untere Antenne lang, schlank; Rostrum mit 3 oder 4 dorsalen Zähnen und gegabelter Spitze. Halbdurchscheinend mit orangen, schwarzen, roten und gelben Punkten. Zwischen Algen. Unterstes Litoral bis Sublitoral.

8 Seegrasgarnele *Hippolyte prideauxiana*
HIPPOLYTIDAE. L bis 4,2 cm. Abdomen gebogen; Rostrum groß, zwei Zähne am

unteren Rand, einer an der Spitze; Scheren winzig. Oft leuchtend grün oder auch braun oder karmesinrot, manchmal mit weißem Rückenstreifen. Zwischen Algen und Seegras. Sublitoral.

9 *Palaemon elegans*
PALAEMONIDAE. L bis 6,5 cm. Obere Antenne mit drei Ästen, untere peitschenförmig; Rostrum groß, farblos oder rotgefleckt mit 7–9 Zähnen oberseits und 3 Zähnen unten. Gelbbraun gebändert. Zwischen Algen, in Felstümpeln. Unteres Litoral bis Sublitoral.
Palaemon serratus: (L bis 11 cm); Rostrum sehr groß mit 6–7 Zähnen oberseits, 4–5 unten und gegabelter Spitze.

10 *Typton spongicola*
PALAEMONIDAE. L bis 2,5 cm. Carapax groß; Antennen und Rostrum kurz; über jedem Auge ein großer Dorn. Orange oder gelblichrot. Immer in Schwämmen. Sublitoral. *Pontonia custos* ist ähnlich, Carapax weniger aufgebläht; Rostrum hakig. In der Mantelhöhle großer Muscheln, besonders der **Steckmuschel** *Pinna nobilis*. Sublitoral.

11 *Crangon crangon*
CRANGONIDAE. L bis 5 cm. Körper schlank; Rostrum winzig, Schere des ersten Laufbeinpaares schraubenschlüsselartig. Blaßbraun oder grau mit roten Flecken. In sandigen Habitaten, oft in Felstümpeln. Unteres Litoral bis Sublitoral.

12 Großer Bärenkrebs *Scyllarides latus*
SCYLLARIDAE. L bis 45 cm. Gedrungen, leicht abgeflacht, mit eingeschlagenem Abdomen; erste Antenne kurz, einfach; innere Äste der zweiten Antenne blattartig. Braun. Auf felsigen und schlammigen Böden. Sublitoral.
Kleiner Bärenkrebs *Scyllarus arctos* ist ähnlich, aber kleiner (L bis 10 cm) mit größeren Augen.

13 Europäische Languste *Palinurus elephas* PALINURIDAE.
L bis 50 cm. Keine Scheren, außer am 5. Beinpaar des ♀; äußere Antennen lang, peitschenartig, basal stark bedornt; Carapax bedornt. Braun oder rostfarben. An geschützten Orten. Sublitoral.

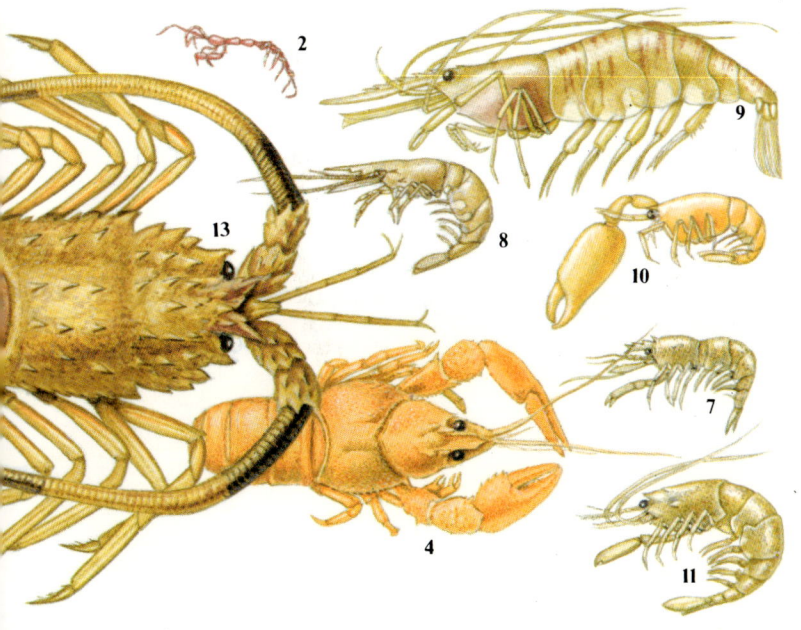

1 **Kaiserhummer** *Nephrops norvegica*
NEPHROPSIDAE. L bis 30 cm. Ein schlanker Hummer, Scheren des 1. Laufbeinpaares länglich, skulpturiert; Antennen lang; Augen groß. Sandrot. Auf Schlamm und Sand. Sublitoral.

2 **Hummer** *Homarus gammarus*
NEPHROPSIDAE. L bis 50 cm. Körper breit, leicht abgeflacht; äußere Antennen länger als Körper, Scheren des ersten Laufbeinpaares gedrungen. Blau mit rötlichen Flecken. An geschützten Orten, Höhlen, Spalten. Sublitoral.

3 **Nächtlicher Sandkrebs** *Jaxea nocturna* LAOMEDIIDAE.
L bis 5 cm. Caparax gerundet; Rostrum kurz, zugespitzt; Abdomen und Beine schlank; äußere Antennen lang; Scheren des 1. Laufbeinpaares lang mit schlanken Fingern; weiß, rosa oder braun. In Schlamm grabend. Sublitoral.

4 **Upogebia litoralis**
CALLIANASSIDAE. L bis 10 cm. Schlank, haarig; Carapax schmal; Rostrum lang, die kleinen Augen verbergend; beweglicher Finger der Schere des 1. Laufbeinpaares viel länger als der feste. Weißlich oder grünlich. Grabend im Schlamm. Unterstes Litoral bis Sublitoral.

5 **Sandkrebs** *Callianassa subterranea*
CALLIANASSIDAE. L bis 6 cm. Ähnlich Upogebia, aber Carapax stärker aufgewölbt mit sehr kleinem Rostrum; Scheren des 1. Laufbeinpaares mit normaler Form, aber ungleicher Größe. Grabend im Schlamm. Unterstes Litoral bis Sublitoral.

6 *Galathea nexa*
GALATHEIDAE. L bis 2 cm (Körper). Abgeflacht; Abdomen unter den Carapax geklappt; Rostrum dreieckig, jederseits drei kleine Zähne; lange Scheren am 1. Beinpaar. Rötlichbraun oder violettbraun. Zwischen Steinen. Unteres Litoral bis Sublitoral.

7 **Grauer Porzellankrebs** *Porcellana platycheles*
PORCELLANIDAE. L bis 3,5 cm. Körper gerundet; Antennen lang; Scheren breit, flach, haarig; 5. Laufbeinpaar stark reduziert. Graubraun. Unter großen Steinen. Unteres Litoral bis Sublitoral.

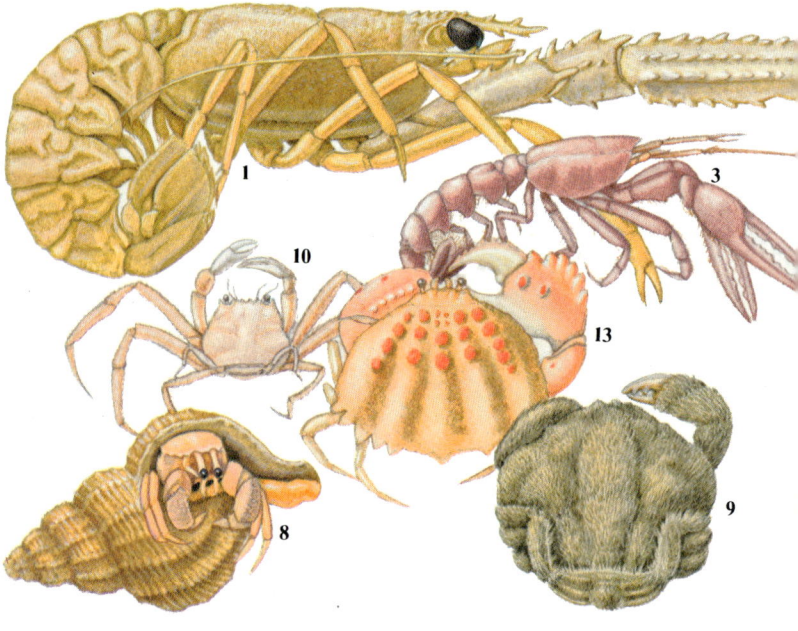

KREBSE

8 Großer Einsiedler *Pagurus arrosor*
PAGURIDAE. L bis 10 cm. Carapax ein Pyramidenstumpf, gelb; Scheren rot, gedrungen, linke größer; 2. und 3. Bein rot mit schwarzen Klauen, 4. und 5. Paar reduziert. In Schneckenhäusern. Sublitoral.
Augenfleck-Einsiedler *Paguristes oculatus* ähnlich, aber kleiner (L bis 4 cm); Scheren ziemlich gleich. Augenstiel gelb-orange, Antennen rot, Augen blau, Caparax rötlichbraun, violette Flecke auf 2. Glied des 1. Laufbeinpaares.
Kleiner Einsiedler *Diogenes pugilator* (L bis 2,5 cm) mit haarigen Antennen und weißspitzigen Scheren.

9 *Dromia vulgaris*
DROMIIDAE. L bis 8 cm (Carapax). Wenig breiter als lang; Scheren breit; 4. und 5. Beinpaar kleiner, halten ein Stück Hornschwamm über den Rücken; sehr haarig. Braun; Scherenspitzen hellrosa oder violett. Zwischen Steinen. Unteres Litoral bis Sublitoral.

10 Trägerkrabbe *Dorippe lanata*
DORIPPIDAE. L bis 3 cm (Carapax). Birnenförmig, rosabraun, kleine Zähne am Vorderrand; Scherenbeine kurz; übrige (außer 5.) viel länger, strohfarben; haarig. Auf schlammigen Böden. Sublitoral.

11 *Ebalia tuberosa*
LEUCOSIIDAE. L bis 1,2 cm (Carapax). Diamantenförmig, plump; Scheren des ersten Laufbeinpaares mit Knopf unter festem Finger; übrige Beine kurz. Graubraun oder gelbrot. Auf Sand und Kies. Sublitoral.

12 Kugelkrabbe *Ilia nucleus*
LEUCOSIIDAE. L bis 3 cm (Carapax). Rundlich mit einigen Beulen am hinteren Carapaxrand; Scheren lang, schlank. Gelblichbraun. Auf schlammigen und steinigen Böden und zwischen Algen. Sublitoral.

13 Hahnenkammkrabbe *Calappa granulata*
CALAPPIDAE. L bis 11 cm (Carapax). D-förmiger Carapax hinten mit 9 dreieckigen Beulen, gedrungen und stark gefurcht; Scherenbeine breit, skulpturiert. Sandgrau, rotfleckig. Auf schlammigen Böden. Sublitoral.

1 Gespensterkrabbe *Macropodia longirostris*
MAIIDAE. L bis 2 cm (Carapax). Birnenförmiger Carapax mit kurzen Rückendornen, 2 lange Vorsprünge zwischen den langgestielten Augen, Scheren schlank; Beine schlank, mit dornigen Gliedern; gewöhnlich mit Algen bedeckt. Unteres Litoral bis Sublitoral.

2 *Inachus dorsettensis*
MAIIDAE. L bis 3 cm (Carapax). Ähnlich Macropodia, aber breiter; Augen rückziehbar; Scheren gedrungener; gewöhnlich mit Algen oder Schwämmen bedeckt. Hellbraun. Zwischen Algen. Unteres Litoral bis Sublitoral.

3 Große Seespinne *Maia squinado*
MAIIDAE. L bis 30 cm (Carapax). Birnenförmiger, dorniger Carapax; 2 Dornen zwischen den Augen; Scheren lang, schlank; übrige Beine lang, haarig. Rötlich. Zwischen Steinen und auf Sand. Gewöhnlich Sublitoral.

4 *Lambrus angulifrons*
PARTHENOPIDAE. L bis 2 cm (Carapax). Breit birnenförmiger Carapax; Scheren kurz, auf sehr langen Beinen. Oben sandfarben, unten reinweiß, Innenseite der Scheren violett; oft von Schwämmen bewachsen. Zwischen Felsen und Krusten. Sublitoral.

5 Antennenkrebs *Corystes cassivelaunus*
CORYSTIDAE. L bis 4 cm (Carapax). Ovaler Carapax mit zwei Dornen seitlich der Augen, zwei stumpfe Vorsprünge dazwischen; Scheren beim ♂ sehr lang, beim ♀ kürzer; Antennen haarig, in lange Atemröhre umgewandelt. Sandfarben. In sauberem Sand grabend. Unteres Litoral bis Sublitoral.

6 *Atelecyclus rotundatus*
ATELECYCLIDAE. L bis 6 cm (Carapax). Birnenförmiger, haariger Carapax, vorn breiter und gezähnt, mit 5 Zähnen zwischen den Augen; Scheren kräftig, skulpturiert. Rot, Scheren an der Spitze schwarz. Auf Sandböden. Sublitoral.

7 Taschenkrebs *Cancer pagurus*
CANCRIDAE. B bis 25 cm. Carapax queroval mit deutlich aufgebogenem Vorderrand, 3 kleine, stumpfe Zähne zwischen den Augen; Scheren kräftig. Ziegelrot, Scherenspitzen dunkelbraun oder schwarz. An geschützten Stellen, Felsspalten. Unteres Litoral bis Sublitoral.

8 Strandkrabbe *Carcinus mediterraneus*
PORTUNIDAE. B bis 10 cm. Carapax mit 5 spitzen Sägezähnen rechts und links der Augen und drei stumpfen Zähnen dazwischen; Scheren kräftig, spitz. Dunkelgrün, oft schwarz gemasert, Jungtiere auch sandfarben mit dunkler Zeichnung. Zwischen Algen. Mittleres bis unteres Litoral.

9 Ruderkrabbe *Macropipus depurator*
PORTUNIDAE. B bis 5 cm (Carapax). Ähnlich Carcinus, aber 5. Beinpaar in flachem Paddel endend; Oberfläche schuppig. Rosa oder rot. Oft pelagisch im offenen Wasser.

10 *Eriphia spinifrons*
XANTHIDAE. B bis 10 cm (Carapax). Ähnlich Carcinus, aber an der Vorderkante des Carapax mit vielen kleinen Vorsprüngen; Scheren groß, scharf, Finger schlank; Beine haarig. Gelbgrün, Scheren mit brauner Spitze. Zwischen Algen. Sublitoral.

11 *Goneplax angulata*
GONEPLACIDAE. B bis 5 cm (Carapax). Ziemlich rechteckig. Scheren auf langen Beinen; Augen langgestielt, beweglich. Ziegelrot, purpurrosa und weiß. Auf Sandböden. Sublitoral.

12 Muschelwächter *Pinnotheres pisum*
PINNOTHERIDAE. D bis 1,5 cm (Carapax). Körper kugelig, Ränder glatt; Extremitäten und Scheren klein, schlank; ♂ viel kleiner als ♀ und haarig. Cremegelb, oft mit dunkelgelben oder orangen Flecken, glänzend. In der Mantelhöhle von Muscheln, oft in Pinna und Mytilus.

13 Felsenkrabbe *Pachygrapsus marmoratus*
GRAPSIDAE. B bis 6 cm. Schachtelförmiger, gedrungener Carapax mit wenigen Randzähnen; Augen und Antennen weit getrennt; Scheren kräftig. Gelbgrün oder rehbraun, mit dunkleren Querstreifen. An Felsküsten. Oberes bis unteres Litoral, oft auf Felsen über der Wasserlinie umherlaufend.

KREBSE

HUNDERTFÜSSLER UND TAUSENDFÜSSLER (Myriapoda)
Terrestrische Gliederfüßler mit langgestrecktem Körper und zahlreichen Beinpaaren. Meist in feuchten Habitaten, unter Steinen, Holz oder im Boden.

1 Spinnenläufer *Scutigera coleoptrata*
SCUTIGERIDAE. L bis 2,5 cm (Körper). Körper relativ gedrungen; Antennen lang und schlank; 15 Paar langer Beine; das letzte Paar besonders lang, bis dreifache Körperlänge. Graubraun. An feuchten Stellen unter Steinen; auch in Häusern.

2 Mittelmeer-Schnurfüßer *Julus mediterraneus*
IULIDAE. L bis 4,5 cm. Körperquerschnitt rund, zwei Beinpaare je Körperring. Dunkelbraun. Im Fallaub. Genaue Artbestimmung nur durch Spezialisten.

3 Skolopender *Scolopendra cingulata*
SCOLOPENDRIDAE. L bis 9 cm. Körper leicht abgeflacht, Kopf und Kieferfüße auffällig; zahlreiche Segmente, jedes mit einem Beinpaar; schlängelnde Bewegungsweise. Gelbbraun. An trockenen, steinigen Orten; in der Garrigue.

INSEKTEN (Insecta)
Gliederfüßler mit drei Beinpaaren (adult); Kopf, Brust und Hinterleib deutlich unterscheidbar; Brust oft mit Flügeln. Jugend- oder Larvenstadien oft sehr von Adulten unterschieden, auch in der Lebensweise.

4 Küsten-Felsenspringer *Petrobius maritimus*
MACHILIDAE. L bis 1,5 cm. Körper schlank, hinten spitz zulaufend; Antennen lang, steif V-förmig getragen, Hinterende mit drei tasterartigen Fortsätzen. Graubraun, metallisch. Unter Steinen, nahe Gezeitenzone.

5 Küstenspringschwanz *Anurida maritima*
LIPURIDAE. L bis 2,5 mm. Körper gedrungen, plump, haarig. Hellgraublau. In Spalten, zwischen Felsen, auf der Wasseroberfläche von Felstümpeln.

6 Blauflügel-Prachtlibelle *Agrion virgo*
AGRIIDAE. FS bis 7 cm. Körper sehr schlank. Körper metallisch blaugrün; Flügel des ♂ braun mit blauem Schimmer, beim ♀ blaßbraun. In verschiedenen Habitaten, aber vor allem in und nahe Sumpfgebieten, auch Salzsümpfen in Mündungsgebieten.

7 Gebänderte Prachtlibelle *Agrion splendens*
AGRIIDAE. FS bis 7 cm. Ähnlich Agrion virgo, aber Flügel des ♂ gazeartig mit blaugrünem Band, beim ♀ blaßgrün, durchscheinend. Gewöhnlich in Fließgewässernähe.

8 Große Königslibelle *Anax imperator*
AESCHNIDAE. FS bis 11 cm. Kopf und Brust breit, Augen sehr groß, Hinterleib schlank; ♂ hellblau mit dunkler Zeichnung, ♀ grünblau mit dunkler Zeichnung; Flügel farblos, durchsichtig. In verschiedenen Habitaten, kräftiger, guter Flieger.

9 Gemeine Smaragdlibelle *Cordulia aenea*
CORDULIIDAE. FS bis 7,5 cm, Augen sehr groß, grün leuchtend; Hinterleib schlank, nach hinten anschwellend. Körper metallisch grün; Flügel durchsichtig, farblos. Nahe Süß- oder Brackwasser, in Wäldern.

10 Vierfleck *Libellula quadrimaculata*
LIBELLULIDAE. FS bis 8,5 cm. Körper breit, etwas abgeflacht, Hinterkörper flach, langsam schmäler werdend. Körper braun; Flügel blaß- oder rehbraun, mit vier braunen Flecken. An stehenden Gewässern.

11 Gottesanbeterin *Mantis religiosa*
MANTIDAE. L bis 7,5 cm. Brust schmal, Hinterkörper breiter; Kopf dreieckig, Augen vorstehend; Flügel transparent, membranös; erstes Beinpaar zu stachligem Fangbeinpaar umgebildet. Vorzüglich grün, mit bräunlicher Tönung. Zwischen Blättern auf Kräutern und Sträuchern.

12 Empuse *Empusa pennata*
MANTIDAE. L bis 6 cm. Ähnlich Mantis religiosa, aber mit auffälligem, helmförmigem Saum auf dem Kopf; Antennen des ♂ gefiedert. Goldbraun. An warmen, gewöhnlich feuchten Orten; zwischen Blättern.

HUNDERTFÜSSLER, TAUSENDFÜSSLER, INSEKTEN

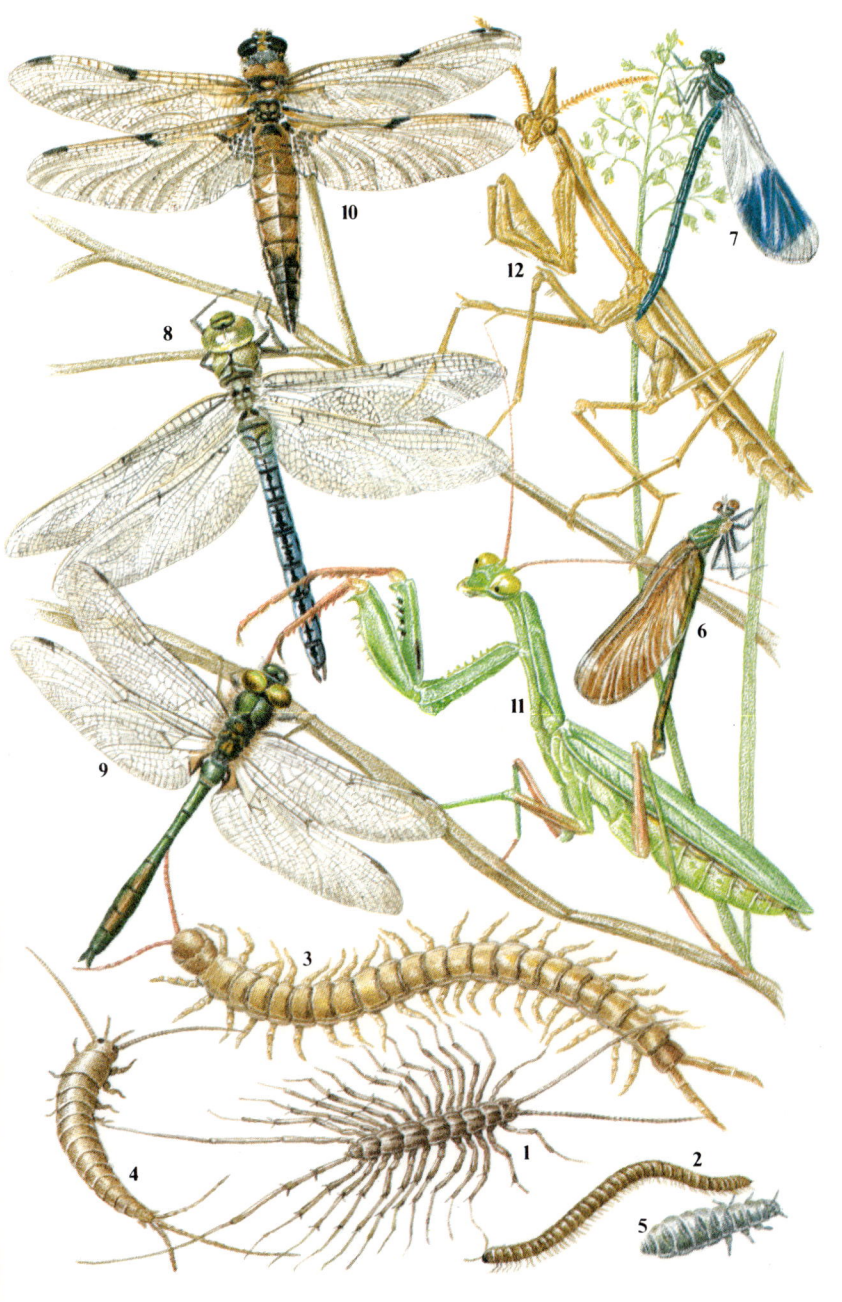

1 **Stabheuschrecke** *Clonopis gallica*
BACTERIIDAE. L bis 8 cm. Körper extrem lang und schlank, Effekt durch nach vorn gerichtete Antennen noch verstärkt. Blattgrün. Auf Pflanzen; sitzt lange unbeweglich auf ähnlich gefärbten Zweigen.

2 **Heupferd** *Tettigonia viridissima*
TETTIGONIIDAE. L bis 4,5 cm. Kräftiges, grashüpferähnliches Insekt mit langen, schlanken Antennen; Hinterkörperende dornartig (♀). Grün, Hinterflügel farblos, durchscheinend. In Wiesen, Büschen, Schilfbeständen.

3 **Nasenschrecke** *Acrida mediterranea*
ACRIDIDAE. L bis 7,5 cm. Typischer Grashüpfer; drittes Beinpaar als Sprungbein verlängert; Kopf spitz konisch mit großen Augen und relativ kurzen, hornartigen Antennen. Grün mit brauner Zeichnung. Singt nicht, kein guter Springer, aber fliegt gut. An buschigen Orten.

4 **Feldgrille** *Gryllus campestris*
GRYLLIDAE. L bis 2,5 cm. Körper gedrungen, etwas abgeflacht; Antennen lang; drittes Beinpaar länger als übrige, kräftig; Flügel spitz auslaufend, 2 Cerci am Hinterende. Braunschwarz. An sandigen, steinigen, grasigen Orten; in der Garrigue. Gräbt Erdröhren.

5 **Maulwurfsgrille** *Gryllotalpa gryllotalpa*
GRYLLOTALPIDAE. L bis 5 cm. Körper massig, kräftig; Brust mit festem Schild; 1. Beinpaar kräftig, gezähnt, als Grabschaufel; Antennen kurz. Braun. In verschiedenen Böden, oft an trockenen, steinigen oder sandigen Orten.

6 **Fanghaft** *Mantispa styriaca*
MANTISPIDAE. L bis 2,5 cm. Brust lang, schlank; Hinterkörper verdickt; Kopf nicht so flach und dreieckig wie bei der Gottesanbeterin; Augen groß, grünlich; 1. Beinpaar als Fangbeine zum Beuteerwerb. Hellbraun, Flügel durchscheinend, farblos. Zwischen Laub an buschigen Orten.

7 **Wanderheuschrecke** *Locusta migratoria*
ACRIDIDAE. L bis 6 cm. Drittes Beinpaar stark verlängert, zum Springen; Antennen kurz; Hinterflügel dünnhäutig. Vorderflügel stärker, membranös. Hellbraun, sandfarben, auch mit rosa Tönen. In zwei Formen, der standorttreuen (sedentaria) und der wandernden (gregaria); letztere ist als gefräßiger Schädling gefürchtet. In verschiedenen Habitaten, von Kulturland bis zur Wüste.

8 **Ödlandheuschrecke** *Oedipoda coerulescens*
ACRIDIDAE. L bis 2,8 cm. Hinterflügel leuchtend blau, mit dunkelgrauem Saumband und weißer Spitze. Körper und Vorderflügel hell bräunlichgrün oder olivfarben. In trockenen Habitaten; Garrigue.

9 **Streifenwanze** *Graphosoma lineata*
PENTATOMIDAE. L bis 1 cm. Schildförmig mit leicht aufgebogenem Hinterrand; Antennen lang. Schwarz-rot längsgestreift. Auf Blüten von Doldengewächsen in verschiedenen Habitaten.

10 **Grüne Schildwanze** *Palomena viridissima*
PENTATOMIDAE. L bis 1,5 cm. Schildförmig, Spitzen der membranösen hinteren Flügelteile nahe Hinterleibsspitze sichtbar. Blattgrün. Auf Dolden und anderen Blüten in verschiedenen Habitaten.

11 **Ritterwanze** *Lygaeus saxatilis*
LYGAEIDAE. L bis 1 cm. Körper länglich, oval; Antennen lang, steif. Auf schwarzem Hintergrund auffälliges rotes Muster. Auf verschiedenen Pflanzen, oft an Feldrändern.

12 **Singzikade** *Tibicina haematodes*
CICADIDAE. L bis 4 cm. Körper breit, etwas abgeflacht, massig; Kopf und Brust schildförmig; Hinterleibsende zugespitzt; Flügel durchsichtig mit braunen Adern. ♂ erzeugt charakteristischen Gesang. An bewaldeten Orten.

13 **Bergzikade** *Cicadetta montana*
CICADIDAE. L bis 3 cm. Ähnlich Tibicina haematodes, aber Körper schlanker. An buschigen Berghängen.

INSEKTEN

1 Ameisenjungfer *Myrmeleon plumbeus*
MYRMELEONTIDAE. FS bis 5 cm. Libellenähnlich, Antennen aber gekeult; Flügel blattförmig, zart membranös, durchsichtig. Larve (Ameisenlöwe) oval, abgeflacht, mit sehr großen gebogenen Kiefern; gräbt Trichter im Sand, lauert darin auf hereinfallende Ameisen, die sie aussaugt. Larve an trockenen, sandigen Stellen; Imago in verschiedenen Habitaten.

2 Küsten-Sandlaufkäfer *Cicindela litoralis*
CICINDELIDAE. L bis 1,5 cm. Kopf und Brust schmäler als Hinterleib; Antennen lang, schlank; Kiefer auffällig; braungrün, manchmal bronzefarben, mit weißer Zeichnung. An trockenen, meist sandigen Stellen, nahe der Spritzwasserzone.

3 Lederlaufkäfer *Carabus coriaceus*
CARABIDAE. L bis 4.5 cm. Großer, auffälliger Käfer mit gewölbtem Hinterleib. Schwarz. Fliegt nicht. In verschiedenen, bewaldeten, buschigen Habitaten, oft unter Fallaub, Holz etc.

4 Putzkäfer *Platynus dorsalis*
CARABIDAE. L bis 0,75 cm. Hinterkörper länglich, gewölbt; Flügeldecken bronzefarben mit grüner Spitze, mit feinen Längsriefen. Kopf und Brust metallisch grün. An trockenen Stellen, oft an Feldrändern und auf Feldern.

5 Grünkäfer *Chlaenius chrysocephalus*
CARABIDAE. L bis 1 cm. Ähnlich vorigem, aber mit grünen, manchmal bläulichen Flügeldecken, kupferfarbenem Kopf, Brust und Beinen, Tarsen rot. An grasigen Stellen, manchmal in Sümpfen, einschließlich Salzsümpfen.

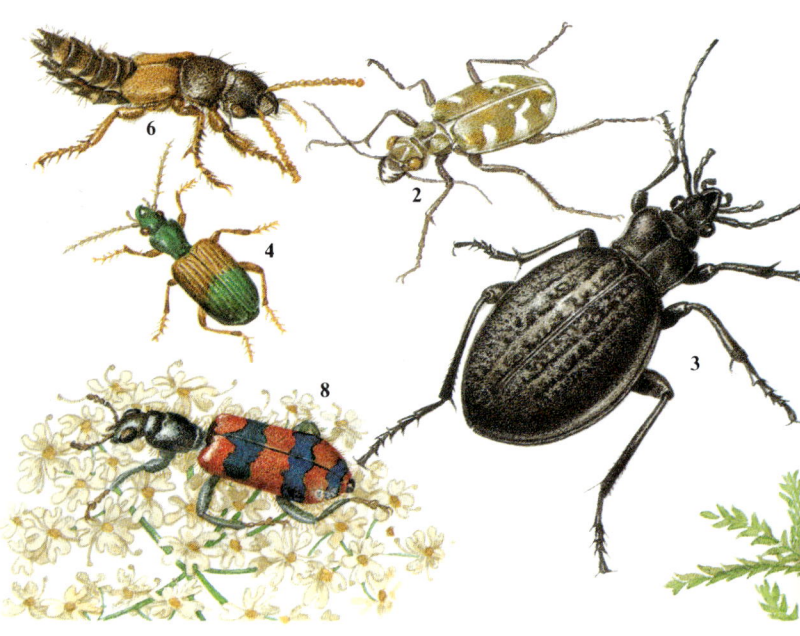

INSEKTEN

6 Kurzflügelkäfer *Staphylinus caesareus*
STAPHYLINIDAE. L bis 2,5 cm. Körper schlank, länglich; Antennen kurz, deutlich gegliedert; Flügel und Flügeldecken stark reduziert. Dunkelgraubraun mit blaßgrauer Zeichnung auf dem Hinterkörper; Flügeldecken, Antennen und Beine kupferfarben. In hügeligen Gegenden.

7 Mauretanisches Glühwürmchen *Lampyris mauritanica*
LAMPYRIDAE. L bis 1,5 cm. Körper schlank; ♂ geflügelt mit schlanken, braunen Flügeldecken, ♀ flügellos, rehbraun; Larven wurmförmig, blaßcremefarben. ♀ und Larven erzeugen grünblaues Licht in Leuchtorgan am Hinterleib. Licht des ♀ hell, lockt das ♂ an. An buschigen und grasigen Orten.

8 Immenkäfer *Trichodes apiarius*
CLERIDAE. L bis 1,6 cm. Antennen deutlich gekeult. Körper und Beine metallisch blau; Flügeldecken mit dunkelblauen und roten, alternierenden Querstreifen. Larven fressen Bienenlarven. Käfer auf Doldenblütlern.

9 Siebenpunkt-Marienkäfer *Coccinella septempunctata*
COCCINELLIDAE. L bis 8 mm. Form oval; Kopf und Brust schwarz mit zwei blassen Flecken. Larve schlank, hinten schmäler, grau mit schwarzen Punkten und gelben Flecken. In vielen Habitaten.

10 Vierzehnpunkt *Coccinella quatuordecimpustulata*
COCCINELLIDAE. L bis 4 mm. Färbung sehr variabel. Gewöhnlich gelb mit 14 schwarzen Punkten oder ganz ohne Punkte.

1 Spanische Fliege *Lytta vesicatoria*
MELOIDAE. L bis 2 cm. Kopf ziemlich dreieckig und deutlich von der Brust abgesetzt; Hinterleib hinten schmäler, etwas länger als die Flügeldecken; Antennen lang, gegliedert. Grün mit etwas Bronzetönung. Käfer mit stechendem, durchdringendem Geruch; enthält große Mengen des giftigen Cantharidin. Auf verschiedenen Pflanzen, besonders Esche und Liguster.

2 Hirschkäfer *Lucanus cervus*
LUCANIDAE. L bis 7,5 cm. ♂ mit sehr auffälligen, geweihartigen Kiefern; Kiefer des ♀ nicht vergrößert; Brust breit, leicht abgeflacht; Hinterkörper schildförmig, glänzendschwarz; Flügeldecken dunkelbraun. Vor allem in Korkeichenwäldern.

3 Heiliger Scarabaeus *Scarabaeus sacer*
SCARABAEIDAE. L bis 3 cm. Form rundlich oval; erstes Beinpaar mit auffälligen, breiten, kammartigen Gliedern; Kopfschild mit welligem Vorderrand. Schwarz, Brust grob gerunzelt, Flügeldecken fein gefurcht. In verschiedenen Habitaten, oft in Fallaub.

4 Dungkäfer *Scarabaeus semipunctatus*
SCARABAEIDAE. L bis 3 cm. Ähnlich dem heiligen Scarabaeus, aber Brust mattschwarz mit zahlreichen, weitgestreuten Punkten; Brust breiter als der Hinterleib. Käfer manchmal beim Rollen einer Dungkugel anzutreffen, in die er ein Ei legt.

5 Moschusbock *Aromia moschata*
CERAMBYCIDAE. L bis 3,5 cm. Körper lang, schmal; Brust skulpturiert; Antennen fast zweimal so lang wie der Körper, mit verdickten Gliedern. Gewöhnlich grünlichblau, manchmal ganz blau oder purpurrot. Mit Moschusgeruch. In Weidengehölzen.

6 Blattkäfer *Cryptocephalus sericeus*
CHRYSOMELIDAE. L bis 0,8 cm. Körper geradseitig oval; Antennen schlank; Kopf in Halsschild zurückgezogen; Rückenseite fein gezeichnet. Leuchtend dunkelgrün. Auf verschiedenen stark duftenden Pflanzen. Trockengebiete, Garrigue.

7 Rüsselkäfer *Curculio venosus*
CURCULIONIDAE. L bis 0,75 cm. Körper oval, mit verlängertem Kopf, der geknickte Antennen trägt. Nußbraun, mit zwei rehbraunen Bändern auf den Flügeldecken. Auf verschiedenen Eichenarten.

8 Mückenhaft *Bittacus italicus*
BITTACIDAE. FS bis 4 cm. Schnakenähnliches Aussehen, schlank mit langen Beinen, Kopf schnabelförmig ausgezogen. Rehbraun. In verschiedenen Habitaten, oft in Gewässernähe und an Berghängen.

9 Rinderbremse *Tabanus bovinus*
TABANIDAE. L bis 2,5 cm. Sehr große Fliege mit kräftigem Körper. Brust und Hinterleib grau, letzterer rot und cremefarben gezeichnet. ♂ ernährt ist von Nektar, ♀ blutsaugend, selten am Menschen. In verschiedenen Habitaten.

10 Mittelmeer-Fruchtfliege *Ceratitis capitata*
TEPHRITIDAE. L bis 6,5 mm. Brust schwarz mit unregelmäßigem Muster weißer Streifen; Hinterkörper plump, graublau und rötlichbraun gestreift; Flügel durchscheinend, sehr blaßgrau mit braunem Fleckenmuster. An Obstbäumen. Larven in Obstgärten schädlich.

INSEKTEN 125

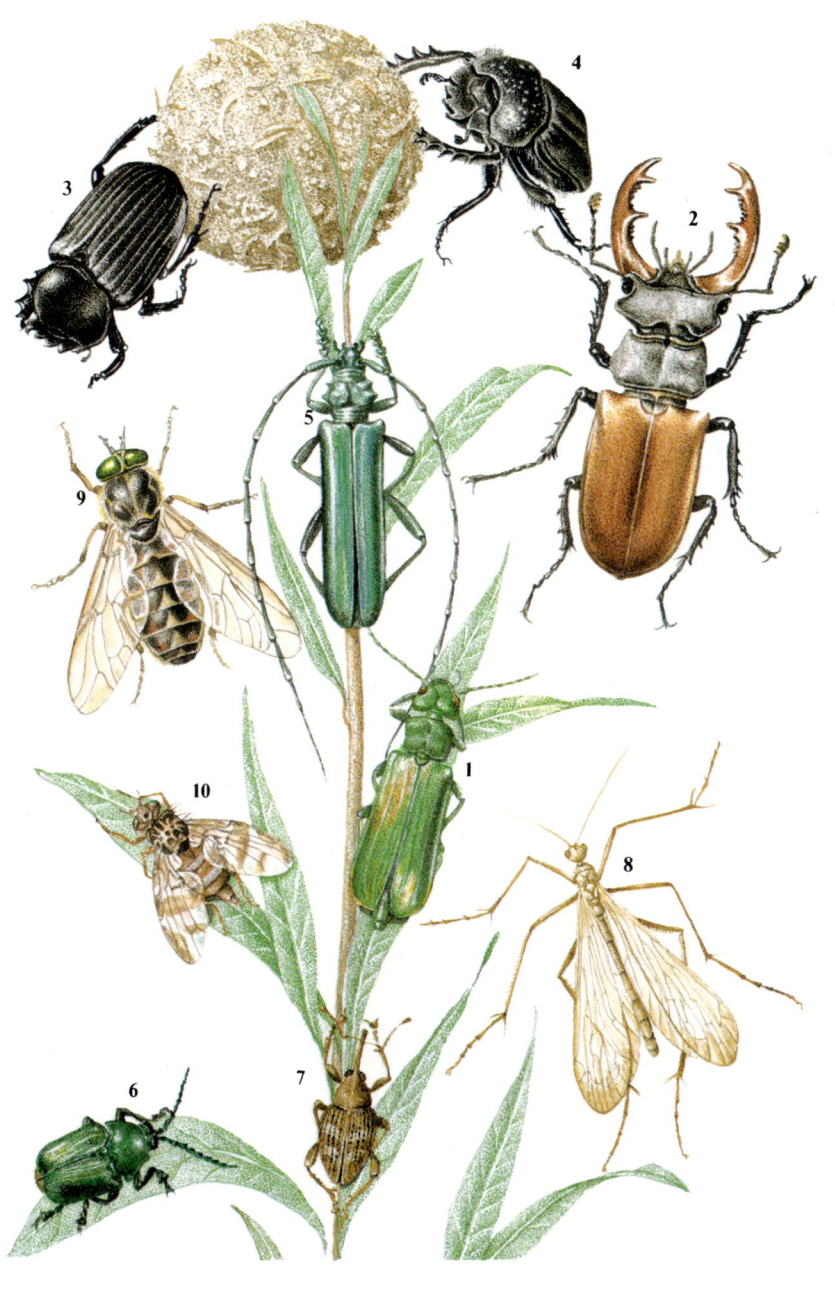

1 Holzwespe *Urocerus gigas*
SIRICIDAE. L bis 4 cm. Hinterleib zylindrisch, zum Ende verbreitert; kräftiger, stilettähnlicher Legestachel von langen Scheiden umgeben, mit dem die Eier in Holz abgelegt werden. ♂ kleiner als ♀. Kopf schwarz und gelb; Brust schwarz; Hinterleib gelb mit breiter schwarzer Mittelbinde. Ohne Stachel. In Nadelwäldern.

2 Dolchwespe *Scolia maculata*
SCOLIIDAE. L bis 4 cm. Wespenähnliches Aussehen, aber sehr groß. Körper vorzüglich schwarz, mit gelben, geteilten Bändern auf dem Hinterleib; Flügel durchsichtig mit gelblicher Tönung. Giftstachel, aber stechunlustig. Auf verschiedenen blühenden Pflanzen.

3 Ameise *Cremastogaster sordidula*
FORMICIDAE. L bis 3 mm. Eine typische Ameise; Brust mit Skulpturierung an den Seiten. Gelbbraun. In steinigen Habitaten.

4 Pharaoameise *Monomorium pharaonis*
FORMICIDAE. L bis 2,3 mm. Bemerkenswert durch ihre Kleinheit und die Eigenschaft, in langen Kolonnen umherzulaufen. Bräunlichschwarz. In verschiedenen Habitaten, einschließlich menschliche Wohnungen und Garrigue.

5 Spinnenwespe *Cryptocheilus annulatus*
POMPILIDAE. L bis 3 cm. Kopf breit; Hinterleib spindelförmig, von der Brust durch schmale Taille getrennt. Antennen und Beine orangegelb, Hinterleib gelbschwarz gebändert. An trockenen, steinigen Orten.

6 Hornisse *Vespa crabro*
VESPIDAE. L bis 3,5 cm. Großes, wespenähnliches Insekt. Kopf orange-

braun, Brust schwarz mit braunen Flekken, Hinterleib gelb mit schwarzem Band auf den ersten zwei Segmenten und schwarzen Flecken auf den übrigen. In verschiedenen Habitaten, oft in oder nahe dem Wald.

7 Grabwespe *Larra anathema*
SPHECIDAE. L bis 2,5 cm. Körper länglich, vorwiegend schwarz, aber erste zwei Hinterleibsegmente orange. In verschiedenen Habitaten.

8 Papierwespe *Polistes gallicus*
VESPIDAE. L bis 1,6 cm. Typische Wespenerscheinung, aber schlank, mit schmaler Taille; Hinterleib schwarzgelb gestreift. In verschiedenen Habitaten.

9 *Sceliphron destillatorium*
SPHECIDAE. L bis 3 cm. Enge Taille, röhrenförmig verlängert, oft so lang wie Brust. Vorzüglich schwarz mit oranger Taille und schwarzen und orangen Beinen. Baut Nester aus verfestigter Erde. In verschiedenen Habitaten.

10 Holzbiene *Xylocopa violacea*
APOIDEA. L bis 2,5 cm. Eine plumpe, schwerfällige Biene; Beine und Teile des Körpers haarig. Schwarz, glänzend; Flügel blauviolett. Gewöhnlich in bewaldeten Gegenden.

11 Erdhummel *Bombus terrestris*
APOIDEA. L bis 2,8 cm. Körper rundlich. Brust schwarz mit gelbem Querband; Hinterleib schwarz mit breitem, gelbem Querband und weißer Spitze. Nester im Boden. Vor allem in grasigen Habitaten.

12 Honigbiene *Apis mellifera*
APOIDEA. L bis 2 cm. Körper relativ schlank. Brust stärker, Hinterleib weniger behaart. Körper dunkel grauschwarz mit ockerfarbenen Haaren. Lebt in großen Stöcken. Gewöhnlich in oder nahe Wäldern.

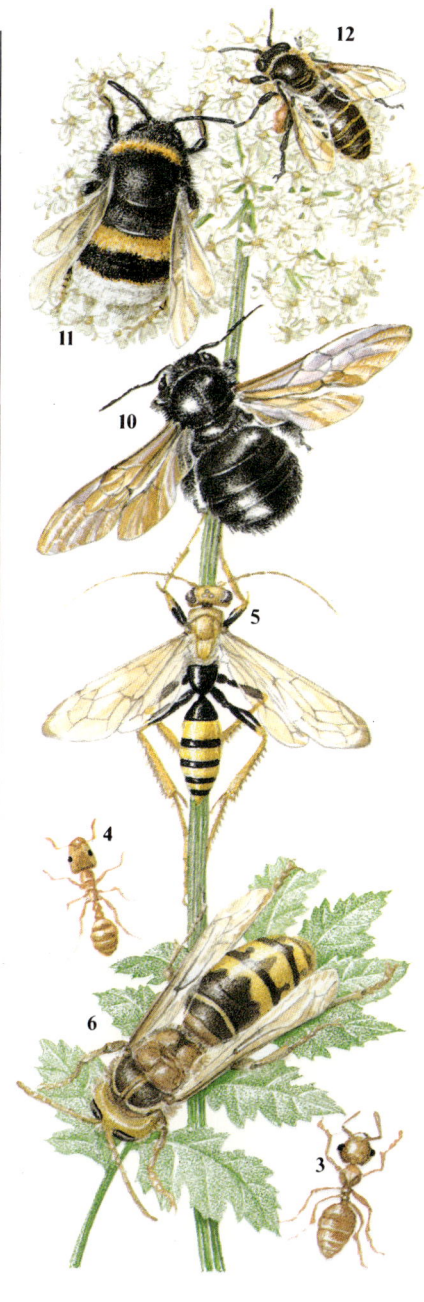

1 Segelfalter *Iphiclides podalirius*
PAPILIONIDAE. FS bis 10 cm. Großflügelig, Hinterflügel mit auffälligen schmalen Schwänzen. Farbe blaßgelb mit schwarzen Streifen; Hinterflügel mit orangegerandetem, blauem Augenfleck und blauen, schwarzgesäumten Randflecken. Im Hügelland auf Kalkboden.
2 Osterluzeifalter *Zerynthia polyxena*
PAPILIONIDAE. FS bis 7 cm. Grundfarbe blaßgelb mit schwarzen Streifen, roten und schwarzen Flecken auf den Flügeln, orangefleckige Zackenzeichnung am Flügelrand; Flügelunterseite mit mehr roten Flecken, orange und schwarzen Zacken. In heißen, trockenen Gebieten.
3 Kleiner Kohlweißling *Pieris napi*
PIERIDAE. FS bis 6 cm. Typischer Weißling. Flügel kalkweiß, mit 1–2 dunkelgrauen Flecken und dunkelgrauer Flügelspitze, Adern grünlichgrau; Flügelunterseite grünlich. In Feldern, Gärten, Parks, an Waldrändern.
4 Aurorafalter *Anthocharis cardamines*
PIERIDAE. FS bis 6 cm. Vorderflügel basal weiß, beim ♂ aber mit orangem Spitzenfleck, schwarzem Spitzensaum und schwarzem Mittelfleck; ♀ mit breiterem, schwarzem Spitzensaum, größerem, schwarzem Zentralfleck; Hinterflügel beider Geschlechter weiß mit hellgrauer Einmischung. In Gärten, Feldern, an Waldrändern, Lichtungen.
5 Orangefleck *Anthocharis belia*
PIERIDAE. FS bis 6 cm. ♂ mit blaßgelben Flügeln. Vorderflügel mit orangem Fleck, der innen und außen schwarz gesäumt ist; ♀ mit Flügeln weißer Grundfarbe, mit oranger schwarzgefleckter Zone auf den Vorderflügeln. In Gärten, Feldern, an Waldrändern, Garrigue.

6 Orangeroter Heufalter *Colias crocea*
PIERIDAE. FS bis 6 cm. Flügel in beiden Geschlechtern ledergelb, mit breitem schwarzem Rand und schwarzem Zentralfleck auf den Vorderflügeln. Auf Feldern mit Erbsen, Luzerne oder anderen Leguminosen, an denen die Raupe lebt.
7 Zitronenfalter *Gonepteryx rhamni*
PIERIDAE. FS bis 6,5 cm. Jeder Flügel spitz ausgezogen, mit orangem Mittelfleck; ♂ hell schwefelgelb, ♀ weißlich, grün getönt. In licht bewaldeten Gebieten, besonders mit Kreuzdorn Rhamnus alaternus, an dem die Raupe lebt.
Cleopatrafalter *Gonepteryx cleopatra* ist ähnlich, ♂ hat aber einen großen orangen Fleck auf den Vorderflügeln.
8 Eichenzipfelfalter *Quercusia quercus*
LYCAENIDAE. FS bis 5 cm. Flügel sammetbraun, mit zwei breiten blauen Längsstreifen auf dem Vorderflügel (♀). In Eichendickichten, Raupe an Eichenbüschen.
9 Großer Bläuling *Maculinea arion*
LYCAENIDAE. FS bis 5 cm. Flügel graublau, graugesäumt mit Reihe länglicher Flecken. In der Garrigue und an anderen Orten, wo reichlich Thymian *(Thymus vulgaris)* wächst. Raupe zunächst an Thymian, dann in Ameisenhaufen.
10 Kaisermantel *Argynnis paphia*
NYMPHALIDAE. FS bis 8 cm. Orangebraun mit schwarzem Linien- und Fleckenmuster; Hinterflügelunterseite grünlich mit silbernen Streifen. In Heidegebieten, an Waldrändern, Garrigue.
11 Distelfalter *Vanessa cardui*
NYMPHALIDAE. FS bis 7 cm. Gelblichbraun mit schwarzer, weißgefleckter Vorderflügelspitze und schwarzer Fleckenzeichnung. Raupen an Nesseln, Disteln und Huflattich *(Tussilago farfara)*.

INSEKTEN

1 Admiral *Vanessa atalanta*
NYMPHALIDAE. FS bis 7 cm. Flügel sammetschwarz mit Brauntönung. Vorderflügelspitze schwarz mit weißen Flecken, davor rotes Schrägband. Hinterflügelrand rot mit schwarzen Punkten. In Gärten, an Waldrändern. Raupen an Nesseln, seltener an Disteln.

2 Trauermantel *Nymphalis antiopa*
NYMPHALIDAE. FS bis 9,5 cm. Flügel tief sammetbraun, Außenrand cremegelb mit blauer Punktreihe davor. In Heidegebieten, an Waldrändern und Lichtungen.

3 Großer Fuchs *Nymphalis polychloros*
NYMPHALIDAE. FS bis 7 cm. Grundfarbe warm-rotbraun mit schwarzen Flecken, besonders auf dem Vorderflügel; Flügelränder gezackt, mit blauen, schwarz eingefaßten Punkten. In Gärten, auf Waldlichtungen.

4 Kleiner Fuchs *Aglais urticae*
NYMPHALIDAE. FS bis 6 cm. Grundfarbe rötlichbraun, basal dunkel, schwarze und gelbe Vorderrandflecken abwechselnd, schwarzer Saum mit blauen Flecken. Flügelunterseite dunkelbraun mit schwacher gelblicher Zeichnung. In verschiedenen Habitaten. Raupe an Brennnesseln.

5 Tagpfauenauge *Inachis io*
NYMPHALIDAE. FS bis 7,5 cm. Flügel samtig-kastanienbraun. Vorderrand mit zwei schwarzen und einem weißgelben Fleck. Vorder- und Hinterflügel mit blaugefleckter Augenzeichnung. In verschiedenen Habitaten; Raupe an Brennnesseln.

6 Hopfenfalter *Polygonia c-album*
NYMPHALIDAE. FS bis 5 cm. Flügelränder unregelmäßig ausgezackt; Falter erinnert an ein totes Blatt, wenn Flügel zusammengefaltet. Grundfarbe warmes Rotbraun mit schwarzer Zeichnung und deutlichem braungelbem Saum. Oft überwinternd in Wohnungen. In verschiedenen Habitaten.

7 Schachbrett *Melanargia galathea*
SATYRIDAE. FS bis 5,5 cm. Grundfarbe weiß oder blaßgelb, mit marmorartiger, dunkelbräunlichgrauer Zeichnung; Unterseite blasser mit rehbrauner Tönung. In buschigen Gebieten, besonders des Hügellandes, an Lichtungen und auf Brachland. Raupe an Gräsern.

8 Großes Ochsenauge *Maniola jurtina*
SATYRIDAE. FS bis 5,5 cm. Grundfarbe gelblichbraun. Vorderflügel des ♀ orangegelb aufgehellt. In verschiedenen Habitaten, besonders in grasigen Heidegebieten. Raupe an Gräsern.

9 Kupferglucke *Gastropacha quercifolia*
LASIOCAMPIDAE. FS bis 9 cm. Groß, mit gedrungenem Körper; Flügel in Ruhestellung dachförmig. Flügelrand gewellt. Hellbraun mit dunklerer Wellenzeichnung. In Obstgärten und Waldgebieten.

10 Wiener Nachtpfauenauge *Saturnia pyri*
SATURNIIDAE. FS bis 15 cm. Flügel groß, von sammetartiger Erscheinung. Vorzüglich braun und purpurbraun, mit deutlichem zentralem Augenfleck auf jedem Flügel; Flügelränder rehbraun. Antennen des ♂ stark gekämmt; die des ♀ fein gesägt. In bewaldeten Gegenden, Obstgärten, Weinbergen.

11 Kleines Nachtpfauenauge *Eudia pavonia*
SATURNIIDAE. FS bis 8,5 cm. Groß, mit gedrungenem Körper und samtigen Flügeln. Flügel des ♂ dunkelgraubraun, Hinterflügel gelblichbraun mit weißlichen Flecken und Bändern. ♀ mit purpurgrauen Flügeln, weiß gezeichnet und gesäumt. Jeder Flügel mit zentralem Augenfleck in blau, gelb und schwarz. Antennen des ♂ stark gekämmt. In Waldgebieten, auf Lichtungen, an Waldrändern.

INSEKTEN

131

1 Stachelbeerspanner
Abraxas grossulariata
GEOMETRIDAE. FS bis 4,5 cm. Flügel cremeweiß mit schwarzem Fleckenmuster und orangen Linien, Flügelsäume mit schwarzen Flecken; Körper orange mit schwarzen Flecken. In buschigen und waldigen Gebieten; oft in Obstgärten. Raupe an Johannis- und Stachelbeersträuchern; orange und schwarz.

2 Abendpfauenauge
Smerinthus ocellata
SPHINGIDAE. FS bis 9,5 cm. Flügel schmal, länglich. Vorderflügel gemischt grau, rehbraun und rosagrau mit dunklerer Zeichnung; Hinterflügel rosarot mit auffälligem schwarzgerandetem Augenfleck. In buschigem und waldigem Gelände, Raupe an Weide.

3 Eichenschwärmer *Marumba quercus*
SPHINGIDAE. FS bis 11 cm. Grundfarbe blaßrehbraun und gelblich; breites, blasses Mittelband, brauner Spitzenfleck am Vorderflügel; Hinterflügel rötlich. In Eichenwäldern.

4 Totenkopfschwärmer *Acherontia atropos*
SPHINGIDAE. FS bis 13 cm. Körper sehr groß; Brust mit deutlichem blassem Totenkopfmuster; Hinterleib dick, cremefarben und grau mit blauem Streifen. Vorderflügel blaugrau, purpur und gelb marmoriert; Hinterflügel gelblich mit braunen Bändern. Oft auf Kulturland. Raupe an Kartoffel und anderen Nachtschattengewächsen.

5 Wolfsmilchschwärmer
Hyles euphorbiae
SPHINGIDAE. FS bis 7 cm. Vorderflügel bräunlich mit unregelmäßigem, gelblichem Längsstreifen; Hinterflügel rosa mit dunkelbraunem Rand; Flügelunterseite rosa; Antennen unten weiß. In verschiedenen Habitaten, oft in Trockengebieten mit Wolfsmilch, an der die Raupe lebt.

6 Oleanderschwärmer *Daphnis nerii*
SPHINGIDAE. FS bis 11,5 cm. Flügel grob marmorartig grün, rehbraun und purpurn mit weißen, gewellten Linien; Körper grünlichgelb marmoriert. In buschigen und waldigen Gebieten. Raupe an Oleander *(Nerium oleander)*.

7 Ligusterschwärmer *Sphinx ligustri*
SPHINGIDAE. FS bis 10,5 cm. Flügel rosabraun mit breiten dunkelbraunen Streifen. Brust braun; Hinterkörper mit braunem Längsstreifen und abwechselnd rosavioletten und braunen Querstreifen. In Parks und Gärten, besonders in der Nähe von Liguster- *(Ligustrum vulgare)* und Fliederbüschen *(Syringa)*.

8 Mittlerer Weinschwärmer *Deilephila elpenor*
SPHINGIDAE. FS bis 7 cm. Leuchtend rosaviolett mit rosabraunen Streifen; Hinterflügelwurzel dunkelbraun. In verschiedenen Habitaten.

9 Gabelschwanz *Cerura vinula*
NOTODONTIDAE. FS bis 7,5 cm. Großer, kräftiger Zahnspinner mit pelziger Erscheinung. Flügel weißlichgrau mit komplizierter dunkelgrauer und gelber Zickzackzeichnung auf dem Vorderflügel. In verschiedenen Habitaten, steinige Berghänge, Parks, Gärten.

10 Brauner Bär *Arctia caja*
ARCTIIDAE. FS bis 7,5 cm. Charakteristisch, wenn auch Flügelmuster variabel; Vorderflügel weißlich-cremefarben mit brauner Zeichnung; Hinterflügel orangerot mit dunklen blauschwarzen Flecken. Brust braun, Hinterleib orange mit dunkelbraunen Querstreifen. In waldigen Gebieten, Heide, Garrigue, Macchie, Parks und Gärten.

11 Schwarzes Ordensband *Mormo maura*
NOCTUIDAE. FS bis 7,5 cm. Stumpf dunkelbraun mit helleren und dunkleren Querlinien; Flügelränder fein gewellt. Vorzüglich in der Nähe von Gewässern.

12 Blutströpfchen *Zygaena carniolica*
ZYGAENIDAE. FS bis 3,5 cm. Antennen schlank keulig, am Ende zugespitzt; Flügel schmal. Körper metallisch dunkelgrau, Hinterleibsspitze rot; Vorderflügel grauschwarz mit gelbgeränderten roten Flecken; Hinterflügel rot. Meist auf Kalkboden; Garrigue.

INSEKTEN

SPINNENTIERE (Arachnida)
Wirbellose mit festem Außenskelett, segmentiertem Körper und gegliederten Extremitäten. In Vorder- und Hinterkörper gegliedert; 4 Paar Laufbeine, 1 Paar Taster, 1 Paar Kieferklauen.

1 Skorpion *Euscorpius flavicaudis*
SCORPIONIDA. L bis 3,5 cm. Ohne Taille; letzte 5 Hinterkörpersegmente lang, schlank, als „Schwanz" nach vorn umgeschlagen getragen; Giftdrüse und -stachel am letzten Segment; Kiefertaster am Ende mit Scheren. Braun, Beine und Giftblase gelb. Unter Steinen in trockenen Habitaten.

2 Tasterläufer *Koenenia mirabilis*
PALPIGRADI. L bis 1 mm. Hinterende trägt feine Geißel. Keine Scheren. Weiß. Unter Steinen, oft tief in der Erde.

3 Küsten-Afterskorpion *Pselaphochernes litoralis*
PSEUDOSCORPIONIDA. L bis 6 mm. Körper hinten gerundet, vorn spitz (Kieferklauen); Kiefertaster lang mit Scheren am Ende. Kastanienbraun. Zwischen Steinen und in Felsspalten, an der Küste.

4 *Oecobius annulipes*
OECOBIIDAE. L bis 2 mm. Ziemlich flach mit seitlich gerichteten Beinen. Fertigt kleines, sternförmiges Gespinst. Blaßbraun gezeichnet mit dunkleren Flecken. Unter Steinen. Oberes Litoral.

5 *Olios spongitarsis*
CLUBIONIDAE. L bis 2 cm. Körper länglich; Beine rechtwinklig dazu. Gelblichbraun oder hellgelb. Auf Pflanzen der Garrigue und Macchie.

6 *Uroctea durandi*
UROCTEIDAE. L bis 1,5 cm (Körper). Körper etwa fünfeckig. Vorderkörper rötlichbraun, Hinterkörper schwarz mit 5 gelben Flecken; Analtuberkel auffällig. Gespinst in Form eines umgedrehten Zeltes mit mehreren Ausgängen. Unter Steinen in Küstennähe.

7 Bänderspinne *Argiope bruennichi*
ARGIOPIDAE. L bis 2,5 cm (♀ Körper). ♀ groß, Hinterkörper oval, gelb mit schwarzen Querstreifen; ♂ klein, Hinterkörper fast rechteckig, gestreift. ♀ spinnt schmales, zickzackförmiges, dichtes Band im Netz (Stabiliment); ♂ oft

am Netzrand, Begattungsmöglichkeit erwartend. Auf Büschen, in Garrigue und Macchie.

Argiope lobata
ARGIOPIDAE. L bis 2,5 cm (Körper). Hinterkörper am Rand gelappt. Netz ähnlich wie bei *Argiope bruennichi*. Oben silbern-glänzend, unten gelblichbraun mit dunkler Zeichnung. In buschigen Habitaten, Garrigue, Macchie.

8 Trichterspinne *Desidiopsis racovitzae*
AGELENIDAE. L bis 5,5 mm (Körper). Vorderkörper vorn breit, rehbraun; Hinterkörper oval, haarig, grau. Spinnt kleines Netz in Felsspalten und zwischen Kalkalgen. In der Gezeitenzone; läßt sich bei Flut überspülen.

9 Wolfsspinne *Lycosa narbonensis*
LYCOSIDAE. L bis 3 cm (Körper). Groß; Hinterkörper gerundet, Vorderkörper hoch, kantig; 8 Augen in 3 Reihen, hintere 2 Paare groß; kräftige Kieferklauen. Spinne lauert in Erdröhre und stürzt sich auf vorbeikommende Insekten. Oberseite braun. Unterirdisch, oft in Sandboden.

ASSELSPINNEN (Pantopoda)
Wirbellose mit Außenskelett; Vorderkörper mit auffälligem Rüssel; Hinterkörper unscheinbar, zu einem Segment reduziert; Beine sehr lang, in sie ragen Teile der Verdauungs- und Fortpflanzungsorgane.

10 *Nymphon gracile*
NYMPHONIDAE. L bis 2,5 cm (Bein). Spinnenähnlich; Rüssel flankiert von einem Paar Kieferklauen und gegliederten Tastern; extra Beinpaar als Eiträger unter dem Körper, mit dem das ♂ die Eiballen trägt. Rötlichbraun. Zwischen krustenbildenden Organismen. Mittleres bis unteres Litoral.

11 *Callipallene brevirostris*
PALLENIDAE. L bis 6 mm (Bein). Ähnlich Nymphon, aber Rüssel ein kurzer, gerundeter Knopf. Braun. Zwischen krustenbildenden Organismen. Unterstes Litoral bis Sublitoral.

12 *Pycnogonum pusillum*
PYCNOGONIDAE. L bis 5 mm. Beine kurz; Eihälter nur beim ♂; strohfarben. Unter Steinen. Unterstes Litoral bis Sublitoral.

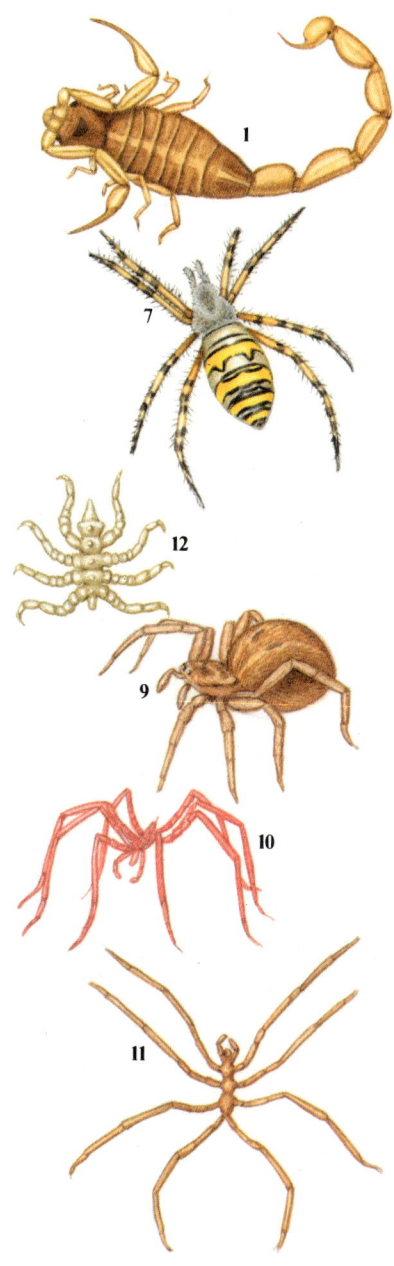

MOOSTIERCHEN (Bryozoa)
Sehr kleine, sessile, gewöhnlich koloniebildende Tiere; eingeschlossen in hornige, vom Hinterkörper abgeschiedene Schutzhülle; spezialisierter Tentakelapparat zur Nahrungsgewinnung um die Mundöffnung; Ernährung von Geschwebe.

1 *Bugula turbinata*
BICELLARIELLIDAE. H bis 6 cm (Kolonie). Koloniebildend, erinnert an fein verzweigte Alge; Individuen in Serien von Schleifen um den „Stamm" angeordnet; zwei Formen: eine länglich, kastenartig mit Tentakeln, die andere einem geschnäbelten Vogelkopf ähnlich, nach Fremdkörpern schnappend, so die Kolonie schützend. Braun. Auf fester Unterlage. Sublitoral.

2 *Flustra foliacea*
FLUSTRIDAE. H bis 20 cm (Kolonie). Kolonie verzweigt, wie Algen mit breitem Thallus; hornig; Individuen dichtsitzend, beidseitig. Rehbraun bis braun, manchmal gelb, grau oder grün; bleicht an der Luft aus. Auf fester Unterlage. Sublitoral.

3 *Scrupocellaria reptans*
SCRUPOCELLARIIDAE. H bis 5 cm (Kolonie). Kolonie algenähnlich, mit schmalen Verzweigungen; hornig; Individuen oval. Rehbraun. Im Flachwasser, gewöhnlich auf Algen, Seegraswurzeln.

4 *Membranipora membranacea*
MEMBRANIPORIDAE. D sehr variabel. Dünne, mattenartige Kolonie; Ränder oft gerundet, unregelmäßig; Individuen schachtelähnlich; manchmal fingerartige Vorsprünge auf der Oberfläche der Kolonie. Weiß. Auf Laminarien und anderen Algen. Unteres Litoral bis Sublitoral.

5 *Retepora cellulosa*
RETEPORIDAE. H bis 10 cm (Kolonie). Kolonie verzweigt, gefaltet, wie feines Porzellanfiligran, spröde, zerbrechlich. Lebend lachsrosa, tot schnell ausbleichend. Auf festem Untergrund an schattigen Stellen, z. B. in Grotten. Sublitoral.

6 *Myriozoum truncatum*
MYRIOZOIDAE. H bis 10 cm (Kolonie). Kolonie mit aufragenden Ästen, mit flachen Spitzen, im Querschnitt m. o. w. rund. Gelbrot. Auf fester Unterlage, besonders an beschatteten und geschützten Stellen. Sublitoral.

7 *Alcyonidium gelatinosum*
ALCYONIDIIDAE. H bis 30 cm (Kolonie). Kolonie verzweigt, gelatinös, schwammig, zäh; Individuen erscheinen als kleine, erhabene Flecken auf der Oberfläche. Gelb, grün, braun oder grau. Als Aufwuchs auf fester Unterlage. Unterstes Litoral bis Sublitoral.

8 *Bowerbankia imbricata*
VESICULARIIDAE. H bis 7 cm (Kolonie). Kolonie aus büscheligen, aufrechten Stielen, die länglichen Individuen in Intervallen angeordnet. Blaßbraun, lederfarben oder grau. Auf Algen. Unterstes Litoral bis Sublitoral.

HUFEISENWÜRMER (Phoronidea)
Äußerlich wurmähnliche Tiere; hufeisenförmiger Tentakelkranz. In selbstgefertigten, membranösen Röhren; meist gruppenweise; Ernährung von Geschwebe.

9 *Phoronis muelleri*
PHORONIDAE. H bis 5 cm. Schlank, wurmähnlich, basal dicker; Röhre manchmal mit Sand inkrustiert. Fleischfarben, Tentakelbasen rötlich. In Schlammablagerungen. Sublitoral.

ARMFÜSSER (Brachiopoda)
Äußerlich muschelähnlich, Schalen aber auf Rücken- und Bauchseite. Besitzen Tentakelträger (Lophophor) mit hufeisenförmiger Tentakelanordnung; Ernährung von Geschwebe.

10 *Gryphus vitreus*
TEREBRATULIDAE. L bis 4 cm. Schalen rundlich oval; glatt, mit konzentrischen Wachstumslinien; untere Schale mit deutlichem Wirbel und einer Öffnung, durch die ein kurzer Stiel hindurchtritt. Grauweiß. An Muscheln, Corallinafragmenten etc. angeheftet. Sublitoral, im tiefen Wasser (70–2500 m).

STACHELHÄUTER (Echinodermata) Tiere mit radialsymmetrischem Aussehen; Mundöffnung zentral an einer Seite des Körpers, After an der gegenüberliegenden Seite; Körper rundlich, walzenförmig oder in radiäre Arme ausgezogen; Körperwand durch Kalkplatten verstärkt, bilden bei Seeigeln zusammenhängendes Skelett; Haut stachelig; hydrostatisches Wassergefäßsystem mit ausstülpbaren Scheinfüßchen zur Fortbewegung.

1 Mittelmeer-Haarstern *Antedon mediterranea*
ANTEDONIDAE. D bis 20 cm. Bau deutlich nur unter Wasser erkennbar. Zentralscheibe klein; 5 Paare gefiederter Arme und kurze Fortsätze an der Unterseite zum zeitweisen Festklammern. Schwefelgelb, rötlich oder braun. Auf Steinen oder auf anderen Organismen. Sublitoral.

2 Schmalarmiger Großplattenstern *Luidia ciliaris*
LUIDIIDAE. D bis 45 cm. Typischer Seestern mit 7 breiten, abgeflachten Armen; Spitzen der Scheinfüßchen leicht verdickt. Oben leuchtend orange, unten cremeweiß. Auf Sandböden, unter Algen versteckt. Unteres Litoral bis Sublitoral.
Luidia sarsi ist ähnlich, hat aber 5 Arme. Oben gelblichrot oder braun, unten blaß.

3 Kammseestern *Astropecten aurantiacus*
ASTROPECTINIDAE. D bis 60 cm. Sternförmig mit 5 steifen Armen, die mit 2 Reihen stacheliger Platten bewehrt sind; 2 oder 3 konische Stacheln auf jeder oberen Platte. Braun mit rötlicher Zeichnung, unten blaß. Im Sand grabend. Unterstes Litoral bis Sublitoral.
Nordischer Seestern *Astropecten irregularis* ist ähnlich, aber kleiner (D bis 12 cm), mit 1 oder 2 Stacheln auf den oberen Randplatten. Rosa, ziegelrot oder bräunlich, unten blaß.

4 Fladenseestern *Ceramaster placenta*
GONIASTERIDAE. D bis 16 cm. Körper flach, fünfeckig, mit leicht gebogenen Rändern; fest und zäh; Randplatten groß, auffällig. Gelb, braun oder rot. Auf schlammigen und sandigen Böden. Sublitoral.

5 Violetter Seestern *Ophidiaster ophidianus*
OPHIDIASTERIDAE. D bis 20 cm. Zentralscheibe klein, mit 5 radiären, zylindrischen Armen mit stumpfer Spitze; Scheinfüßchen mit Saugnäpfen und von kleinen Stacheln umgeben. Purpurrot. Auf Steinen. Sublitoral.

6 Kleiner Seestern *Hacelia attenuata*
OPHIDIASTERIDAE. D bis 20 cm. Zentralscheibe klein mit 5 radiären, am Ende zugespitzten Armen; Scheinfüßchen mit Saugnäpfen und von kleinen Stacheln umgeben. Braun oder rot. Auf Steinen. Sublitoral.

7 Gänsefußseestern *Anseropoda placenta*
ASTERINIDAE. D bis 15 cm. Flach, fünfeckig, zwischen den breitansetzenden Armen nur flach gebuchtet; Mittellinie jedes Armes leicht verdickt, daher die „Gänsefuß"-Erscheinung. Farbe variabel. Oben orange oder rot und weiß gemustert, unten gelblich. Auf Schlamm und Sand. Sublitoral.

8 Fünfeckseestern *Asterina gibbosa*
ASTERINIDAE. D bis 6 cm. Sternförmig, aber mit breitansetzenden, ziemlich runden Armen; dick, lederig, zäh. Oben sandfarben oder graugrün getönt, unten blaß. Unter Felsbrocken. Unteres Litoral bis Sublitoral.

9 Purpurstern *Echinaster sepositus*
ECHINASTERIDAE. D bis 20 cm. Zentralscheibe klein mit 5 sich langsam verschmälernden Armen; Haut weich, Oberfläche narbig erscheinend; Scheinfüßchen mit Saugnäpfen. Scharlachrot. Auf Felsböden, gelegentlich auf Sand oder Schlamm, Sublitoral.

10 Eisstern *Marthasterias glacialis*
ASTERIIDAE. D bis 30 cm (gelegentlich mehr als 60 cm). Typisch sternförmig, mit 5 langen, steifen, sehr stacheligen Armen. Blaßgrau mit bläulicher und purpurner Zeichnung oben, unten blaßgelb. Unteres Litoral bis Sublitoral.

STACHELHÄUTER

1 Dornenstern *Coscinasterias tenuispina*
ASTERIIDAE. D bis 15 cm. Zentralscheibe ziemlich klein, mit 6–10 radiären Armen, oft von unterschiedlicher Länge; Oberfläche sehr stachelig. Farbe variabel, Grundfarbe weiß, purpurn oder rötlichbraun mit braunen oder blauen Punkten. Auf Felsen und Steinen. Unteres Litoral bis Sublitoral.

2 Zerbrechlicher Schlangenstern *Ophiothrix fragilis*
OPHIOTRICHIDAE. D bis 2 cm (Scheibe). Scheibe fünfeckig mit 5 radiären, spröden Armen, diese von auffälligen Stacheln begrenzt. Farbe variabel, braunrot bis bräunlichpurpurn oder rehbraun schattiert, oft gemustert. Unter Felsbrocken und auf Sand oder Schlamm. Mittleres Litoral bis Sublitoral.

3 Schwarzbrauner Schlangenstern *Ophiocomina nigra*
OPHIOCOMIDAE. D bis 3 cm (Scheibe). Scheibe ziemlich rund, mit fünf spitz zulaufenden, ziemlich beweglichen Armen; Stacheln der Oberfläche sehr klein, daher samtiges Aussehen. Mattschwarz, manchmal rosabraun. Unter Felsbrocken. Unteres Litoral bis Sublitoral.

4 *Acrocnida brachiata*
AMPHIURIDAE. D bis 1 cm (Scheibe). Scheibe fünfeckig, mit fünf sehr langen, sehr beweglichen Armen. Sandbraun. Im Sand grabend. Unteres Litoral bis Sublitoral.

5 Lanzenseeigel *Cidaris cidaris*
CIDARIDAE. D bis 7 cm (Skelett). Körper fast rund, mit zwei Arten Stacheln: sehr lange, kräftige, fein geriefte Stacheln (oft von Schwämmen bewachsen) und zahlreiche kleine Stacheln um die Basis der großen und in Reihen zwischen den Scheinfüßchen. Rehbraun. In verschiedenen Habitaten. Sublitoral.

6 *Centrostephanus longispinus*
DIADEMATIDAE. D bis 6 cm (Skelett). Körper trägt zahlreiche lange, hohle, stark zugespitzte, zerbrechliche, sehr bewegliche Stacheln. Rötlichbraun, mit braun und weißen Stacheln. Die sehr spitzen Stacheln dringen leicht in die menschliche Haut ein; beim Abbrechen der Spitze Vergiftung der Wunde. In verschiedenen Habitaten. Sublitoral.

7 Schwarzer Seeigel *Arbacia lixula*
ARBACIIDAE. D bis 5 cm (Skelett). Stacheln kräftig, spitz, bis 3 cm lang, schwarz; gereinigtes Skelett rosa mit sehr großem Mundfeld; Poren der Scheinfüßchen durch deutliche rote Linien markiert. Auf Felsen, oft zwischen krustenbildenden Algen. Unterstes Litoral bis Sublitoral.

8 Steinseeigel *Paracentrotus lividus*
ECHINIDAE. D bis 6 cm (Skelett). Körper rundlich, abgeflacht; zahlreiche Stacheln bis 3 cm lang, zugespitzt, fein gerieft, mit Querzeichnung in den Rillen. Dunkelbraun, manchmal schwarz, oft mit dunkelgrünen Tönen. Zwischen Felsen mit krustenbildenden Algen; oft flach in weiche Felsen eingebohrt. Unteres Litoral bis Sublitoral.

9 Kletterseeigel *Psammechinus microtuberculatus*
ECHINIDAE. D bis 4 cm (Skelett). Ähnlich Paracentrotus lividus, aber Stacheln bis 1,5 cm lang, zart gerieft, in den Rillen fein gekörnt, violett. Gereinigtes Skelett grün. Unter Steinen, zwischen krustenbildenden Organismen. Unteres Litoral bis Sublitoral.

10 Melonenseeigel *Echinus melo*
ECHINIDAE. D bis 17 cm (Skelett). Körper rundlich, zahlreiche kurze Stacheln und gelegentlich längere; Sockel der längeren Stacheln am gereinigten Skelett als charakteristische Vorsprünge. Bräunlichrot. Auf felsigen Böden mit gutem Algenbewuchs. Sublitoral. *Echinus acutus* ist sehr ähnlich, aber mehr konisch geformt.

STACHELHÄUTER

1 Zwergseeigel *Echinocyamus pusillus*
FIBULARIIDAE. L bis 1,5 cm (Skelett).
Körper eiförmig, abgeflacht; Stacheln sehr kurz, zahlreich, ergeben samtige Erscheinung, faßt sich aber rauh an. Blaßgraugrün. Im Sand grabend. Unteres Litoral bis Sublitoral.

2 Violetter Herzigel *Spatangus purpureus*
SPATANGIDAE. L bis 12 cm (Skelett). Körper herzförmig, leicht abgeflacht; Stacheln zahlreich, rand- und unterseits kurz, oben weniger, aber länger. Tiefpurpurn. Sternförmige Anordnung der Scheinfüßchen auf Oberseite nur am Skelett sichtbar. Im Sand grabend. Unteres Litoral bis Sublitoral.

3 Kleiner Herzigel *Echinocardium cordatum*
SPATANGIDAE. L bis 9 cm (Skelett). Körper herzförmig, leicht abgeflacht, tiefe Vorderfurche reicht ziemlich bis Mundöffnung; Stacheln zahlreich, ziemlich kurz, auf der Unterseite länger, abgeflacht, spatelförmig, gebogen. Sandbraun. Im Sand grabend. Unteres Litoral bis Sublitoral.
Echinocardium pennatifidum ist ähnlich, vordere Furche aber weniger deutlich, Vorderrand fast ohne Kerbung.

4 *Brissopsis lyrifera*
SPATANGIDAE. L bis 7 cm (Skelett). Körper herzförmig, breit; Einkerbung am Vorderrand flach; zahlreiche, kurze, schlanke, haarähnliche Stacheln in unregelmäßiger Anordnung. Rötlichbraun. Im Sand grabend. Sublitoral.

5 Königs-Seegurke *Stichopus regalis*
HOLOTHURIIDAE. L bis 30 cm. Körper gedrungen, zylindrisch, Unterseite abgeflacht mit Kriechsohle, auf der die Scheinfüßchen stehen; Oberseite warzig; Mundöffnung nach unten verschoben. Oberseite bräunlich mit helleren Flecken, Unterseite heller, Körper oft mit goldenem Schimmer. Auf Sand und zwischen krustenbildenden Organismen. Sublitoral.

6 *Holothuria polii*
HOLOTHURIIDAE. L bis 25 cm. Körper zylindrisch, an der Unterseite leicht abgeflacht, daher deutliche Sohle mit den Scheinfüßchen; oben und seitlich mit spitzen Auswüchsen; Mundtentakeln baumartig verzweigt. Sehr dunkelbraun, mit Schwarztönen, Unterseite heller. Auf Sand, oft in Seegraswiesen. Sublitoral, aber auch oft im Flachwasser.

7 *Ocnus planci*
CUCUMARIIDAE. L bis 10 cm. Körper zylindrisch, im Querschnitt fünfeckig, hinten schmäler; Mundtentakeln stark verzweigt, baumartig. Graubraun. Auf Sand und zwischen krustenbildenden Algen. Unteres Litoral bis Sublitoral.

8 *Thyone fusus*. L bis 20 cm. Körper im Querschnitt m. o. w. oval; plump, an beiden Enden schmäler; stark kontraktil; Scheinfüßchen unregelmäßig über die Oberfläche verteilt; 10 verzweigte Mundtentakeln. Weißlich, schmutzigrosa, oder blaßbräunlich. Auf Sand und Schlamm. Sublitoral.

9 Finger-Seegurke *Labidoplax digitata*
SYNAPTIDAE. L bis 18 cm. Körper zylindrisch; Darminhalt durch halbtransparente Körperwand sichtbar; wegen ankerförmiger Platten in der Haut bei Berührung haftend; keine Scheinfüßchen, außer 12 Mundtentakeln mit je 4 gedrungenen Verzweigungen. Farblos oder blaßrosagelb. In Sand und Schlamm grabend. Unteres Litoral bis Sublitoral.

STACHELHÄUTER 143

EICHELWÜRMER UND MANTELTIERE

EICHELWÜRMER (Enteropneusta, Helminthomorpha)
Wurmgestaltig; Körper in drei Regionen geteilt: Eichel, zylindrischer Kragen und Hinterkörper, der im vorderen Teil von Kiemenspalten durchbrochen wird. Scheidet Schleim ab zur Fortbewegung im Sand und um Nahrungspartikeln festzuhalten.

1 *Balanoglossus clavigerus*
PTYCHODERIDAE. L bis 30 cm. Vorderkörper klein, eichelförmig, gelb; Hinterkörper vorn stark abgeflacht, an den Seitenrändern gewellt. Blaßbraun. In Sand und Schlamm. Sublitoral.

MANTELTIERE: SEESCHEIDEN UND SALPEN (Tunicata)
Obwohl Chordaten, meist nur die Larven mit Chorda. Adulte zylindrisch, oft mit dicker, fester, gallertiger Außenhülle (Tunica, Mantel). Seescheiden festsitzend, oft koloniebildend. Filtrierende Lebensweise; je eine Ein- und Ausströmöffnung vorgewölbt. Salpen einzeln oder in Kolonien, freischwimmend; Einströmöffnung vorn, Ausströmöffnung hinten; Wasserstrom für Nahrungserwerb und Fortbewegung genutzt.

2 Seescheide *Clavelina lepadiformis*
CLAVELINIDAE. H bis 2 cm. Vasenförmig, Ein- und Ausströmöffnungen dicht beisammen; Mantel durchsichtig. Innere Organe gelb, rosa und weiß. Auf fester Unterlage. Unteres Litoral bis Sublitoral.

3 *Distaplia rosea*
CLAVELINIDAE. H bis 3 cm. Koloniebildend, von Stolonen aus rundliche Aggregate bildend, Einströmöffnungen umgeben gemeinsame Ausströmöffnung. Rötlich oder rosarot. Auf fester Unterlage. Unteres Litoral bis Sublitoral.

4 *Distoma adriaticum*
CLAVELINIDAE. H bis 9 cm. Zahlreiche Individuen in massiger, rundlicher Kolonie; jede Kolonie gewöhnlich mit breitem Stiel. Schmutzigweiß oder hellbraun. Auf festem Untergrund. Sublitoral.

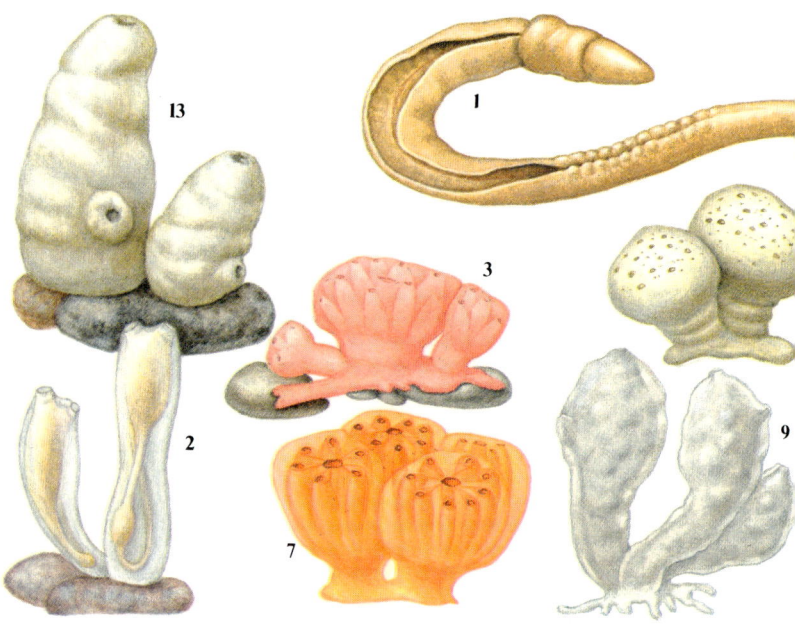

5 *Didemnum maculosum*
DIDEMNIDAE. H bis 0,2 cm. Kolonie flach, mit Kalkkörpern (D bis 4 cm); bis zu 8 Individuen mit gemeinsamer Ausströmöffnung. Purpurn, weiß oder gelb. Auf Steinen und Algen. Unteres Litoral bis Sublitoral.

6 *Aplidium conicum*
POLYCLINIDAE. H bis 12 cm. Massige, konische Kolonie; Einströmöffnungen unregelmäßig verstreut. Schwefelgelb oder orange. Sublitoral.

7 *Aplidium proliferum*
POLYCLINIDAE. H bis 5 cm. Mehrere Kolonien zusammen, gelatinös, fest, knotig. Orangerot. Auf festem Substrat, auch Algen. Unteres Litoral bis Sublitoral.

8 *Ciona intestinalis*
CIONIDAE. H bis 12 cm. Einzeln; schlank, zylindrisch, röhrenförmige Ein- und Ausströmöffnungen orangegefleckt; Mantel durchscheinend, grünlichweiß; stark kontraktil. Auf festem Substrat. Unterstes Litoral bis Sublitoral.

9 *Rhopalaea neapolitana*
DIAZONIDAE. H bis 10 cm. Individuen in kleinen Gruppen; keulenförmig, Ein- und Ausströmöffnungen auf schlankerem, unterem Teil. Mantel grau, durchscheinend. Sublitoral, oft auf Corallinengrund.

10 *Diazona violacea*
DIAZONIDAE. H bis 15 cm. Massige Kolonien; Öffnungen und Kiemendärme der Individuen meist vorstehend. Gelbgrün, durchscheinend. Sublitoral.

11 *Perophora listeri*
PEROPHORIDAE. H bis 0,5 cm. Kolonie mit verstreut stehenden, rundlichen Individuen. Durchsichtig. Auf Algen und Seegras. Unterstes Litoral bis Sublitoral.

12 *Ascidiella aspersa*
ASCIDIIDAE. H bis 12 cm. Einzeln; aufrecht, plump. Einströmöffnung oben, Ausströmöffnung etwa $1/3$ Körperlänge tiefer. Mantel lederig, opak. Bräunlichgrün. Unteres Litoral bis Sublitoral.

13 *Ascidia mantula*
ASCIDIIDAE. H bis 10 cm. Einzeln, plump; Mantel lederig, faltig, opak. Ausströmöffnung bei $1/2$ Körperlänge. Grauweiß. Unteres Litoral, Sublitoral.

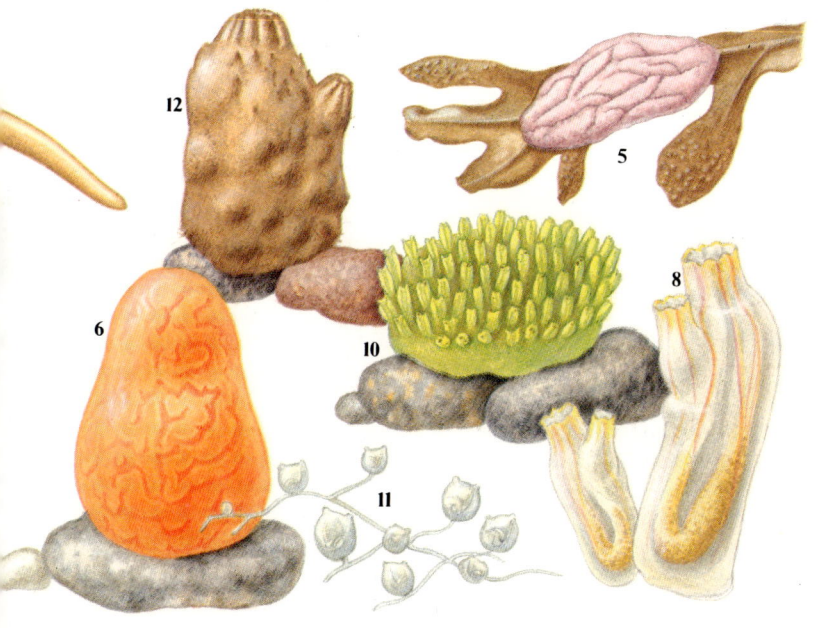

1 *Phallusia mammillata*
ASCIDIIDAE. H bis 15 cm. Einzeln; aufrecht. Mantel dick, fest, knorpelartig, beulig, aber ziemlich weich anzufassen. Milchigweiß, teilweise durchscheinend. An festen Objekten an schlammigen Orten. Sublitoral.

2 *Styela plicata*
STYELIDAE. H bis 12 cm. Aufrecht, schlank, oben breiter; Mantel fest, lederig, mit unregelmäßigen Längsfalten. Hellbraun mit rosig purpurnen Öffnungen. An fester Unterlage, oft in großen Klumpen. Unteres Litoral bis Sublitoral.

3 *Distomus variolus*
STYELIDAE. H bis 1 cm. Rundliche, kompakte Kolonien. Ein- und Ausströmöffnungen sehr nahe beieinander; Mantel zäh; manchmal mit knospenden Individuen. Ziegelrot. An geschützten Orten. Unteres Litoral bis Sublitoral.

4 *Botryllus schlosseri*
STYELIDAE. H bis 0,5 cm (sehr variabel). Krustenbildende Kolonie; Individuen länglich, in dicke gelatinöse Schicht eingebettet, mit gemeinsamer Ausströmöffnung; sternförmig angeordnet. Farbe sehr variabel, oft graubraun oder braunschwarz. Auf Steinen. Mittleres Litoral bis Sublitoral.

5 *Botrylloides leachi*
STYELIDAE. H bis 0,5 cm (sehr variabel). Ähnlich *Botryllus schlosseri*, Individuen aber entlang gemeinsamer länglicher Ausströmöffnung; Kolonie in der Horizontalen stark verzweigt. Farbe variabel, oft grau, orange oder gelb.

6 *Pyura microcosmus*
PYURIDAE. H bis 2,5 cm. Einzeln, plump, Ein- und Ausströmöffnungen röhrenförmig verlängert. Mantel fest, körnig, lederig. Rosarot mit roten Längslinien an den Öffnungen. Auf Corallinengrund. Sublitoral.

7 Rote Seescheide
Halocynthia papillosa
PYURIDAE. H bis 10 cm. Einzeln; Körper amphorenförmig. Einströmöffnung oben, Ausströmöffnung auf der „Schulter"; Mantel fest, zäh. Dunkelrot bis orange. Auf Felsen an geschützten Stellen. Sublitoral.

8 *Microcosmus sulcatus*
PYURIDAE. H bis 20 cm. Einzeln; massig, Mantel außen unregelmäßig, stark gefältelt, zäh; gewöhnlich von anderen sessilen Organismen bewachsen. Graubraun, Öffnungen blaßgrau mit roten Längsstreifen. Die gelbgefärbten inneren Organe haben einen sauren Geschmack, geschätzt als Delikatesse. Auf grobem Kies und Corallina-Böden. Sublitoral.

9 *Molgula manhattensis*
MOLGULIDAE. H bis 3 cm. Einzeln; Körper rundlich; Ein- und Ausströmöffnung terminal; Mantel faserig, oft mit Sandkörnern inkrustiert. Bläulichgrün. Auf unterschiedlichem Substrat. Unteres Litoral bis Sublitoral.

10 Feuerwalze *Pyrosoma atlanticum*
PYROSOMIDAE. L bis 25 cm (sehr stark variierend). Konische, fingerhutförmige Kolonie. Individuen bilden die Wand der Kolonie, die Ausströmöffnungen nach innen gerichtet. Der gemeinsame Wasserausstrom dient der Fortbewegung: Geschwindigkeit durch Änderung des Durchmessers der hinteren Öffnung der Kolonie zu variieren. Farblos, durchscheinend, nachts leuchtend. Freischwimmend im offenen Wasser.

11 *Doliolum muelleri*
DOLIOLIDAE. L bis 0,5 cm. Körper faßförmig, mit 8 zirkulären Muskelbändern wie Faßreifen. Ein- und Ausströmöffnung mit gerundeten Läppchen gesäumt. Glasartig durchsichtig. Freischwimmend im offenen Wasser.

12 Salpe *Salpa democratica*
SALPIDAE. L bis 1,5 cm. Körper flach oval, fast prismenförmig, mit zwei spitzen Fortsätzen am Hinterende; Muskelbänder in Gruppen, den Körper nicht ganz umfassend. Manchmal in Ketten zahlreicher Individuen. Glashell, durchscheinend. Freischwimmend im offenen Wasser.

13 *Salpa maxima*
SALPIDAE. L bis 10 cm. Körper länglich, schachtelförmig, hinten etwas schmäler; Muskelbänder nicht in Gruppen, den Körper nicht ganz umfassend. Glashell, durchsichtig. Freischwimmend im offenen Wasser.

MANTELTIERE

SCHÄDELLOSE (Leptocardia, Acrania)
Längliche, äußerlich fischähnliche Tiere mit durchgehendem, rückenseitigem Achsenskelett (Chorda) und Rückenmark. Flossensaum, keine paarigen Gliedmaßen. Kiemendarm, filtrierende Lebensweise.

1 Lanzettfischchen *Branchiostoma lanceolatum*
BRANCHIOSTOMIDAE. L bis 5 cm. Mund unterständig mit Mundtentakeln, Hinterende mit breiterem Flossensaum; V-förmige Anordnung der Körpermuskulatur. Milchigweiß, durchscheinend, irisierend. Eingegraben in feinem Kies, Vorderende hervorschauend. Unterstes Litoral bis Sublitoral.

RUNDMÄULER (Agnatha, Cyclostomata)
Aalförmige Fischgestalten ohne paarige Flossen, ohne echte Kiefer. Saugmund mit Hornzähnen. Lebensweise räuberisch oder parasitisch.

2 Meerneunauge *Petromyzon marinus*
PETROMYZONIDAE. L bis 1 m. Körper schlank, im Querschnitt oval. Hinten, rückenseitig unterbrochener Flossensaum; Haut schuppenlos, Augen klein; 7 Paar rundlicher Kiemenöffnungen; Saugmund mit Kreisen kleiner Hornzähne um zentralen zweispitzigen großen Zahn. Olivgrau gefleckt, unten silbrig. Im offenen Wasser; zum Ablaichen in Flüssen.

3 Flußneunauge *Lampetra fluviatilis*
PETROMYZONIDAE. L bis 40 cm. Ähnlich Petromyzon marinus, aber äußere Zahnreihe umgibt zwei Reihen konischer Zähne, diese von großen Spitzen flankiert. Dunkelolivgrün oder braun, unten silbrig. Im offenen Wasser; zum Laichen in Flüssen.

KNORPELFISCHE: HAIE, ROCHEN (Chondrichthyes)
Wirbeltiere mit echten Kiefern und knorpeligem Innenskelett; Schwanzflosse mit größerem Oberlappen; Haut mit rückwärtsgerichteten, zahnartigen Schuppen. Gute Schwimmer, meist räuberisch.

4 Blauhai *Prionace glauca*
CARCHARHINIDAE. L bis 4 m. Typische Haigestalt; Kopf zugespitzt; Zähne gesägt, dreieckig; vorn große Rückenflosse; Oberlappen der Schwanzflosse größer, gekerbt; Brustflossen paddelähnlich; Hautschuppen winzig. Oben blaugrün, unten weiß. Im offenen Wasser.

5 Glatthai *Mustelus mustelus*
TRIAKIDAE. L bis 1,5 m. Kopf zugespitzt; Zähne abgeflacht, zum Zerquetschen; hintere Rückenflosse länger; Schwanzflosse gekerbt. Oben dunkelgrau, unten silberiggrau. Gewöhnlich nahe dem Meeresboden, über Sand und Schlamm.

6 Hammerhai *Sphyrna zygaena*
SPHYRNIDAE. L bis 4 m. Haigestalt, aber Kopf beidseitig hammerartig vorgezogen, Augenabstand daher groß. Mund unterständig. Schiefergrau, unten heller. Im offenen Wasser.

7 Großgefleckter Katzenhai *Scyliorhinus stellaris*
SCYLIORHINIDAE. L bis 1,5 m. Kopf gerundet; Zähne klein, dreieckig, gesägt; Nasenlöcher bilden W-Form. Graubraun mit dunkler Fleckung, unten heller. Über sandigen und schlammigen Böden im flachen und tiefen Wasser.

8 Heringshai *Lamna nasus*
LAMNIDAE. L bis 3,5 m. Körper gedrungen spindelförmig; Kopf spitz; dreieckige, gekerbte Zähne. Oben dunkelgrau, unten weißlich. Im offenen Wasser.

9 Menschenhai *Carcharodon carcharias*
LAMNIDAE. L bis 12 m. Kopf stumpf; Zähne groß, dreieckig, gesägt; Brustflossen groß. Oben dunkelgrau, unten silberiggrau mit dunklem Fleck nahe Brustflossen. Im offenen Wasser.

10 Fuchshai *Alopias vulpinus*
ALOPIDAE. Oberlappen der Schwanzflosse extrem lang. Oben dunkelgrau, unten silberiggrau. Im offenen Wasser.

11 Riesenhai *Cetorhinus maximus*
LAMNIDAE. L bis 15 m. Mundöffnung sehr groß; Zähne winzig; Kiemenspalten fast den Körper umfassend. Dunkelgrau. Im offenen Wasser, gelegentlich im Flachwasser. Filtert Plankton mit den Kiemen.

SCHÄDELLOSE, RUNDMÄULER, KNORPELFISCHE

1 Dornhai *Squalus acanthias*
SQUALIDAE. L bis 1,2 m. Haiähnlich; Kopf spitz, abgeflacht; Augen relativ groß; langer, scharfer Dorn vor beiden Rückenflossen. Oben grau mit weißer Fleckung, unten silberig grau. In Bodennähe über unterschiedlichem Substrat.

2 Meersau *Oxynotus centrina*
OXYNOTIDAE. L bis 1 m. Ziemlich gedrungen; lange Dornen vor den Rückenflossen; Geschlechter unterschiedlich groß. ♀ gedrungen, große Rückenflosse fast bis auf die Stirn reichend; Kiemenspalten in beiden Geschlechtern sehr klein. Graubraun, unten heller. Am Grund über sandigen und schlammigen Böden.

3 *Galeorhinus galeus*
CARCHARHINIDAE. L bis 2 m. Kopf konisch, spitz; Zähne spitz mit zusätzlichen Seitenzähnen; Schwanzflosse gekerbt. Grau, unten silberig. Im offenen Wasser.

4 Meerengel *Squatina squatina*
SQUATINIDAE. L bis 2 m. Körper abgeflacht; Kopf breit; Brust- und Bauchflossen flügelartig. Mund stumpf; Augen auf der Oberseite, dahinter große Spritzlöcher. Oben sandbraun, mit graubrauner Zeichnung, unten weißlich. Auf Sand und Kiesböden, manchmal teilweise eingegraben.

5 Marmorzitterrochen *Torpedo marmorata*
TORPEDINIDAE. L bis 60 cm. Körper platt; Kopf und Brustflossen bilden vordere durchgehende Rundung des Körpers; Augen auf der Rückenseite, klein, dahinter kleine Spritzlöcher; Haut schuppenlos, weich; kann mit elektrischem Organ bei Berührung kräftigen Schlag versetzen. Oben sandbraun meliert, unten hell. Auf Sand, oft teilweise eingegraben.

6 Nagelrochen *Raja clavata*
RAJIDAE. L bis 80 cm. Kopf dreieckig, spitz, mit Brustflossen verbunden; Augen rückseitig, dahinter große Spritzlöcher; Haut sehr rauh, viele auffällige Dornen auf Rücken und Schwanz. Stumpfbraun, dunkler meliert, unten hell. Auf Sand- und Schlammböden.

Sternrochen *Raja asterias* ist ähnlich, aber mit weniger, kleinen Dornen und rundlichen schwarzen und gelblichen Flecken auf dem Rücken.

7 *Raja oxyrinchus*
RAJIDAE. L bis 1,5 m. Körper platt; Vorderkante der „Flügel" leicht konkav; Schnauze sehr lang und spitz; keine großen Dornen. Oben graubraun oder schokoladenbraun; unten heller mit sehr kleinen schwarzen Flecken und Streifen. Auf Sand und Schlamm, manchmal halb eingegraben.

8 Stachelrochen *Dasyatis pastinaca*
DASYATIDAE. L bis 2,3 m. Rochenähnlich, aber ohne Rückenflossen; langer, zugespitzter Schwanz mit 1–2 großen, gesägten Dornen auf der Rückenseite. Graubraun, unten heller. Auf Sand und Schlamm, oft eingegraben.

9 Adlerrochen *Myliobatis aquila*
MYLIOBATIDAE. L bis 2 m. Kopf breit mit konvexer Schnauze; Brustflossen groß, dreieckig, flügelartig; Schwanz lang, peitschenartig mit großem, gesägtem Stachel, direkt davor kleine Rückenflosse. Oben grünlichgrau oder braun, unten heller. Im offenen Wasser und auf Weichböden im tieferen Wasser.

10 Kleiner Teufelsrochen *Mobula mobular*
MOBULIDAE. L bis 6 m. Körper platt mit riesigen, flügelartigen dreieckigen Flossen und kurzem peitschenartigem Schwanz; Rückenflosse klein und nahe Schwanzwurzel; Kopf breit mit zwei hornartigen Fortsätzen; so schnell schwimmend, daß er sich manchmal aus dem Wasser hebt. Oben dunkelgrüngrau, unten hell. Im offenen Wasser.

11 Chimäre *Chimaera monstrosa*
CHIMAERIDAE. L bis 1 m. Körper vorn gedrungen und dick, nach hinten verschmälert mit fadenförmigem Schwanz; Vorderteil der Rückenflosse dreieckig mit Stachel, hinterer Teil lang und schmal; Brustflossen dreieckig, flügelartig; Kopf stumpf; 6 Zahnplatten im Mund, die vorderen nagezahnähnlich. ♂ mit keulenförmigem Gebilde auf dem Kopf. Oben grünlich-rehbraun mit brauner Fleckung, unten heller. Im tiefen Wasser.

KNOCHENFISCHE (Osteichthyes)
Fische mit knochigem Innenskelett und Kiefermaul; Haut gewöhnlich mit Schuppen; paarige Brust- und Bauchflossen, unpaare Rücken- und Afterflosse; Kiemen von Kiemendeckel (Operculum) überdeckt.
1 Stör *Acipenser sturio*
ACIPENSERIDAE. L bis 4 m (meist weniger). Körper spindelförmig, Schnauze spitz konisch; 4 Barteln am unterständigen Maul; Oberlappen der Schwanzflosse größer; 5 Reihen von Knochenplatten. Grau oder grünlich, unten hell. Auf Sand- und Schlammböden, oft im Brackwasser; laicht in Flüssen.
2 Sprotte *Sprattus sprattus*
CLUPEIDAE. L bis 15 cm. Kiemendeckel glatt; Bauchflossen wenig vor Rückenflosse ansetzend; Bauch mit gekielten Schuppen. Oben grünlich, unten silberig. Im freien Wasser nahe der Oberfläche.
3 Sardine *Sardina pilchardus*
CLUPEIDAE. L bis 26 cm. Kiemendeckel radial gerieft; Bauchflossenansatz unter der Mitte der Rückenflosse. Letzte Strahlen der Afterflosse lang, vorstehend; kein Bauchkiel. Oben grünlich, unten silberig. Nahe Oberfläche.
4 Anchovis *Engraulis encrasicholus*
ENGRAULIDAE. L bis 20 cm. Schlank; Maul groß; Unterkiefer kürzer als Oberkiefer; Bauchflosse knapp vor Rückenflosse ansetzend. Oben grünlich, unten silberig. Im freien Oberflächenwasser.
5 Silberbeil *Argyropelecus hemigymnus*
STERNOPTYCHIDAE. L bis 6 cm. Körper sehr hoch, ziemlich eckig, mit schlankem Schwanz; aufwärtsgerichtete Teleskopaugen; Maul groß, spitzwinkelig; große Leuchtorgane am Bauch; seitlich einige glänzende, silberige Platten. Oben braun, unten silberig. Im tiefen Wasser, manchmal angespült.
6 *Maurolicus muelleri*
GONOSTOMATIDAE. L bis 7 cm. Schlank, mit höherem Kopf; kleine fleischige Flosse hinter der Rückenflosse; Leuchtorgane am Bauch und auf dem Kiemendeckel. Oben grau, Seiten und Bauch silberig. Im tiefen Wasser.

Laternenfisch *Myctophum punctatum*
MYCTOPHIDAE (L bis 15 cm), mit rundlicherem Kopf; perlartige Leuchtorgane vom Unterkiefer bis zum Schwanz, kurze Reihen an den Seiten.
Aal *Anguilla anguilla*, schlanker (L bis 1,5 m), grau bis gelbbraun. Küstengewässer und Flüsse.
7 Meeraal *Conger conger*
ANGUILLIDAE. L bis 2,5 m. Kräftiger Aal, aggressiv, wenn gereizt. Ohne Schuppen und Bauchflossen; Kiefer mit kleinen, spitzen, dichtstehenden Zähnen. Rücken dunkelbraun, Bauch heller braun oder gelb. Zwischen Felsen im Flachwasser.
8 Muräne *Muraena helena*
MURAENIDAE. L bis 1,3 m. Langgestreckt, kräftig, ohne Brust- und Bauchflossen. Flossensaum aus Rücken-, Schwanz- und Afterflosse. Keine Schuppen. Braun mit gelblichen Flecken. In Felsverstecken. Biß giftig!
9 Hornhecht *Belone belone*
BELONIDAE. L bis 80 cm. Schlank, pfeilartig; schmale, pinzettenähnliche Kiefer, der obere kürzer; Rücken- und Afterflosse kurz vor dem Schwanz; Knochen hellgrün. Oben grün, unten silberig. Im freien Oberflächenwasser.
10 Makrelenhecht *Scomberesox saurus*
SCOMBRIDAE. L bis 50 cm. Dem Hornhecht ähnlich, aber mit 6 kleinen Flossen hinter Rücken- und Afterflosse. Oben bläulichgrün, Bauch silberig, bläulicher Fleck am Grunde der Brustflosse. Im freien Oberflächenwasser.
11 Vierflügel-Flugfisch *Cheilopogon heterurus*
EXOCOETIDAE. L bis 40 cm. Flügelähnliche Brustflossen; Bauchflossen groß, dreieckig; unterer Schwanzflossenlappen größer. Kann aus dem Wasser schnellen und bis zu 40 m weit durch die Luft gleiten. Oben stahlblau, Seiten und Bauch silberig, Brustflossen blaugrau mit durchscheinenden Spitzen. Im freien Oberflächenwasser.

KNOCHENFISCHE

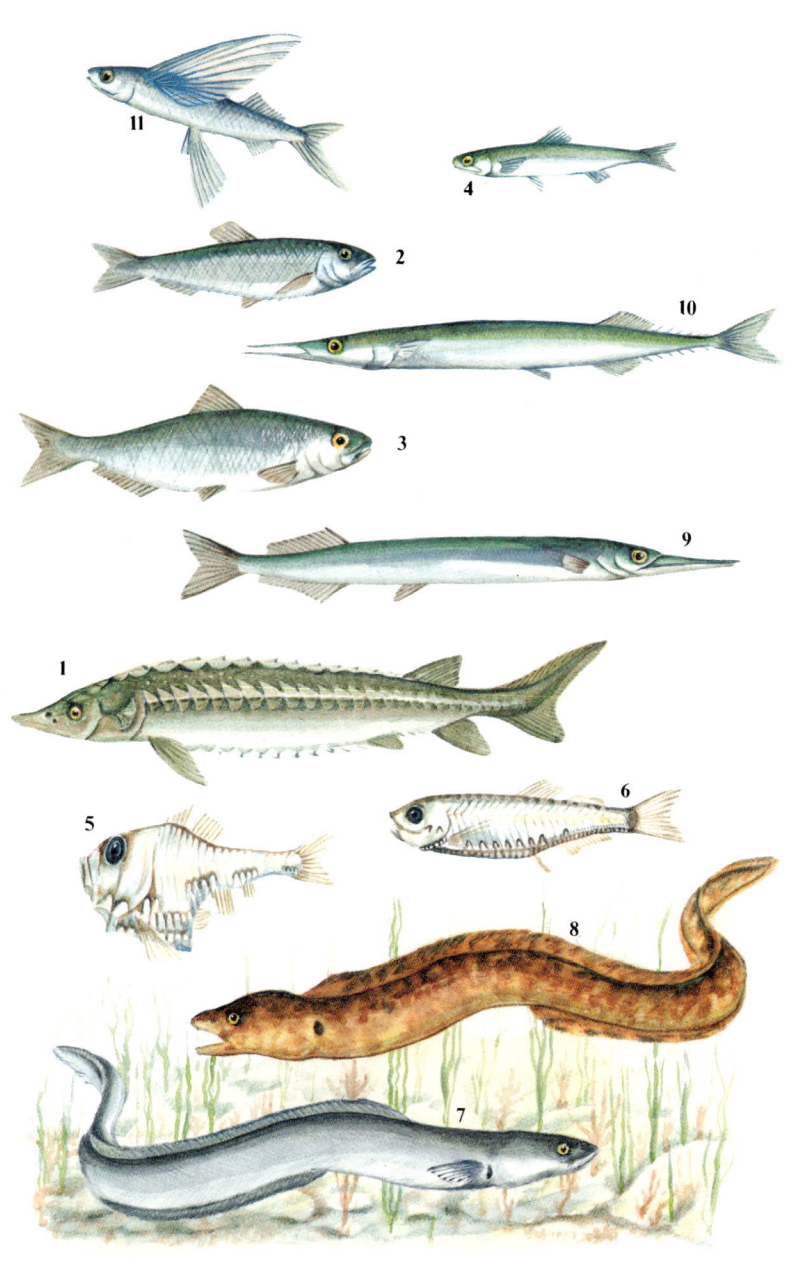

1 Zwergdorsch *Trisopterus minutus*
GADIDAE. L bis 20 cm. Körper ziemlich hoch; Oberkiefer länger als Unterkiefer; Bartel auf dem Kinn; 3 Rückenflossen, die erste dreieckig; zwei Afterflossen; Bauchflossen vor Brustflossen stehend. Oben braun oder bräunlichgrau, Bauch silberig, Brustflosse mit schwarzem Basalfleck. Oft im Flachwasser um Felsen und Hafenmolen.

2 Blauer Wittling *Micromesistius poutassou*
GADIDAE. L bis 40 cm. Schlank; Unterkiefer etwas länger als Oberkiefer; keine Bartel; 3 Rückenflossen, davon die ersten 2 dreieckig. Oben bläulichgrün oder braun, Bauch silberig, Kehle schwarz. Im freien Wasser.

3 Steinköhler *Pollachius pollachius*
GADIDAE. L bis 1,2 m. Körper ziemlich hoch; Unterkiefer länger; keine Bartel; 3 Rückenflossen, die erste dreieckig, die zweite mit langer Basis; auffällige Seitenlinie die Brustflosse im Bogen umlaufend. Oben braun und grün, unten silberig. Oft im Flachwasser zwischen Felsen.

4 Seehecht *Merluccius merluccius*
MERLUCCIDAE. L bis 80 cm. Körper ziemlich hoch; Unterkiefer länger; keine Bartel; 2 Rückenflossen, vordere dreieckig, hintere länglich, gerundet; Afterflosse ähnlich der hinteren Rückenflosse. Rücken perlgrau, Bauch silberig. Im freien Wasser.

5 Mittelmeer-Quappe *Gaidropsarus mediterraneus*
GADIDAE. L bis 25 cm. Körper gestreckt, schlank; je eine Bartel über den Nasenlöchern und am Unterkiefer; vordere Rückenflosse klein, erster Flossenstrahl lang; hintere Rückenflosse und Afterflosse ähnlich, lang und gerundet. Oben bräunlich mit großen dunkleren Flekken, unten heller. Zwischen Felsen, in Felstümpeln, auch im tieferen Wasser.

6 Trompetenfisch *Macroramphosus scolopax*
MACRORAMPHOSIDAE. L bis 15 cm. Körper seitlich kompreß, in der Mitte ziemlich hoch; Schnauze lang, röhrenförmig; langer, gesägter Dorn vor der Rückenflosse; Körper mit scharfkantigen Schuppen bewehrt. Rücken rotbraun, Bauch silberigweiß. Im tiefen Wasser, manchmal über Sandböden.

7 Glasnadel *Syngnathus typhle*
SYNGNATHIDAE. L bis 35 cm. Langgestreckt, wurmartig, aber steif; Körper geringelt; Kopf länglich, mit breiter, seitlich abgeflachter Schnauze. Hellbraun. Im Flachwasser, oft zwischen Algen, manchmal im Brackwasser.

Große Seenadel *Syngnathus acus* ist ähnlich, hat aber eine schlanke, röhrenförmige Schnauze und kleine Buckel über dem Kiemendeckel.

Kleine Schlangennadel *Nerophis ophidion* ist ähnlich, hat aber 2 Rückenkiele auf der Schnauze; keine Brust- und Schwanzflossen.

8 Seepferdchen *Hippocampus ramulosus*
SYNGNATHIDAE. L bis 15 cm. Kopf pferdeähnlich mit kurzer Schnauze; Körpermittelregion plump, Körperende schlank mit Greifschwanz; ♂ mit Brutbeutel für die Jungen. Reh- und sandbraun. Zwischen Seegras im Flachwasser.

9 Langschnauziges Seepferdchen *Hippocampus guttulatus*
SYNGNATHIDAE. L bis 15 cm. Ähnlich vorigem, aber mit längerer Schnauze und einer Mähne von Hautläppchen über der Rückenflosse. ♂ mit Brutasche. Zwischen Algen und Seegras im Flachwasser.

10 Heringskönig, Petersfisch *Zeus faber*
ZEIDAE. L bis 40 cm. Sehr hoher, seitlich kompresser Körper; Augen hoch am Kopf, Maul sehr dehnbar, tiefsitzend, daher „kummervoller Ausdruck"; 2 Rückenflossen, vordere mit sehr langen Strahlen und stacheligen Seitenschuppen; Bauchflossenstrahlen lang. Graugrün mit großem, schwarzem Seitenfleck. Im freien Wasser.

11 *Capros aper*
CAPROIDAE. L bis 16 cm. Hoher, seitlich kompresser Körper; 9 kräftige Stacheln in der Rückenflosse, 3 in der Afterflosse; Schnauze konisch, mit dicken Lippen; Maul sehr dehnbar. Tiefrosa. Über Schlammböden in mittlerer Wassertiefe.

1 Barakuda *Sphyraena sphyraena*
SPHYRAENIDAE. L bis 50 cm. Körper länglich, schlank; lange, kräftige Zähne; 2 weitgetrennte Rückenflossen. Oben grünlichgrau, quergestreift, unten silberigweiß. Schnellschwimmender Raubfisch des freien Wassers.
2 Seebarsch *Dicentrarchus labrax*
PERCICHTHYIDAE. L bis 80 cm. Körper schlank; Vorderteil des Kiemendeckels gesägt, Hauptkiemendeckel mit zwei Stacheln und schwarzem Fleck; vordere Rückenflosse mit 9 Stacheln, hintere mit einem. Silbergrau. Gern über Sandboden in seichtem Wasser.
3 Wrackfisch *Polyprion americanus*
PERCICHTHYIDAE. L bis 2 m. Massig; Vorderteil der verlängerten Rückenflosse stachelig; Vorderteil des Kiemendeckels gesägt, Hauptkiemendeckel mit knochigem Kiel. Dunkelgrau oder braun mit dunkleren Flecken. Zwischen Felsen, flaches bis tiefes Wasser.
4 Großer Sägebarsch *Epinephelus guaza*
SERRANIDAE. L bis 1,4 m. Ähnlich vorigem; 3 kleine Stacheln auf dem Hauptkiemendeckel. Dunkelbraun, gefleckte Rückenflosse mit oranger Spitze. Zwischen Felsen, in Höhlen. Flaches bis tiefes Wasser.
5 Blutstriemen *Serranus cabrilla*
SERRANIDAE. L bis 20 cm. Ähnlich vorigem, aber Schnauze länger; 2 Stacheln auf dem Hauptkiemendeckel. Hellbraun mit dunkelbraunen Streifen, blauer Fleck über der Afterflosse, rot an Kopf, Kiemendeckel und Seiten. Zwischen Seegras und Algen im Flachwasser.
6 Meerbarbenkönig *Apogon imberbis*
APOGONIDAE. L bis 15 cm. Körper hoch; Schwanzregion niedriger; Maul und Augen sehr groß; Flossen klein, ziemlich stachelig. Leuchtendrot, dunkler schattiert, besonders an den Flossenspitzen; 2 dunkle Streifen über dem Auge. An geschützten Stellen, wie Höhlen, im flachen und tiefen Wasser.
7 Ringelbrasse *Diplodus annularis*
SPARIDAE. L bis 18 cm. Körper hoch mit steiler Stirn; lange Rückenflosse vorn mit Stacheln; Zähne vorstehend. Goldbraun mit grünlichem Muster, schwärzlichbraunes Band vor dem Schwanz. Im Flachwasser.
8 Goldstrieme *Sarpa salpa*·
SPARIDAE. L bis 30 cm. Körper spindelförmig; Zähne des Oberkiefers gekerbt, im Unterkiefer dreieckig und mit gesägtem Rand; lange Rückenflosse vorn mit Stachel. Grün mit goldgelben Streifen und dunklem Fleck an der Brustflossenbasis. Zwischen Felsen und Algen im Flachwasser.
Gelbstrieme *Boops boops* ist ähnlich, aber schlanker. Gelblich oder gelblichgrün mit dunklen Längsstreifen.
9 Goldbrasse *Sparus auratus*
SPARIDAE. L bis 70 cm. Körper hoch mit steiler Stirn; lange Rückenflosse vorn stachelig. Rücken olivgrün, Flanken graugelb mit dunkelgrauvioletten Streifen, goldener Querstreif auf der Stirn, großer dunkler Fleck am Kiemendeckel. Zwischen Felsen im Flachwasser, manchmal im Brackwasser.
10 Goldmeeräsche *Liza aurata*
MUGILIDAE. L bis 70 cm (oft weniger). Körper spindelförmig; Maul klein mit dicken Lippen; 2 Rückenflossen in großem Abstand. Rücken dunkelsilberiggrau, unten blaßgelb. Kiemendeckel mit deutlichem goldenem Fleck.
Dicklippige Meeräsche *Chelon labrosus* ist ähnlich, hat aber drei Reihen warziger Papillen auf der Oberlippe.
Dünnlippige Meeräsche *Liza ramada* ist ähnlich, aber Maul ohne fleischige Lippen.
Gemeine Meeräsche *Mugil cephalus* ist ähnlich, hat aber ein langes durchscheinendes „Augenlid" (Fettdecke).
11 Rotbarbe *Mullus barbatus*
MULLIDAE. L bis 30 cm. Schlank; Stirn fast senkrecht; 2 Barteln am Unterkiefer; 3 auffällige Schuppen reichen vom Ende des Kiefers bis unters Auge; Flossen mit Stacheln. Rötlichbraun, Bauch weiß, gelbe Streifung an den Seiten. Zwischen Felsen im Flachwasser, manchmal in Brackwasser.

KNOCHENFISCHE

1 Streifenbarbe *Mullus surmuletus*
MULLIDAE. L bis 30 cm. Ähnlich Mullus barbatus, aber Stirn weniger steil; 2 auffällige Schuppen reichen vom Kiefer bis unters Auge. Rötlichbraun mit gelben Streifen an der Seite. Zwischen Felsen im Flachwasser.
2 Stöcker *Trachurus trachurus*
CARANGIDAE. L bis 35 cm. Schlank; Maul winkelig. 2 Stacheln vor der Analflosse; große gekielte Schuppen an der Seitenlinie. Ganz silberiggrau, der Rücken graugrün. Im freien Wasser.
3 Lotsenfisch *Naucrates ductor*
CARANGIDAE. L bis 40 cm. Körper hoch; Kopf und Stirn gerundet; vordere Rückenflosse zu wenigen Stacheln reduziert; 2 Stacheln vor der Afterflosse; nur Schwanzteil mit seitlichen Kielschuppen; Schwanzflosse tief gegabelt. Silberiggrau mit breiten bräunlichgrauen Querstreifen. Im offenen Meer.
4 *Coryphaena hippurus*
CORYPHAENIDAE. L bis 1 m. Kopf und Brust sehr hoch; Schwanz schmal, tief gegabelt; Maul groß, Rückenflosse sehr lang; Afterflosse fast halbe Körperlänge. Oben bläulichgrün, Seiten golden, Bauch weiß, ganz und gar gefleckt; Rückenflosse blau; übrige Flossen orangebraun. Im offenen Wasser, folgt Schiffen, verfolgt Schwärme Fliegender Fische.
5 Roter Bandfisch *Cepola rubescens*
CEPOLIDAE. L bis 50 cm. Schlank, gestreckt, bandförmig; Rücken- und Afterflosse bilden langen Flossensaum; Schwanzflosse fächerförmig. Leuchtend rosa, Farbe nach dem Tode verblassend.
6 Mönchfisch *Chromis chromis*
POMACENTRIDAE. L bis 15 cm. Körper hoch; Vorderteil der Rückenflosse stachelig, hinterer Teil mit längeren, dichteren Strahlen; Schwanz tief gegabelt; Schuppen grob. Adult dunkelbraun; Jungfische leuchtend blau. An Felsküsten im Flachwasser.
7 Gefleckter Lippfisch *Labrus bergylta*
LABRIDAE. L bis 40 cm. Körper gedrungen; Schnauze lang, Maul dicklippig; Stirn leicht gebuckelt; Rückenflosse lang; Schwanzflosse fächerförmig; Schuppen grob mit blassem Zentrum und dunklerem Hinterrand. Farbe variabel von braun bis grün. Zwischen algenbewachsenen Felsen im Flachwasser, oft in Küstennähe.
8 Meerjunker *Coris julis*
LABRIDAE. L bis 20 cm. Adulte zunächst weiblich, später männlich werdend. Schlank, mit zugespitzter Schnauze; Rückenflosse lang, erste Strahlen stachelig; Schwanzflosse fächerförmig. ♀ rostfarben mit gelbem Seitenstreif und blauem Fleck am Kiemendeckel; ♂ ganz braun, Seiten blaugrün mit orangem Zickzackband; schwarzer Fleck auf dem stacheligen Teil der Rückenflosse und der Körperseite. Zwischen algenbewachsenen Felsen im Flachwasser.
9 Mittelmeer-Lippfisch *Crenilabrus mediterraneus*
LABRIDAE. L bis 15 cm. Ähnlich Labrus bergylta, aber Vorderteil des Kiemendeckels gezähnt. Rotbraun; Rücken- und Afterflosse mit blauen Spitzen; je ein dunkler Fleck nahe Schwanzstiel und Brustflosse, letzterer dunkelblau und golden beim ♂, braun beim ♀. Auf sandigen Bereichen zwischen Seegras.
Goldmaid *Crenilabrus melops* ist ähnlich, aber Farbe variierend, gewöhnlich braun und grün.
10 Kleinmäuliger Lippfisch *Ctenolabrus exoletus*
LABRIDAE. L bis 15 cm. Ähnlich *Crenilabrus mediterraneus*, aber mit dunklem Band auf der Schwanzflosse. Farbe variabel, gewöhnlich grün mit rotem und orangem Muster am Kopf (Laichkleid). Zwischen algenbewachsenen Felsen im Flachwasser.
Klippenbarsch *Ctenolabrus rupestris* ist ähnlich, aber schlanker. Rötlichbraun mit dunklem Rückenfleck am Schwanzstiel und manchmal vorn an der Rückenflosse.
11 Papageienfisch *Sparisoma cretense*
SCARIDAE. L bis 40 cm. Gedrungen; Rückenflosse lang; Zähne zu scharfen Platten verschmolzen; Schuppen groß und grob. Rötlichbraun oder purpurn, Seiten und Schwanzflosse violett; Brust- und Bauchflossen orange.

KNOCHENFISCHE

1 Großes Petermännchen *Trachinus draco*
TRACHINIDAE. L bis 35 cm. Augen oben auf dem Kopf, darüber 2 kleine Stacheln; mehrere kräftige, aufstellbare Giftstacheln an vorderer Rückenflosse, einer am Kiemendeckel; Brustflosse gekerbt. Grünlichgelb mit grauen Seitenbändern; schwarzer Fleck nahe Vorderrand der vorderen Rückenflosse. Oft teilweise im Sand eingegraben.
Viperqueise *Echiichthys vipera* (L bis 12 cm), ohne Stacheln über den Augen, Brustflossen nicht gekerbt. Gelblichgrau; vordere Rückenflosse schwarz. Trachinus radiatus ist dem Großen Petermännchen ähnlich, aber mit deutlichem Punktmuster auf dem Rücken.
2 Sterngucker *Uranoscopus scaber*
URANOSCOPIDAE. L bis 25 cm. Gedrungen. Augen auf der breiten Kopfoberseite. Häutiger Fortsatz auf dem Unterkiefer; Kiemendeckel stark skulpturiert, mit einem großen Giftstachel; vordere Rückenflosse mit Stacheln, aufstellbar, giftig. Braun gemischt. Auf Sand im Flachwasser, oft teilweise eingegraben.
3 Makrele *Scomber scombrus*
SCOMBRIDAE. L bis 40 cm. Stromlinienförmig; Rückenflossen dreieckig, weit getrennt; Schwanzflosse gegabelt; Reihe kleiner Flößchen hinter Rücken- und Afterflosse. Rücken blaugrün mit welligen schwarzen Querstreifen, Bauch silberig. Offenes Meer nahe Oberfläche.
4 Blasenmakrele *Scomber japonicus*
SCOMBRIDAE. L bis 30 cm. Sehr ähnlich voriger, aber Augen sehr groß. Oben grüner, mit vielen blauschwarzen kreuzweisen Linien im Nacken und schwarzen Punkten in gelblichem Seitenband. Im offenen Meer.
5 Thunfisch *Thunnus thynnus*
SCOMBRIDAE. L bis 2 m. Makrelenförmig, aber gedrungener; vordere Rückenflosse abrupt verschmälert; Schwanzstiel gekielt. Oben blauschwarz und grünlich, mit blauem Glanz an den Seiten, unten heller; hintere Rückenflosse rötlichgelb. Im offenen Meer.
6 Schwertfisch *Xiphias gladius*
XIPHIIDAE. L bis 4 m. Stromlinienförmig; Oberkiefer sehr lang, schmal, zum „Schwert" zugespitzt, bis zu einem Drittel Körperlänge; Vorderteil der Rückenflosse sehr hoch; Schwanzflosse tief gegabelt. Oben blau, unten silberig. Im offenen Meer.
7 Großer Leierfisch *Callionymus lyra*
CALLIONYMIDAE. L bis 25 cm. Schlank; Kopf breit, abgeflacht; Maul groß, dicklippig; Augen vorstehend. Rückenflossen beim ♂ höher; ♀ braun mit dunkleren Flecken; ♂ Rücken braun, sonst leuchtend blaugrün und gelbgestreift. Auf Sand und Schlamm im Flachwasser.
8 Mittelmeer-Sandaal *Gymnammodytes cicerellus*
AMMODYTIDAE. L bis 18 cm. Schlank, gestreckt; Säume der Rücken- und Afterflosse undulierend; Rückenflosse vom Schwanz bis zu den Schultern; Afterflosse halb so lang. Oben olivgrün, Kopf blaugefleckt; Seiten silberig. Im Sand. Unteres Litoral bis Sublitoral.
9 Gestreifter Schleimfisch *Parablennius gattorugine*
BLENNIIDAE. L bis 20 cm. Körper hoch, besonders vorn; Kopf massig; Augen hoch an der Stirn, darüber je ein gefranster Stirnfühler; Vorderteil der langen Rückenflosse stachelig. Braun mit dunkleren Querstreifen und grüner Tönung. Zwischen Felsbrocken und Algen. Unterstes Litoral bis Sublitoral.
Anmerkung: Eine von vielen Schleimfischarten.
10 Eingeweidefisch *Carapus acus*
CARAPIDAE. L bis 20 cm. Sehr schlank; Schwanzende zugespitzt; Rücken- und Afterflosse kontinuierlich ineinander übergehend. Gelblich mit rötlichen Flecken und schwacher Maserung; durchscheinend. In den Wasserlungen großer Seegurken
11 Paganellgrundel *Gobius paganellus*
GOBIIDAE. L bis 12 cm. Untersetzt; Kopf abgeflacht, Maul dicklippig; vereinigte Bauchflossen bilden Saugnapf hinter der Kehle. Braun gemasert; oranger Streifen auf vorderer Rückenflosse. Zwischen algenbewachsenen Felsen, besonders in Felstümpeln. Unterstes Litoral bis Sublitoral.

1 Schwarzgrundel *Gobius niger*
GOBIIDAE. L bis 15 cm. Ähnlich Gobius paganellus; beim ♂ vordere Rückenflosse kammartig. Braun mit dunkler Zeichnung. Zwischen Seegras im Flachwasser.
Große Meergrundel *Gobius cobitis* (L bis 27 cm); Bauchflossen mit Seitenlappen jederseits. Grundfarbe grau, grün und gelb mit dunklen Flecken.
2 Großer Drachenkopf *Scorpaena scrofa*
SCORPAENIDAE. L bis 40 cm. Körper hoch, kräftig; Kopf groß, stachelig; Stirnfühler über den großen Augen; kleine Fühler unter dem Unterkiefer; Vorderteil der Rückenflosse und Kiemendeckel mit Giftstacheln. Bräunlichrot meliert. Zwischen Felsen im Flachwasser.
3 Gestreifter Seehahn *Trigloporus lastoviza*
TRIGLIDAE. L bis 35 cm. Kopf massig, winkelig; Schnauze stumpf; vordere Rückenflosse dreieckig, stachelig; drei vergrößerte Stacheln der Brustflossen als Fühler auf dem Meeresboden benutzt. Rot mit dunklerer Zeichnung, Brustflossen mit blauen Punkten. Auf Sand und Kies im Flachwasser.
4 Panzerknurrhahn *Peristedion cataphractum*
PERISTEDIIDAE. L bis 30 cm. Körper mit Panzerschuppen bedeckt; Schnauze lang, endet in U-förmigem Fortsatz; zahlreiche fransenförmige Barteln am Unterkiefer; 2 „Fühler" an der Brustflosse. Oben rosenrot, unten silberig. Auf sandigen Böden im tiefen Wasser.
5 Kleiner Schiffshalter *Remora remora*
ECHENEIDAE. L bis 25 cm. Spindelförmig. Stirn und Kopfoberseite mit ovalem Saugnapf. Braun, Flossen violett gesäumt. An bewegte Objekte angeheftet, wie z. B. an Haien oder Schildkröten.
6 Scholle *Pleuronectes platessa*
PLEURONECTIDAE. L bis 55 cm. Kopf und Körper abgeflacht; auf der linken Seite liegend; linkes Auge wandert während der Entwicklung auf die rechte Stirnseite. Rechte (obere) Seite braun oder graubraun mit leuchtend orangen Flekken, zu Farbänderungen befähigt; linke Seite weiß. Auf Sand im Flachwasser.
Flunder *Platichthys flesus* ist ähnlich, aber kleiner (L bis 20 cm); rechte Seite stumpfbraun. Oft im Brackwasser.
7 Gewöhnliche Seezunge *Solea solea*
SOLEIDAE. L bis 35 cm. Asymmetrisch, abgeflacht, dauernd auf linker Seite liegend; Kopf und Schwanzflossen gerundet. Bräunlichgrün oder bräunlichgrau mit dunklerer Zeichnung. Auf Sand im Flachwasser, manchmal nahe Flußmündungen.
Augenfleckseezunge *Buglossidium luteum* ist ähnlich, aber kleiner (L bis 10 cm); rechte Seite mit dunklen einförmigen Punkten und einigen dunklen Rücken- und Bauchflossenstrahlen.
8 Drückerfisch *Balistes carolinensis*
BALISTIDAE. L bis 40 cm. Körper seitlich kompreß, ziemlich oval; Schnauze konisch, mit kleinem Maul; vordere Rückenflosse und Bauchflossen als einzelne, aufstellbare Stacheln. Blaßgrau oder gelblichgrau mit blauen oder blaßgelben Flecken und Punkten. Zwischen Felsbrocken im Flachwasser.
9 Mondfisch *Mola mola*
MOLIDAE. L bis 2,5 m. Rundlich, scheibenförmig; Rücken- und Afterflosse länglich dreieckig, mit der bogenförmigen Schwanzflosse verbunden. Graubraun. Im offenen Meer.
10 Ansauger
Lepadogaster lepadogaster
GOBIESOCIDAE. L bis 7 cm. Körper leicht abgeflacht; Rücken-, After- und Schwanzflosse zusammenhängend; Bauchflossen und Teil der platten Bauchseite zu kräftigem Saugnapf umgebildet. Tiefrot, rötlichbraun und grün, unten gelblichweiß. An Steine angesaugt. Unterstes Litoral bis Sublitoral.
11 Seeteufel *Lophius piscatorius*
LOPHIIDAE. L bis 1,5 m. Kopf sehr groß, stachelig, sehr große Mundspalte; Unterkiefer mit kleinen Barteln; Brustflossen fleischig; Einzelstrahlen des vorderen Teils der Rückenflosse stehen aufrecht auf der Stirn; langer Vorderstrahl mit fransigem Büschel zur Anlockung von Beute. Oben dunkelbraun, unten weiß. Im Flachwasser.

KNOCHENFISCHE

AMPHIBIEN (Amphibia)
Wechselwarme Wirbeltiere mit weicher, feuchter Haut, meist in Wassernähe lebend; wasserbewohnende Larven. Oft auffällig gefärbt, zu Farbänderung fähig.

1 Feuersalamander *Salamandra salamandra*
SALAMANDRIDAE. L bis 28 cm. Körper länglich, kräftig, Schwanz kurz; Augen vorstehend. Meist schwarz mit großen hellgelben, orangen oder roten Flecken, oder gelb mit schwarzen Streifen. Gewöhnlich in bewaldetem Bergland, in Wassernähe. Nachtaktiv.

2 Kreuzkröte *Bufo calamita*
BUFONIDAE. L bis 10 cm. Gedrungen, kurzbeinig; Haut warzig; auffällige Anschwellung direkt hinter dem Auge. Braun, grün oder grau mit dunklerer Zeichnung, gelbem Rückenstreif, Auge silberiggolden. In verschiedenen Habitaten; Entwicklung in Brackwasser möglich. Nachtaktiv.

3 Messerfuß *Pelobates cultripes*
PELOBATIDAE. L bis 10 cm. Körper plump, groß; wenige verstreute Warzen; schwarze Schaufel am Hinterfuß. Grau, weiß oder gelb mit dunkelbraunen oder grünlichen Flecken, Auge groß, grünlich oder silberig. In sandigen Habitaten; gräbt sich tagsüber oder während Trockenzeiten im Sand ein. Nachtaktiv.

4 Laubfrosch *Hyla arborea*
HYLIDAE. L bis 5 cm. Klein; Haftscheiben an Fingern und Zehen; Haut glatt. Gewöhnlich grasgrün, aber auch gelb oder braun mit dunkleren Flecken, brauner Seitenstreif; ♂ mit braunem Kehlsack. In buschigen Habitaten; klettert gut. Hauptsächlich nachtaktiv.

5 Seefrosch *Rana ridibunda*
RANIDAE. L bis 15 cm. Groß, robust; Schnauze zugespitzt; Haut leicht warzig. Olivgrün mit dunkleren Flecken. Schallblasen meist grau; Fersenhöcker meist weich und klein. In verschiedenen Gewässern zwischen Wasserpflanzen. Eher nachtaktiv, quakt aber tags und nachts.

REPTILIEN (Reptilia)
Wechselwarme Wirbeltiere mit trockener, schuppiger Haut. Schildkröten mit Knochenpanzer. Gewöhnlich mit langgestrecktem Körper und kurzen Beinen. Legen beschalte Eier oder lebendgebärend; Jungtiere den alten ähnlich.

6 Lederschildkröte *Dermochelys coriacea*
DERMOCHELIDAE. L bis 1,8 m (Panzer). Körper gedrungen; Panzer gekielt, lederig, hinten deutlich verschmälert; vorn am Oberkiefer zwei zahnähnliche Spitzen. Dunkelgrau oder graubraun, mit helleren Flecken. Schwimmt im offenen Meer, ernährt sich von Meerestieren und Algen.

7 Unechte Karettschildkröte *Caretta caretta*
CHELONIDAE. L bis 1,1 m (Panzer). Panzer oval, lang; Rückenplatten bei Adulten glatt, bei Jungen sägezähnig. Rötlichbraun. Im offenen Meer, gelegentlich in Küstennähe, um Krebse, Seeigel und Mollusken zu fressen.
Suppenschildkröte *Chelonia mydas* ist ähnlich, aber mit unterschiedlicher Anordnung der Panzerplatten. Braun oder olivfarben, dunkler meliert.

8 Griechische Landschildkröte *Testudo hermanni*
TESTUDIDAE. L bis 20 cm (Panzer). Panzer gewölbt, oft höckerig; große Schuppe auf der Schwanzspitze. Gelb, orange und braun, manchmal grünlich, dunkel überzogen. In verschiedenen Habitaten, einschließlich Wald- und Buschgebiete, Dünen und Müllkippen.

9 Mauergecko *Tarentola mauritanica*
GEKKONIDAE. L bis 15 cm. Körper kräftig, abgeflacht; auffällige Haftscheiben an Fingern und Zehen; nur 3. und 4. Zehen mit Krallen; Haut stachelig, mit auffälligen Höckern. Bräunlich mit dunklen Binden auf dem Schwanz. In heißen Küstengebieten. Tagaktiv.

10 Europäischer Halbfinger *Hemidactylus turcicus*
GEKKONIDAE. L bis 10 cm. Körper schlank; Haut mit vielen Höckern; Haftscheiben auf Fingern und Zehen. Braun mit dunklerer Zeichnung und Schwanzbinden, Erscheinung blaß, durchscheinend. In heißen Küstengebieten, oft auf Klippen und Felsen. Nachtaktiv.

AMPHIBIEN UND REPTILIEN

1 Europäische Sumpfschildkröte *Emys orbicularis*
EMYDIDAE. L bis 20 cm. Panzer oval, abgeflacht; Hals und Beine beschuppt; Schwanz lang, zugespitzt. Schwarz, dunkelgrau oder graubraun, gewöhnlich mit gelblichen Flecken und Streifen auf Kopf, Hals und Panzerrand. In stehenden oder langsam fließenden Gewässern mit vielen Wasserpflanzen.

2 Europäisches Chamäleon *Chamaeleo chamaeleon* CHAMAELEONIDAE.
L bis 30 cm. Körper seitlich abgeflacht, Kopf massig mit Nackenkamm; Augen groß, konisch vorstehend, außerordentlich beweglich; Greifschwanz; sehr langsame Bewegungen. Grundfarbe grün, jedoch zu schneller Farbänderung befähigt (blaßgelb bis schwarz). In Büschen, oft an trockenen Orten.

3 Erzschleiche *Chalcides chalcides*
SCINCIDAE. L bis 40 cm. Körper schlangenähnlich; Schwanz von Körperlänge; Glieder winzig, jedes mit drei Zehen. Olivfarben, graubraun oder sandfarben, gewöhnlich metallisch glänzend, manchmal mit Längsstreif. An feuchten Stellen mit dichterer Vegetation.

4 Smaragdeidechse *Lacerta viridis*
LACERTIDAE. L bis 13 cm (Körper). Körper schlank; Schwanz bis zweifache Körperlänge; Kopf kurz. ♂ grün mit feiner schwarzer Punktierung, Kopf dunkler mit blasserer Punktierung; ♀ grün und braun, gefleckt oder gestreift; Bauch in beiden Geschlechtern gelb, Kehle blau, besonders beim ♂. In Gebieten mit dichter Vegetation.

Perleidechse *Lacerta lepida* ist größer und flacher. Oft mit auffälligen blauen Punkten an der Seite oder schwarzgerandeten weißen Flecken auf dem Rücken.

Mauereidechse *Podarcis muralis* (L bis 7,5 cm). Sehr variabel, gewöhnlich grau oder braun mit dunkleren Streifen.

5 Spanischer Sandläufer *Psammodromus hispanicus*
LACERTIDAE. L bis 5 cm (Körper). Körper schlank; Schwanz sehr lang; Schup-

pen groß, gekielt, überlappend. Farbe variabel, grau, metallisch braun, oliv oder tiefgelb, manchmal gestreift oder gebändert. In trockenem, offenem Gelände mit verstreuten Büschen.

6 Ringelnatter *Natrix natrix*
COLUBRIDAE. L bis 2 m (oft weniger). Kopf rundlich, gut abgesetzt; Rückenschuppen gekielt. Grünlich, olivgrau, braun oder stahlgrau mit dunklen Flecken und gelegentlich helleren Streifen; Nackenfleck gelb, weiß, orange oder rot, schwarz gerandet. Gewöhnlich an feuchten Stellen, in Wäldern und Hecken.
Vipernatter *Natrix maura* ist ähnlich, aber kürzer. Gewöhnlich mit Serie eckiger, schwarzer Flecken und Zickzack-Linie.

7 Treppennatter *Elaphe scalaris*
COLUBRIDAE. L bis 1,6 m. Körper schlank; Schuppen glatt; Schnauze zugespitzt, vorstehend. Gelbgrau oder mittelbraun mit zwei dunklen Rückenstreifen; Jungtiere mit dunklem Leitermuster. An sonnigen, oft steinigen Orten, in Weingärten und verlassenen Gebäuden.

8 Gironde-Schlingnatter *Coronella girondica*
COLUBRIDAE. L bis 80 cm (gewöhnlich weniger). Körper schlank, zylindrisch; Kopf wenig abgesetzt; Schnauze gerundet, mit sattelförmigem Muster. Braun, grau oder gelb, oben oft rosig, mit breiten, unregelmäßigen dunklen Binden und einem schwarzen Streifen vom Auge zur Kehle; unten gelb, orange oder rot, oft mit dunkler Zeichnung. Gewöhnlich in trockenen Habitaten mit Strauchvegetation.

9 Europäische Eidechsennatter *Malpolon monspessulanus*
COLUBRIDAE. L bis 2 m. Körper schlank, ziemlich steif; Kopf mit deutlichen Augenbrauenkanten. Schnauze überragt Unterkiefer. Grau, rötlichbraun, oliv, grünlich oder fast schwarz, manchmal mit verstreuten hellen oder dunklen Flecken. Gewöhnlich in trockenen Habitaten mit Pflanzendecke; manchmal in sandigen Gebieten in Küstennähe.

VÖGEL (Aves) Vorderextremitäten zu Flügeln umgebildet. Der hornige Schnabel zeigt verschiedene Spezialisierungen für unterschiedliche Nahrung und Nahrungsaufnahme.

S 1, W 2 Zwergtaucher *Tachybaptus ruficollis*
PODICIPEDIDAE. L bis 27 cm. Gedrungen. S: Wangen und Hals kastanienbraun, Rücken dunkelbraun, heller Fleck an der Schnabelwurzel; W: graubraun. Auf Süßwasser, manchmal in Mündungsgebieten. Trillernder Ruf. Nahrung: Kleine Fische, Wirbellose.

S 3, W 4 Haubentaucher *Podiceps cristatus*
PODICIPEDIDAE. L bis 48 cm. Groß, langhalsig; Rücken braun, sonst weiß, Kopfhaube mit zwei Federspitzen, Krause rostfarben, im Winter nicht vorhanden. Standvogel oder Wintergast. Auf Flüssen, Seen. Rauher, bellender Ruf. Auffälliges Paarungsspiel. Nahrung: Vor allem kleine Fische.

5 Schwarzhalstaucher *Podiceps nigricollis*
PODICIPEDIDAE. L bis 30 cm. Langhalsig, W: oben schwarz, im übrigen weiß, auf den Wangen in dunkle Haube übergehend, Schnabel leicht aufgebogen; im Sommer goldfarbene Ohrbüschel. Standvogel oder Wintergast auf Süßwasser, manchmal in Mündungsgebieten. Nahrung: Kleine Fische, Wirbellose.

6 Gelbschnabel-Sturmtaucher *Calonectris diomedea*
PROCELLARIIDAE. L bis 46 cm. Ein Vogel des offenen Meeres. Oben einförmig braun, Unterseite und Fleck auf dem Schwanz weiß, Schnabel gelb. Brütet auf Felseilanden und Klippen. Kolonien erzeugen heiseren Mißklang. Nahrung: Fische und Krebse.

7 Schwarzschnabel-Sturmtaucher *Puffinus puffinus*
PROCELLARIIDAE. L bis 35 cm. Typisch, oben sehr dunkelgrau, weiße Unterseite scharf abgesetzt, Schnabel dunkelgrau; westliche Rasse mit grauer Unterseite, östliche Rasse mit bräunlicher Oberseite. Ruf: heiseres Girren. Auf dem offenen Meer, brütet auf felsigen Inseln, nachts geräuschvoll. Nahrung: Fisch.

8 Sturmschwalbe *Hydrobates pelagicus*
HYDROBATIDAE. L bis 15 cm. Im Gebiet der kleinste Vogel des offenen Meeres; einförmig schwarz, aber helle Linie unter den Flügeln und weißer Bürzelfleck; Nasenlöcher röhrenförmig. Auf dem offenen Meer, folgt Schiffen; brütet in Erdlöchern und Kliffspalten, dorther ansteigendes und abfallendes Schnurren bei Nacht. Nahrung: Fische, Algen.

9 Baßtölpel *Sula bassana*
SULIDAE. L bis 90 cm. Gänsegroß, bei Nahrungssuche aus großer Höhe kopfüber tauchend; Weiß mit gelblichem Kopf und schwarzen Flügelspitzen. Jugenddaunen dunkel. Wintergast im westlichen Mittelmeer. Nahrung: Fische, Abfall.

10 Kormoran *Phalacrocorax carbo*
PHALACROCORACIDAE. L bis 90 cm. Flügel und Schwanz bronzegrün, sonst blauschwarz, Gesicht weiß, im Brutkleid mit weißem Schenkelfleck; Schnabel groß, gelb, mit Haken; typische Körperhaltung beim Flügeltrocknen. Wintergast. Nahrung: Fische.

Krähenscharbe *Phalacrocorax aristotelis* (L bis 76 cm). Schwarz mit grünlichem Schimmer; im Brutkleid kurze, aufrichtbare Haube. Kolonien auf Inseln. Nahrung: Vorzüglich Fische.

11 Zwergscharbe *Phalacrocorax pygmaeus*
PHALACROCORACIDAE. L bis 48 cm. Kopf kürzer als beim Kormoran, im Brutkleid rotbraun. Selten, im Osten, auf Süßwasser. Nahrung: Kleine Fische.

12 Krauskopfpelikan *Pelecanus crispus*
PELECANIDAE. L bis 1,8 m. Groß, mit langem, kräftigem Schnabel; weiß, grau schattiert, Kehlsack orange. In Mündungsgebieten und Lagunen, im Osten. Nahrung: Fische.

13 Rosapelikan *Pelecanus onocrotalus*
PELECANIDAE. L bis 1,8 m. Weiß, rosa schattiert, gelber Brustfleck; Flügelunterseite mit schwarzer Region. Kehlsack rosa oder gelb. Auf großen seichten Seen, Lagunen, in Mündungsgebieten im Osten. Nahrung: Fische.

VÖGEL   169

1 Rohrdommel *Botaurus stellaris*
ARDEIDAE. L bis 76 cm. Großer, schwerer Vogel mit dehnbarem Hals; gelblichbraun, dunkel marmoriert, Kopf oben dunkelbraun. In Schilfbeständen im Norden und Westen. Ruf: 2–3 Grunzlaute und dumpfes Brummen. Nahrung: Vor allem Fische. Sehr scheu.
2 (♂) Zwergrohrdommel *Ixobrychus minutus*
ARDEIDAE. L bis 35 cm. Sitzend kompakte Erscheinung; ♂ oben schwarz, unten gelbbraun mit gelblichweißen Flügeldecken; ♀ und Junge oben dunkelbraun und schwarz, unten lederbraun gestreift. Sommergast in Schilfbeständen. Ruf quakend. Nahrung: Fische und andere Wassertiere.
3 Nachtreiher *Nycticorax nycticorax*
ARDEIDAE. L bis 61 cm. Untersetzt; Scheitel und Rücken schwarz; Brust, Unterseite und lange Genickfedern weiß; Flügel grau, Augen rot. Sommergast oder Durchzügler, in feuchten Habitaten. Nachtaktiv, quakender Ruf. Nahrung: Fische und andere Wassertiere.
4 Rallenreiher *Ardeola ralloides*
ARDEIDAE. L bis 46 cm. Überwiegend lederbraun, Flügel und Schwanz weiß; adulter Vogel mit langer Haube; Schnabel blau mit schwarzer Spitze. Sommergast oder Durchzügler in Sümpfen, Schilfbeständen, an Flußufern. Rauher, hoher Ruf. Nahrung: Fische und andere Wasserbewohner.
5 Kuhreiher *Bubulcus ibis*
ARDEIDAE. L bis 51 cm. Kompakt; Scheitel, Rücken und Brust lederfarben, sonst weiß, Beine rot. Selten, aber im Süden zunehmend Standvogel. Gutturaler Ruf. Nahrung: Insekten, die vom Vieh aufgestört werden, das er begleitet.
6 Seidenreiher *Egretta garzetta*
ARDEIDAE. L bis 56 cm. Schlank. Ganz weiß, Schnabel und Beine schwarz, Füße gelb; adult mit langer Haube und langen Schulterfedern. Standvogel, Wintergast oder Durchzügler in Sümpfen, Lagunen. Ruf krächzend, bellend. Nahrung: Fische und Wassertiere.
7 Graureiher *Ardea cinerea*
ARDEIDAE. L bis 90 cm. Groß, stattlich; vorwiegend grau und weiß, schmale schwarze Haube, Beine gelb. Besonders im Osten Standvogel, Wintergast oder Durchzügler in seichten Süß- und Küstengewässern. Ruf: „Fraaank". Nahrung: Wassergetier.
8 Purpurreiher *Ardea purpurea*
ARDEIDAE. L bis 79 cm. Schlank; Scheitel, Bauch und Haube schwarz, Hals rostfarben, Brust kastanienbraun, beide mit schwarzen und weißen Streifen und schwarzen Flecken, sonst dunkelgrau. Sommergast oder Durchzügler, in Schilfbeständen; sehr scheu. Ruf ähnlich dem Graureiher. Nahrung: Wassergetier.
9 Weißstorch *Ciconia ciconia*
CICONIIDAE. L bis 1 m. Groß und kräftig. Weiß. Flügel schwarz mit weißem innerem Fleck; Schnabel und Beine rot. Seltener Sommergast und Durchzügler in Sümpfen, auf Wiesen. Ruf: Schnabelklappern. Nahrung: Nager, Frösche, Wirbellose.
10 Sichler *Plegadis falcinellus*
THRESKIORNITHIDAE. L bis 56 cm. Schlank erscheinend, besonders bei Nahrungsaufnahme. Schnabel lang, gebogen; purpur- oder kastanienbraun. Jungvögel oben dunkelgrau, unten heller. Seltener Sommergast und Durchzügler, in seichten Gewässern, östliche Region. Nahrung: Fische und Wassergetier.
11 Löffler *Platalea leucorodia*
THRESKIORNITHIDAE. L bis 90 cm. Groß, mit abgeplattetem Schnabel; ganz weiß, Schnabel schwarz mit gelber Spitze, Beine schwarz, gelber Kragen. Brütet im Süden und Osten in dichtem Röhricht. Nahrung: Fische, Wirbellose.
12 Flamingo *Phoenicopterus ruber*
PHOENICOPTERIDAE. L bis 1,25 m. Groß, langbeinig, kräftiger, gewinkelter Schnabel; blaßrosa mit kräftig rosa und schwarzen Flügeln, Schnabel rosa mit schwarzer Spitze. Wenige Brutkolonien in Lagunen, besonders im Süden und Osten. Ruf: gänseartig und trompetendes, rauhes a-honk. Nahrung: Seiht mit dem Schnabel Kleinlebewesen aus dem Wasser.

VÖGEL

1 Bläßgans *Anser albifrons*
ANATIDAE. L bis 76 cm. Weißer Fleck um den Schnabel; Bauch mit schwarzen Querflecken, Schnabel rosa, Beine orange. Wintergast im Osten, in Sümpfen und Grasland.

2 Graugans *Anser anser*
ANATIDAE. L bis 90 cm. Schwerer Vogel; grau, Flügel heller gezeichnet, Unterseite nicht gebändert, Schnabel orange, Beine rosa. Wintergast in Sümpfen und Grasland. Östliche Rasse mit rosa Schnabel. Im Flug laut rufend.

3 (♂) Brandgans *Tadorna tadorna*
ANATIDAE. L bis 60 cm. Kopf dunkelgrün, Hals und Unterseite großenteils weiß, mit etwas schwarzer Zeichnung, kastanienbraunes Brustband; Flügel schwarz mit grünem Spiegel, Schnabel rot. Meist Wintergast an schlammigen Küsten. ♀ mit schnellem Quaken im Flug. Nahrung: Vorzüglich Wirbellose des Meeres.

4 (♂), 5 (♀) Pfeifente *Anas penelope*
ANATIDAE. L bis 46 cm. ♂ Kopf und Brust rotbraun, Scheitel gelblich; sonst grau, mit weißem Flügelfleck, Spiegel grün, Schwanz schwarz; ♀ vorzüglich braun. Als Wintergast in Scharen auf küstennahen Gewässern. Ruf: ♂ schnurrend. Nahrung: pflanzlich.

6 (♂), 7 (♀) Schnatterente *Anas strepera*
ANATIDAE. L bis 51 cm. Beide Geschlechter unscheinbar, ♂ vorzüglich grau, Flügelkante braun, Schwanz schwarz, Bauch weiß; ♀ vorzüglich braun, Bauch weiß. Wintergast, in Sumpfgebieten grasend. Ruf: ♂ einzelner Grunzlaut, ♀ abfallend quakend.

8 Krickente *Anas crecca*
ANATIDAE. L bis 35 cm. ♂ mit kastanienbraunem Kopf und weißbegrenztem, grünem Streifen, Hals bräunlich, Brust weiß, im übrigen grau, Schwanz dunkler mit gelblichem Streif; ♀ braungescheckt mit schwarzem und grünem Spiegel. Als Wintergast in Scharen auf küstennahen Gewässern. ♂ mit hellem Ruf „krritt", ♀ hoch, rauh quakend. Nahrung: vegetarisch.

Stockente *Anas platyrhynchos*
ANATIDAE. L bis 58 cm. Häufigste Ente der Region; ♂ mit leuchtend grünem Kopf, schmalem, weißem Kragen, kastanienbrauner Brust; Spiegel blauschillernd; ♀ bräunlich meliert. Im Norden Standvogel, im Süden Wintergast. Nahrung vegetarisch, (Nicht abgebildet).

10 (♂), 11 (♀) Spießente *Anas acuta*
ANATIDAE. L bis 66 cm. Ziemlich schlank; ♂ vorzüglich grau, Kopf und Hals braun, Brust weiß, von dort weißer Halsstreif; Schwanz lang und spitz, Spiegel bronzefarben; ♀ braungefleckt, Schwanz kürzer. Wintergast in Mündungsgebieten, gelegentlich brütend. Nahrung vorzüglich vegetarisch. Ruf: ♂ tiefes Pfeifen, ♀ tiefes Quaken.

12 (♂), 13 (♀) Knäkente *Anas querquedula*
ANATIDAE. L bis 38 cm. Klein, schlank; ♂ mit braunem Kopf und weißem Streifen vom Auge zum Nacken, Brust braun, Schultern blaugrau, Seiten grauweiß, Spiegel grün; ♀ braun meliert mit blaugrauen Schultern und grünem Spiegel. Hauptsächlich Sommergast und Durchzügler in Sumpfgebieten. Nahrung vegetarisch. Ruf: ♂ mißtönend knarrend; ♀ kurzes Quacken.

14 (♂), 15 (♀) Löffelente *Anas clypeata*
ANATIDAE. L bis 50 cm. Breiter Schnabel mit schaufelähnlicher Spitze; ♂ mit leuchtend grünem Kopf, weißer Brust, kastanienbraunen Seiten, Spiegel grün; ♀ braungefleckt mit blaßblauer Schulter und grünem Spiegel. Vorzüglich Wintergast, auf Süß- und Brackwasser. Ruf: ♂ leises, doppeltes Quaken, ♀ quakt ähnlich der Stockente.

16 Marmelente *Marmaronetta angustirostris*
ANATIDAE. L bis 40 cm. Charakteristische Färbung beiden Geschlechtern gemeinsam. Aus der Entfernung grau erscheinend, aber auf hellerem Grund dunkel marmoriert; langer schwarzer Streif durch die Augenregion. ♂ mit kleinem Nackenschopf. Brutvogel, Sommer- und Wintergast vor allem im Süden. Ruf: ♂ tief, keuchend; ♀ pfeift. Nahrung: Wassergetier, Pflanzen.

VÖGEL 173

1 (♂), **2** (♀) **Kolbenente** *Netta rufina*
ANATIDAE. L bis 56 cm. ♂ mit rotem Schnabel, Kopf rotbraun; sonst schwarz und braun mit weißen Seiten, flaumige Haube; ♀ braunes Gefieder, helle Wangen und – wie ♂ – breites weißes Flügelband (im Flug sichtbar), Brutvogel im Norden, Wintergast im Süden, auf küstennahen Gewässern, in Schilfbeständen. Nahrung vorzüglich vegetarisch.

3 (♂), **4** (♀) **Tafelente** *Aythya ferina*
ANATIDAE. L bis 46 cm. ♂ oben grau, mit kastanienbraunem Kopf, Brust und Schwanz schwarz, Rücken und Flanken grau; ♀ mit braunem Kopf, Hals und brauner Brust, sonst graubraun; Schnabel bei ♂ und ♀ blaugrau mit schwarzer Spitze und Basis. Meist Wintergast, aber auf dem Balkan brütend; auf Süß- und Brackwasser. Nahrung vorzüglich vegetarisch.

5 (♂) **Moorente** *Aythya nyroca*
ANATIDAE. L bis 40 cm. ♂ kastanienbraun mit breitem, weißem Flügelstreif (im Flug sichtbar) und scharf abgesetztem weißem Fleck unter dem Schwanz; ♀ mattbraun mit der gleichen weißen Zeichnung; Schnabel bei beiden Geschlechtern schwärzlich. Auf Süß- und Brackgewässern im Norden der Region; auch Wintergast. Nahrung vorzüglich vegetarisch, gelegentlich einige Wirbellose.

6 (♂), **7** (♀) **Reiherente** *Aythya fuligula*
ANATIDAE. L bis 43 cm. Beide Geschlechter mit Haube, beim ♂ auffälliger, herabhängend, schwarz; Flanken, Bauch und Flügelband weiß; ♀ vorzüglich braun; beide Geschlechter mit gelben Augen und graublauem Schnabel. Wintergast auf Süßwasser, gelegentlich brütend. Balzruf des ♂ zart pfeifend, ♀ knarrt. Nahrung: Wirbellose, gelegentlich Vegetabilien.

8 (♂), **9** (♀) **Schellente** *Bucephala clangula*
ANATIDAE. L bis 46 cm. Kopf erscheint dreieckig; ♂ schwarzer Kopf mit grünem Schimmer, auffälliger weißer Fleck zwischen Auge und Schnabel, Körper und Flügel schwarz, Unterseite und Flügelfeld weiß; ♀ vorzüglich grau mit braunem Kopf, ohne weißen Fleck. Fluggeräusch pfeifend. Wintergast auf Küstengewässern im Norden der Region. Nahrung: Wirbellose und Fische, manchmal Pflanzen.

10 (♂), **11** (♀) **Zwergsäger** *Mergus albellus*
ANATIDAE. L bis 41 cm. ♂ weiß außer schwarzem Augenstreif, Flügelstreifen und -spitzen, Schwanz grau; ♀ rotbraune Kappe, weiße Kehle, sonst grau, mit weißem Flügelstreif. Wintergast in Mündungsgebieten, im Norden und Osten. ♀ ruft „knarr". Nahrung: Wirbellose.

12 (♂), **13** (♀) **Mittelsäger** *Mergus serrator*
ANATIDAE. L bis 58 cm. Beide Geschlechter mit länglichem, hakigem Schnabel und Doppelhaube; ♂ Kopf, Haube und Rücken dunkelgrün, sonst kastanienbraun und weiß, mit schwarzen Flügelspitzen, Flanken und Schwanz grau; ♀ kastanienbrauner Kopf und Hals, sonst oben grau, unten weiß. Wintergast in Küstengewässern. ♀ mit rauhem Ruf. Nahrung: Wirbellose und Fische.

14 (♂), **15** (♀) **Ruderente** *Oxyura leucocephala*
ANATIDAE. L bis 46 cm. Kopf groß; ♂ Kopf weiß, Scheitel und Hals schwarz, sonst dunkelbraun mit Rostschimmer, Schnabel hellblau; ♀ grauer mit hellem Wangenband; Schnabel graublau. Schwanz spitz, oft senkrecht gestellt. Auf seichten Brack- und Süßwasserlagunen, vor allem im Westen. Nahrung: Wirbellose.

VÖGEL

1 Wespenbussard *Pernis apivorus*
ACCIPITRIDAE. L bis 58 cm. Oben vorzüglich braun, unten braun und weiß; breite dunkle Doppelbinde nahe Schwanzwurzel, Schnabel schwach gekrümmt, schwarz mit gelber Wachshaut. Sommergast in Wäldern, im Norden; andernorts auf dem Durchzug. Ruf hell, miauend. Fleischfresser, plündert oft Nester von Hummeln und Wespen.

2 Schwarzer Milan *Milvus migrans*
ACCIPITRIDAE. L bis 56 cm. Leicht gegabelter, keilförmiger Schwanz; vorzüglich dunkelbraun mit hellerem Kopf und rötlicher Unterseite; Schnabel gekrümmt, grauschwarz mit gelber Wachshaut. Meist als Sommergast in verschiedenen Habitaten, auch in Städten, oft am Wasser. Ruf schrill. Nahrung: Aas und kleine Säuger.

3 Roter Milan *Milvus milvus*
ACCIPITRIDAE. L bis 61 cm. Schwanz keilförmig, tief gegabelt; Gefieder rötlichbraun, Kopf hell, gefleckt; Schnabel gekrümmt, grauschwarz, Wachshaut gelb. Brutvogel oder Sommergast im Norden und Westen, in Wald oder Macchie. Ruf: hohes Miauen. Nahrung: Meist kleine Säuger.

4 Seeadler *Haliaeetus albicilla*
ACCIPITRIDAE. L bis 90 cm. Großer Vogel mit breiten Schwingen; dunkelbraun, Schwanz keilförmig, weiß; Schnabel kräftig, gekrümmt, gelb; Wachshaut gelb. Brutvogel an Felsküsten im Nordosten. Nahrung: Fisch, der an der Wasseroberfläche mit den Fängen ergriffen wird, selten tauchend.

5 Schmutzgeier *Neophron percnopterus*
ACCPITRIDAE. L bis 66 cm. Vorzüglich weiß; Gesicht und Kehle nackt, gelb; Struppige weißliche Halskrause, Handschwingen schwarz; Jungvögel ganz schwarz; Schnabel lang, gelb mit schwarzer, gekrümmter Spitze. Sommergast in offenem Gelände und nahe Siedlungen. Nahrung: Aas.

6 Gänsegeier *Gyps fulvus*
ACCIPITRIDAE. L bis 1 m. Groß; Kopf und Hals nackt erscheinend, aber mit feinen, weißen Daunen bedeckt; sonst hellbraun, mit weißer Krause; Schnabel mächtig, gekrümmt, gelb. Brutvogel in offenem, bergigem Gelände. Kann in großen Höhen schweben. Nahrung: Aas.

7 Mönchsgeier *Aegypius monachus*
ACCIPITRIDAE. L bis 1,1 m. Größter Geier der Region, dem Gänsegeier ähnlich, aber mit längerem und stärker keilförmigem Schwanz; Kopf schwarz mit nackter blaugrauer Haut am Hals, schwarzer Halskrause und rußbraunem Gefieder. Brutvogel im Norden und Osten des Gebiets. In offenem Gelände. Rufe verschiedenartig. Nahrung: Aas.

8 Schlangenadler *Circaetus gallicus*
ACCIPITRIDAE. L bis 69 cm. Braun, Kopf heller, unten ziemlich weiß, braun gebändert; Schnabel gebogen, blaugrau, Beine kräftig beschuppt. Sommergast in offenem Waldland und Macchie. Ruf miauend. Nahrung: Vor allem Schlangen.

9 (♂), 10 (♀) Rohrweihe *Circus aeruginosus*
ACCIPITRIDAE. L bis 56 cm. Großer Vogel mit breiten Schwingen; vorzüglich braun, Gesicht und Kehle heller, Bauch rötlich, Flügel des ♂ grau mit schwarzen Spitzen, beim ♀ braun, Schnabel gekrümmt, schwarz. Brutvogel im gesamten Gebiet, außer im Südosten, in Sümpfen, Schilfbeständen. Ruf variabel. Nahrung: Kleine Wirbeltiere.

11 (♂), 12 (♀) Kornweihe *Circus cyaneus*
ACCIPITRIDAE. L bis 51 cm. ♂ grau mit weißem Bürzel und schwarzen Flügelspitzen; ♀ braun mit gebändertem Schwanz und weißem Bürzel, Schnabel gekrümmt, schwarz. Vorzüglich Wintergast in küstennahen Sümpfen, Schilfbeständen. Ruf: wiederholtes „kek". Nahrung: Kleine Säuger, Vögel, Eier.

13 (♂) Steppenweihe *Circus macrourus*
ACCIPITRIDAE. L bis 48 cm. Sehr ähnlich der Rohrweihe, aber ♂ blasser grau mit weniger schwarz an den Flügelspitzen und ohne weißen Bürzel; ♀ schlanker, Schwanzbänder undeutlicher, Bürzelfleck schmaler. Wintergast in offenem Gelände im Süden und Osten. Nahrung: Kleine Vögel.

VÖGEL 177

1 (♀) Habicht *Accipiter gentilis*
ACCIPITRIDAE. L bis 61 cm. Kurze, breite Flügel; oben braun, unten hell, eng quergebändert, Schwanz gebändert. Brutvogel in Wäldern, im Norden. Lauter Warnruf. Nahrung: Kleine Säuger, Vögel, Reptilien.

2 (♀) Sperber *Accipiter nisus*
ACCIPITRIDAE. L ♂ bis 28, ♀ bis 38 cm. ♂ oben schiefergrau, unten rötlich, gebändert; ♀ oben graubraun, unten weißlich gebändert, Schwanz gebändert. Brutvogel in Wäldern des Nordens und Westens. Warnruf wiederholt. Nahrung: Kleine Vögel, Säuger, Insekten.

3 Mäusebussard *Buteo buteo*
ACCIPITRIDAE. L bis 56 cm. Breitflügelig, Färbung variierend, heller, dunkel- oder rötlichbraun. In Waldgebieten; Wintergast im Süden und Osten. Ruf: möwenähnlich „piä". Nahrung: Kleine Säuger, Insekten.

4 Kaiseradler *Aquila heliaca*
ACCIPITRIDAE. L bis 84 cm. Tiefbraun, mit hellem Kopf und Nacken, Schultern weiß. Brutvogel in buschigen Wäldern, Macchie und Sümpfen. Nahrung: Aas, Säuger, Schlangen und Vögel.

5 Steinadler *Aquila chrysaetos*
ACCIPITRIDAE. L bis 88 cm. Dunkelbraun mit goldgelbem Kopf, Schwanz braun mit etwas Weiß. Brütet im Bergland, im gesamten Gebiet. Ruf: Pfeifen, Bellen. Nahrung: Meist relativ große Säuger und Vögel.

6 Zwergadler *Hieraaetus pennatus*
ACCIPITRIDAE. L bis 53 cm. Helle Form (im Bild) häufiger: oben rahmgelb, dunkler meliert, dunkle Form oben dunkelbraun, unten rötlichbraun. Sommergast oder Durchzügler, im bewaldeten Hügelland. Nahrung: Vögel, kleine Säuger, Reptilien.

7 Habichtsadler *Hieraaetus fasciatus*
ACCIPITRIDAE. L bis 74 cm. Dem Zwergadler ähnlich, aber helle gefleckte Unterseite, breites schwarzes Band auf den Flügeln. Brutvogel im Bergland; melodischer Ruf. Nahrung: Vögel, kleine Säuger und Reptilien.

8 Fischadler *Pandion haliaetus*
PANDIONIDAE. L bis 58 cm. Oben braun, unten weiß, gefleckt; Flügel lang und breit. Durchzügler an Küsten, Seen; brütet im Westen des Gebiets. Ruf: piependes Pfeifen. Nahrung: Fische, beim Tauchen erbeutet.

9 (♂) Rötelfalke *Falco naumanni*
FALCONIDAE. L bis 30 cm. ♂ graublauer Kopf, einfarbig rötlichbraun, Schwanz- und Flügelspitzen schwarz; ♀ rötlichbraun mit deutlicher Fleckung. In offenem Gelände. Warnruf wiederholt. Brütet in Kolonien. Nahrung: Inseken, Kleinsäuger.

10 (♂) Turmfalke *Falco tinnunculus*
FALCONIDAE. L bis 34 cm. Ähnlich dem Rötelfalken, aber ♂ gefleckt; rüttelt mit gespreiztem Schwanz. Brutvogel überall in offenem Gelände, auch in Ortschaften. Schriller, wiederholter Warnruf. Nahrung: Kleinsäuger, Vögel und Insekten.

11 Baumfalke *Falco subbuteo*
FALCONIDAE. L bis 36 cm. ♂ oben grau, unten rahmfarben, dunkel gestreift; ♀ brauner. Sommergast in offenem Waldland. Ruf: „kju", „ket", „kikiki". Auffälliger Balzflug. Nahrung: Vögel, Insekten, im Flug geschlagen.

12 Eleonorenfalke *Falco eleonorae*
FALCONIDAE. L bis 38 cm. Sehr langer Schwanz. Flügel reichen im Sitzen bis Schwanzspitze; einfarbig braunschwarz oder oben dunkelbraun, unten gelblich mit dunkler Streifung. Sommergast an Küsten.

13 Wanderfalke *Falco peregrinus*
FALCONIDAE. L bis 48 cm. Färbung sehr variabel, oben hell- bis dunkelgrau, unten gelblich, dunkel gebändert. Charakteristisches, ankerförmiges Flugbild. Brütet im Norden und Westen des Gebiets. Ruf keckernd, Nahrung: Meist Vögel.

1 Steinhuhn *Alectoris graeca*
PHASIANIDAE. L bis 33 cm. Gedrungen; Oberseite und Brust violettgrau, Bauch rötlichgelb; Beine rot. Brutvogel im Nordwesten, auf steinigen und dünn begrasten Hügeln, in Weingärten. Ruf: „witt-witt-witt", Warnruf pfeifend. Nahrung: Insekten, Blätter, Samen.

2 Rothuhn *Alectoris rufa*
PHASIANIDAE. L bis 34 cm. Oben vorwiegend violettgrau, Bauch rötlichgelb; Beine rot. Brutvogel im Westen des Gebiets, in offenem Gelände, Garrigue, Sanddünen, Halbwüsten. Ruf: „chuck-chikar". Nahrung: Insekten, Blätter, Samen.

3 Felsenhuhn *Alectoris barbara*
PHASIANIDAE. L bis 33 cm. Ganz violettgrau, Kopf blaßgrau mit dunklerem Scheitel und gelbbraunem Streifen hinter dem Auge, Brust mit kastanienbraunem, weißgeflecktem Band; Beine rot. In Nordafrika: steinige Hügel, Buschland und Wüste. Ruf: „chukar". Nahrung: Vorzüglich Blätter, Triebe, Samen.

4 Rebhuhn *Perdix perdix*
PHASIANIDAE. L bis 30 cm. Untere Brust blaßgrau mit deutlicher Hufeisenzeichnung, Rücken und Schwanz violettbraun. Brutvogel im Norden des Gebiets, in offenem Gelände, Heiden, Sanddünen. Typischer Ruf: „ki-rick". Nahrung: Insekten, Samen, Blätter.

5 Wachtel *Coturnix coturnix*
PHASIANIDAE. L bis 18 cm. Rötlichbraun mit Streifen und Flecken, ♂ mit schwarz-weiß-schwarzem Kehlband. Sommergast im Norden, sonst Brutvogel oder Durchzügler. Auf Feldern und Weiden. Typischer Ruf: „quick, quick-ik". Nahrung: Insekten, Samen, Blätter.

6 Wasserralle *Rallus aquaticus*
RALLIDAE. L bis 28 cm. Schlank, mit langem, spitzem Schnabel; oben tief braun, Unterseite und Gesicht grau, Seiten schwarz und weiß gebändert. Brutvogel in Sümpfen und Schilfbeständen. Im Süden Wintergast. Ruf: unterschiedlich, grunzend, quiekend. Nahrung: Insekten, Schnecken, Samen, Pflanzen.

Teichhuhn *Gallinula chloropus*
RALLIDAE. L bis 33 cm. Schwarz; an der Seite und am Schwanz weiße Streifen, Stirn und Schnabel leuchtend rot. Brutvogel fast im gesamten Gebiet, auf Süßwasser. Ruf: lautes „Kurruck". Nahrung: Überwiegend vegetarisch. (Nicht abgebildet)

7 Purpurhuhn *Porphyrio porphyrio*
RALLIDAE. L bis 48 cm. Groß, schwer, mit purpurblauem Gefieder, weißer Fleck unter dem Schwanz, Stirn und Schnabel leuchtend rot; seltener Brutvogel in Sümpfen. Ruf: rasches „Krrurr". Nahrung: Vorzüglich vegetarisch, gelegentlich Wirbellose.

Bläßhuhn *Fulica atra*
RALLIDAE. L bis 38 cm. Ganz schwarz, Stirn und Schnabel weiß. Brütet am Süßwasser; Wintergast in Nordafrika. Ein typischer Ruf: „ky-ok". Nahrung: Vorzüglich vegetarisch, gelegentlich Wirbellose. (Nicht abgebildet)

8 (♂), **9** (♀) **Zwergtrappe** *Tetrax tetrax*
OTIDIDAE. L bis 43 cm. Lange Beine, langer Hals; oben gelbbraun gefleckt, unten heller; ♂ mit schwarzem Hals. Brutvogel im Norden und Westen, auf offenen Feldern, grasigen Ebenen. Ruf: kurzes „Dag". Nahrung: Hauptsächlich Pflanzen und Wirbeltiere.

10 Triel *Burhinus oedicnemus*
BURHINIDAE. L bis 41 cm. Groß, kurzer, gerader Schnabel und große, starrblickende Augen; hellbraun. Brutvogel oder Sommergast in offenem, trockenem Gelände, Heiden, Halbwüste. Ruf klagend. Nahrung: Wirbellose.

11 Brachschwalbe *Glareola pratincola*
GLAREOLIDAE. L bis 25 cm. Klein, langbeinig; im Flug schwalbenähnlich, mit tief gegabeltem Schwanz und rückwärts geschwungenen Flügeln. Sommergast, auf offenem Gelände wie Schlammbänken, auch als Durchzügler. Ruf lärmend. Nahrung: Im Flug gefangene Insekten.

1 Austernfischer *Haematopus ostralegus*
HAEMATOPODIDAE. L bis 43 cm. Vorzüglich schwarz, unten weiß; im Winter weißes Kehlband; Schnabel lang, orangerot; Beine lang, rosa. Meist Wintergast an Küsten, im Norden teilweise Brutvogel. Ruf: lautes „Pik, Pik, Pik", Warnruf: „Kliep, Kliep". Nahrung: Vorzüglich Muscheln, nach denen mit dem langen Schnabel gestochert wird.

2 Stelzenläufer *Himantopus himantopus*
RECURVIROSTRIDAE. L bis 38 cm. Schlank, mit sehr langen Beinen; beide Geschlechter mit schwarzem Rücken und Schnabel, Unterseite und Gesicht weiß; Beine rot. ♂ Scheitel und Genick schwarz, beim ♀ weiß. Sommergast im Norden, Brutvogel und Wintergast im Süden; in Sümpfen und Lagunen. Ruf: „kik, kik, kik". Nahrung: Wirbellose.

3 Säbelschnäbler *Recurvirostra avosetta*
RECURVIROSTRIDAE. L bis 43 cm. Körper weiß mit zwei breiten schwarzen Streifen den Rücken entlang; Beine lang, blaugrau; Schnabel nach oben gebogen, schwarz, bei der Nahrungsaufnahme seitlich schwingend benutzt. Brutvogel oder Wintergast fast überall in Lagunen und Mündungsgebieten. Ruf: flötend „kliep". Nahrung: Wirbellose.

4 Flußregenpfeifer *Charadrius dubius*
CHARADRIIDAE. L bis 15 cm. Klein, agil; Oberseite und Scheitel stumpfbraun; Unterseite und Hals weiß; weißer Stirnstreifen über schwarzem Augenstreif. Flügelspitzen schwarz; Beine blaßgelb; Schnabel kurz, dunkel. Sommergast im Norden, Standvogel im Süden, auf Sand und Kies an Süßwasserufern. Ruf: „piu, kip, kip, kip". Nahrung: Wirbellose des Süßwassers.

5 (♂) Seeregenpfeifer *Charadrius alexandrinus*
CHARADRIIDAE. L bis 16 cm. ♂ oben stumpfbraun, Unterseite und Gesicht weiß, schwarzer Augenstreif und unvollständiger Bruststreif. ♀ oben stumpfgrau, unten weiß mit Spuren eines Brustbandes und eines Augenstreifs. Standvogel im Süden, Sommergast im Norden, auf Sand- und Kiesstränden. Ruf: leise „tjip-tjip-tjip", flötend „püit". Nahrung: Wirbellose.

6 Kiebitz *Vanellus vanellus*
CHARADRIIDAE. L bis 30 cm. Auffällig, mit Haube. Vorzüglich schwarz, mit rötlichpurpurnem Flügelstreif, Wangen und Bauch weiß; Beine rosa. Wintergast in Mündungsgebieten und an sandigen Stränden, in Teilen Spaniens Standvogel. Ruf: „kiewitt". Nahrung: Wirbellose.

7 Bekassine *Gallinago gallinago*
SCOLOPACIDAE. L bis 27 cm. Leicht kenntlich durch sehr langen Schnabel, fliegt im Zickzack, rauher Ruf, landet im Winkel von 45°; Braunschattierungen. Wintergast, vor allem in Sümpfen. Ruf: monoton „tüke, tüke, tüke". Nahrung: Wirbellose.

8 Großer Brachvogel *Numenius arquata*
SCOLOPACIDAE. L bis 58 cm. Groß, mit langem Hals und langem, gebogenem Schnabel; hellbraun, schwarz gefleckt, Gesicht heller, Bauch weiß; Schwanz keilförmig. Wintergast an schlammigen Stränden, in Mündungsgebieten. Ruf: flötend „traüih". Nahrung: Meist Wirbellose, wenig pflanzlich.

9 Rotschenkel *Tringa totanus*
SCOLOPACIDAE. L bis 28 cm. Grau, Flügelhinterrand und Bürzel weiß; Schnabel lang, schlank, orangerot. Vorzüglich Wintergast in brackigen Sümpfen und Mündungsgebieten. Ruf: „djü-dü-dü". Nahrung: Grabende Wirbellose.

10 Flußuferläufer *Actitis hypoleucos*
SCOLOPACIDAE. L bis 20 cm. Klein, niedrig über dem Wasser fliegend; graubraun, Unterseite und Flügelbinden weiß. Vorzüglich Wintergast, in einigen Gebieten des Nordwestens Standvogel, an geschützten Süßgewässern. Gewöhnlich einzeln. Ruf: pfeifend „hididih". Nahrung: Vorzüglich kleine Insekten.
Anmerkung: An den Küsten und in Mündungsgebieten kommt eine ganze Reihe schwer zu unterscheidender Wasser- und Uferläuferarten vor.

VÖGEL 183

1 (S), **2** (W) **Schwarzkopfmöwe** *Larus melanocephalus*
LARIDAE. L bis 39 cm. Oben grau, Kopf schwarz, sonst weiß; Beine und Schnabel rot. Im Winter Kopf hell. Brütet im Osten, in küstennahen Sümpfen. Rauher Ruf: „äaa-äaa". Nahrung: Kleine Wassertiere, auch Abfall.

3 Zwergmöwe *Larus minutus*
LARIDAE. L bis 28 cm. Oben grau, Kopf schwarz, Flügelunterseite dunkelgrau; Schnabel und Beine rot; im Winter ohne schwarze Kappe. Wintergast an Küsten. Ruf: lachend „kek-kek-kek". Nahrung: Kleines Wassergetier.

4 (S), **5** (W) **Lachmöwe** *Larus ridibundus*
LARIDAE. L bis 38 cm. Kopf dunkelbraun, im Winter hell. Vorzüglich Wintergast an Küsten, Standvogel in Südfrankreich. Ruf: „kwerr". Nahrung: Kleines Wassergetier, auch Abfall.

6 Dünnschnabelmöwe *Larus genei*
LARIDAE. L bis 43 cm. Ziemlich langhalsig; Schnabel und Beine rot, Schnabel im Winter gelb; Gefieder weiß, während Brutzeit rosa getönt. Standvogel, Wintergast oder Durchzügler, meist an Lagunen. Nahrung: Kleine Fische.

7 Korallenmöwe *Larus audouinii*
LARIDAE. L bis 50 cm. Weiß, Oberseite grau, Flügelspitzen schwarz; Schnabel rot mit gelber Spitze, Beine schwärzlichgrün. Nur am Mittelmeer, mit wenigen Brutplätzen auf Felseilanden. Ruf: sehr laut „gi-errk". Nahrung: Meerestiere.

8 Heringsmöwe *Larus fuscus*
LARIDAE. L bis 56 cm. Ganz weiß, nur Rücken und Flügeloberseite grau bis schwarz. Wintergast an Küsten. Ruf: tiefes „Kjau". Nahrung: Meeresgetier, auch Abfall.
Mantelmöwe *Larus marinus* ist ähnlich, aber größer (L bis 79 cm).

9 Silbermöwe *Larus argentatus*
LARIDAE. L bis 56 cm. Kopf und Unterseite weiß, oben grau; Schnabel gelb mit leuchtend orangerotem Fleck. Standvogel oder Wintergast. Durchdringender Ruf: „kjau". Allesfresser.
Sturmmöwe *Larus canus* ist ähnlich (L bis 40 cm), aber ohne Schnabelfleck.

10 (S) **Lachseeschwalbe** *Gelochelidon nilotica*
LARIDAE. L bis 38 cm. Scheitel und Genick schwarz, sonst grau und weiß. Örtlich Sommergast oder Durchzügler. Ruf: lachend „hähähäg". Nahrung: Kleingetier, meist an Land gesucht.

11 (S) **Brandseeschwalbe** *Sterna sandvicensis*
LARIDAE. L bis 41 cm. Weiß und grau, Schnabelspitze gelb. Im Winter weiß. Vorzüglich Wintergast oder Durchzügler an sandigen Küsten. Weittragender Ruf: „kirrick". Nahrung: Kleine Fische, besonders Sandaale.

12 (S), **13** (W) **Flußseeschwalbe** *Sterna hirundo*
LARIDAE. L bis 35 cm. Scheitel und Genick schwarz, Schnabel schlank, orangerot mit schwarzer Spitze; Beine rot. Sommergast und Durchzügler. Ruf: „kri-ärr" oder „kikikik". Nahrung: Insekten und kleine Fische.

14 Zwergseeschwalbe *Sterna albifrons*
LARIDAE. L bis 24 cm. Scheitel und Nakken schwarz, Schnabel gelb mit schwarzer Spitze; Beine orangegelb. Sommergast an sandigen Stränden, fast in der gesamten Region. Rufe: „kik-kik", klagend „ki-ir". Nahrung: Kleine Fische.

15 (S) **Weißbartseeschwalbe** *Chlidonias hybridus*
LARIDAE. L bis 24 cm. Vorzüglich schwarz und hellgrau. Scheitel schwarz, Schnabel und Beine rot; Schwanz gegabelt. Im Winter blaugrau und weiß, Schnabel schwarz. Sommergast, besonders im Westen, sonst Durchzügler. Ruf: rauhes „Ky-ik". Nahrung: Wassergetier.

16 (S), **17** (W) **Trauerseeschwalbe** *Chlidonias niger*
LARIDAE. L bis 24 cm. Vorwiegend dunkel, Flügel heller, mit hellgrau und weißer Unterseite; Beine schwärzlichrot. Im Winter gesamte Unterseite weiß und grau mit schwarzem Fleck an der Brustseite; Schnabel schwarz. Lokal Sommergast im Norden; sonst Durchzügler. Brütet in Süßwassersümpfen und an Lagunen. Ruf: kreischend „kitt" oder „kriek". Nahrung: Wirbellose, gelegentlich kleine Fische.

1 Sandflughuhn *Pterocles orientalis*
PTEROCLIDIDAE. L bis 34 cm. Schwerer, relativ kurzschwänziger Vogel; ♂ oben gelbbraun, unten grau, weiß und schwarz gebändert; ♀ dicht gefleckt, Brust ockerfarben. Standvogel in Nordafrika; Sommergast in Kleinasien. Nahrung: Blätter und Samen.

2 Spießflughuhn *Pterocles alchata*
PTEROCLIDIDAE. L bis 37 cm. Schlank, langschwänzig; ♂ oben grünlichbraun mit ziegelroter Brust, Bauch und Flügelunterseite weiß: ♀ unten weiß, sonst sandfarben. Brutvogel im Westen und Süden. Ruf: nasal „ganganggang", im Flug. Nahrung: Blätter und Samen.

Felsentaube *Columba livia*
COLUMBIDAE. L bis 33 cm. Grau mit zwei schwarzen Flügelbinden. Brutvogel auf Inland- und Küstenklippen, im gesamten Gebiet. Ruf wie bei der Haustaube. Nahrung: Samen und kleine Früchte. (Nicht abgebildet)

Ringeltaube *Columba palumbus*
COLUMBIDAE. L bis 41 cm. Gefieder vorwiegend in Grauschatten, mit weißen Flügelbinden. Brutvogel in Wäldern, Parks, Gärten, außer im Südosten. Ruf: „ku-ku-kukuruh". Nahrung: Samen, kleine Früchte, Blätter. (Nicht abgebildet)

3 Türkentaube *Streptopelia decaocto*
COLUMBIDAE. L bis 32 cm. Oben warm gelblichgrau, Kopf und Unterseite rosa oder rosig-gelbbraun; schwarzes Nackenband; Schwanzunterseite schwarz mit weißer Endbinde. Brutvogel im Norden und Osten der Region. Ruf: tiefes „ku-kuh, ku", Flugruf: „chih". Nahrung: Früchte, Samen, Blätter.

4 Turteltaube *Streptopelia turtur*
COLUMBIDAE. L bis 27 cm. Ähnlich der Türkentaube, aber Oberseite dunkel gefleckt, Kehlflecke schwarz und weiß. Sommergast in Waldgebieten, Parks, Gärten. Ruf: schnurrend „turr-turturr". Nahrung: Samen und Früchte.

5 Häherkuckuck *Clamator glandarius*
CUCULIDAE. L bis 39 cm. Groß, mit auffälliger Haube, langem Schwanz und gebogenem, zugespitztem Schnabel; oben schwarz und grau, unten rahmfarben. Sommergast in lichten Wäldern, Olivenhainen, Macchie. Ruf rauh. Nahrung: Insekten.

6 Kuckuck *Cuculus canorus*
CUCULIDAE. L bis 33 cm. Oben braungrau, Brust und Bauch lederbraun, quergebändert. Sommergast in verschiedenen Habitaten, außer in einigen Gebieten Nordafrikas. Ruf: ♂ „Kuckuck", ♀ selten „kwickkwick". Nahrung: Insekten, besonders haarige Raupen.

7 Zwergohreule *Otus scops*
STRIGIDAE. L bis 19 cm. Klein, vorwiegend nachtaktiv; Graubraun marmoriert, Federohren nur aus der Nähe deutlich. Standvogel oder Sommergast in bewaldeten Habitaten, auch in Städten. Ruf: monoton „piu". Nahrung: Große Insekten, kleine Säuger.

8 Steinkauz *Athene noctua*
STRIGIDAE. L bis 22 cm. Klein, teils tagaktiv; stumpfbraun mit weißen Flecken. Verbeugt sich bei Neugier, oft Kopf bis 180° gedreht; wellenförmiger Flug. In offenem Gelände mit verstreuter Deckung. Ruf klagend „kwiu". Nahrung: Kleine Säuger, Vögel, Insekten.
Anmerkung: Weitere Eulenarten im Mittelmeergebiet bekommt man nur sehr selten zu Gesicht.

9 (♂) Ziegenmelker *Caprimulgus europaeus*
CAPRIMULGIDAE. L bis 27 cm. Scheu, zurückgezogen. Braun mit dunkler und heller Zeichnung. Schnabel von steifen Borsten umstanden, weit aufsperrbar. Sommergast in lichten Wäldern, Heide, Macchie, Garrigue. Ruf: leises „gu-ek", während Brutzeit lautes Flügelklatschen. Nahrung: Insektenfang im Flug.

10 Rothalsziegenmelker *Caprimulgus ruficollis*
CAPRIMULGIDAE. L bis 31 cm. Größer als der Ziegenmelker, rötlich. Sommergast im Westen, in trockenem, offenem Gelände. Ruf: wiederholt „kutuck". Nahrung: Insektenfang im Flug.

1 Mauersegler *Apus apus*
APODIDAE. L bis 16,5 cm. Körper klein, gedrungen, Flügel sichelförmig zurückgebogen; Schwanz kurz, gegabelt; dunkelbraun, Kehle heller. Sommergast im größten Teil des Gebiets. Ruf: schrill „srih". Nahrung: Fliegende Insekten.
2 Fahlsegler *Apus pallidus*
APODIDAE. L bis 16,5 cm. Ähnlich dem Mauersegler, aber heller, heller Kehlfleck auffälliger, Kopf breiter. Sommergast im größten Teil des Gebiets. Ruf, Nahrung und Habitat wie beim Mauersegler.
3 Alpensegler *Apus melba*
APODIDAE. L bis 22 cm. Ähnlich dem Mauersegler, aber größer; hellbraun, Unterseite weiß. Sommergast. Lauter, musikalischer Ruf. Nahrung und Habitat wie Mauersegler.
4 Eisvogel *Alcedo atthis*
ALCEDINIDAE. L bis 16,5 cm. Klein, langschnäbelig, schillernd gefärbt; oben blaugrün, unten rötlich kastanienbraun. Standvogel im größten Teil des Gebiets; Wintergast im Südosten. An Ufern, im Winter auch an der Küste. Schriller Ruf im Flug. Nahrung: Nach Fischen tauchend.
5 Bienenfresser *Merops apiaster*
MEROPIDAE. L bis 28 cm. Bunt, langschnäbelig, Scheitel kastanienbraun, Flügel grün und kastanienbraun, Schwanz grün mit zwei langen Mittelfedern. Sommergast im größten Teil des Gebiets, in offener Landschaft, Macchie, Garrigue. Im Südosten Durchzügler. Ruf: knarrendes „prürr". Nahrung: Fliegende Insekten.
6 Blauracke *Coracias garrulus*
CORACIIDAE. L bis 31 cm. Kräftig, häherartig, mit kräftigem Schnabel. Kopf, Unterseite und Flügelstreif hellblau, Rücken kastanienbraun. Sommergast, verbreitet. Ruf: „krak-ak", „rä-rä-rä". Nahrung: Insekten, kleine Reptilien.
7 Wiedehopf *Upupa epops*
UPUPIDAE. L bis 28 cm. Unverwechselbar mit langem, gebogenem Schnabel und auffälliger, aufstellbarer Haube; gelblich zimtfarben mit breiten schwarzweißen Querbinden auf der Oberseite. Sommergast im gesamten Gebiet, in lichten Waldgebieten. Ruf: „pu-pu-pu". Nahrung: Insekten.
8 Wendehals *Jynx torquilla*
PICIDAE. L bis 16,5 cm. Schnabel kurz, Schwanz lang; oben bräunlich, stark gemasert, unten heller mit graubraunen Querwellen. Auffälliges Verdrehen des Kopfes. In baumreichem Gelände. Durchzügler. Ruf: „gäh-gäh-gäh". Nahrung: Insekten, besonders Ameisen.
9 (♂) Grünspecht *Picus viridis*
PICIDAE. L bis 32 cm. Ziemlich keilförmiger Schwanz zum Abstützen an Baumstümpfen; hellgrün, Scheitel und Nacken rot. Bürzel gelbgrün, Flügelspitzen und Schwanzfedern bräunlich gemasert. In Waldgebieten; fehlt im Südosten. Ruf: lautes schallendes Lachen, trommelt selten. Nahrung: Insekten, besonders Ameisen.
10 (♂) Großer Buntspecht *Dendrocopus major*
PICIDAE. L bis 23 cm. Kräftig, mit mittellangem Schnabel; Schwanz, Schulterflecken, Kinn und Wangen weiß, mit schwarzem Bartstreif, unter dem Schwanz leuchtend rot, ♂ mit rotem Genickfleck. In Waldgebieten. Ruf: lautes „Kick". Nahrung: Insekten.
11 (♂) Blutspecht *Dendrocopus syriacus*
PICIDAE. L bis 23 cm. Dem Großen Buntspecht sehr ähnlich, aber ohne schwarzes Querband in der Ohrregion; rötliches Querband auf der Brust. Brutvogel, breitet sich im Nordosten der Region aus. Ruf: wiederholtes „chick".
12 (♂) Kleinspecht *Dendrocopus minor*
PICIDAE. L bis 14,5 cm. Vorzüglich schwarz und weiß, die Oberseite dicht gebändert, Unterseite gefleckt; schmaler schwarzer Bartstreif; ♂ mit schwarzgerandeter roter Kappe, ♀ schwarze Kappe. Brutvogel im Norden und Westen der Region, in Waldgebieten. Ruf: „kiki-ki". Nahrung: Insekten.

VÖGEL 189

1 Wüstenläuferlerche *Alaemon alaudipes*
ALAUDIDAE. L bis 19 cm. Ziemlich langbeinig, mit langem, gebogenem Schnabel; oben grau, sandfarben, unten heller mit schwarzer Brustfleckung. Im Süden und Südosten des Gebietes in offenem, steinigem Gelände. Nahrung: Vorzüglich Insektenlarven, auch Samen.

2 Kalanderlerche *Melanocorypha calandra*
ALAUDIDAE. L bis 19 cm. Plump, langschnäbelig; oben braun, unten weiß, jederseits großer schwarzer Halsfleck, obere Brust gelblichbraun, gefleckt; Brutvogel fast im gesamten Gebiet in unterschiedlichen Habitaten, auch Kulturland und trockenen, steinigen Gegenden. Gesang: ähnlich Feldlerche, auch andere Vögel imitierend. Nahrung: Samen; gelegentlich Insekten.

3 Kurzzehenlerche *Calandrella brachydactyla*
ALAUDIDAE. L bis 14 cm. Klein, hell, kurzschnäblig; oben gelblichbraun, unten heller, jederseits dunkler Halsstreif. Sommergast, in offenem, trockenem Gelände, Halbwüsten, Sanddünen. Ruf enthält sperlingsartiges Schilpen. Nahrung: Kleine Insekten und Samen.
Stummellerche *Calandrella rufescens* ist von vorstehender Art schwer zu unterscheiden; feine Bruststreifen.

4 Haubenlerche *Galerida cristata*
ALAUDIDAE. L bis 17 cm. Oben braun, gefleckt; unten weiß, Brust blaßhellbraun mit auffälliger Streifung, aufrechter Schopf. Überall, außer auf Korsika, Sardinien; in verschiedenen Habitaten, oft nahe oder in Städten. Melodischer Gesang. Nahrung vorzüglich Samen, gelegentlich Insekten.

5 Heidelerche *Lullula arborea*
ALAUDIDAE. L bis 15 cm. Ähnlich der Haubenlerche, Schopf kürzer. Brutvogel fast im gesamten Gebiet; Wintergast oder fehlend im Südosten, in sehr lichten Wäldern. Ruf melodisch „titluit"; Gesang ähnlich der Haubenlerche. Nahrung: Insekten und Samen.

6 Feldlerche *Alauda arvensis*
ALAUDIDAE. L bis 18 cm. Schopf kurz. Brutvogel in offenem Gelände, im gesamten Norden; Wintergast im Süden. Wohltönender Gesang während aufsteigendem, dann abfallendem Flug. Nahrung: Vorzüglich Sämereien, einige Wirbellose.

7 Uferschwalbe *Riparia riparia*
HIRUNDINIDAE. L bis 12 cm. Klein, Flügel sichelförmig; einförmig braun, Unterseite weiß mit braunem Brustband. Sommergast an Flußufern, wo sie Nisthöhle gräbt. Zwitschernder Gesang im Flug. Nahrung: Kleine fliegende Insekten.

8 Felsenschwalbe *Ptyonoprogne rupestris*
HIRUNDINIDAE. L bis 14 cm. Der Uferschwalbe ähnlich, Schwanz schwächer gegabelt; Unterseite hellbraun mit weißen Flecken auf halber Schwanzlänge. Sommergast auf Klippen im Inland und an der Küste, gelegentlich in Städten. Zwitschernder Gesang. Nahrung: Fliegende Insekten.

9 Rauchschwalbe *Hirundo rustica*
HIRUNDINIDAE. L bis 19 cm. Flügel sichelförmig. Schwanz tief gegabelt; oben blauschwarz, unten rahmweiß, Kehle und Stirn kastanienbraun. Sommergast im gesamten Gebiet, häufig in der Nähe von Gebäuden, oft über dem Wasser jagend. Ruf: „Tswit", Gesang zwitschernd. Nahrung: Fliegende Insekten.

10 Rötelschwalbe *Hirundo daurica*
HIRUNDINIDAE. L bis 18 cm. Ähnlich der Rauchschwalbe, aber Schwanzgabel kürzer; Nacken und Augenstreif rostbraun, Kehle rahmfarben. Sommergast im Westen und Osten, in der Nähe von Gebäuden. Klagender Ruf. Nahrung: Fliegende Insekten.

11 Mehlschwalbe *Delichon urbica*
HIRUNDINIDAE. L bis 12,5 cm. Klein, Schwanz schwach gegabelt; oben blauschwarz, Bürzel und Unterseite weiß. Sommergast im gesamten Gebiet, brütet kolonieweise oft an Gebäuden. Ruf und Gesang schilpend. Nahrung: Fliegende Insekten.

VÖGEL 191

1 Brachpieper *Anthus campestris*
MOTACILLIDAE. L bis 16,5 cm. Sandbraun, Unterseite heller, brauner Augenstreif. Sommergast, im Süden Durchzügler; in trockenem, offenem Gelände, Heide, Garrigue, Sanddünen. Einfacher Gesang „Zirluih"; verschiedene Rufe. Nahrung: Insekten.
2 Baumpieper *Anthus trivialis*
MOTACILLIDAE. L bis 15 cm. Dem Brachpieper ähnlich, aber Unterseite stark gefleckt. Sommergast im Norden, sonst Durchzügler. Heideland, lichter Wald. Ruf: „ziä-ziä-ziä". Nahrung: Insekten.
3 Wiesenpieper *Anthus pratensis*
MOTACILLIDAE. L bis 14,5 cm. Ähnlich dem Baumpieper, aber deutlich durch den Ruf „tsip" unterschieden. Wintergast im gesamten Gebiet, in offenem Gelände. Nahrung: Meist Insekten.
4 (♂), 5 (♀) Iberische Schafstelze *Motacilla flava iberiae*
MOTACILLIDAE. L bis 16,5 cm. Schlank, Schwanz lang; ♂ oben grünbraun, unten hellgelb, Kinn und Wangen schwarz; ♀ ohne deutliches Kopfmuster. Rasse von Südfrankreich und Spanien. Sommergast fast im gesamten Gebiet, auf Grasland, in Salzsümpfen. Ruf wohltönend „psüip", Gesang „zip-zip-zipsi". Nahrung: Insekten.
6 (♂) Gebirgsstelze *Motacilla cinerea*
MOTACILLIDAE. L bis 18 cm. Der Schafstelze ähnlich, aber Schwanz länger; ♂ mit grauem Kopf und Rücken. Brutvogel im Norden, Wintergast im Süden. Brütet an schnellfließenden Gewässern. Rufe: „sit", „zieh-zieh-zieh". Nahrung: Insekten.
7 (♂), 8 (♀) Bachstelze *Motacilla alba alba*
MOTACILLIDAE. L bis 18 cm. Klein, Schwanz sehr lang. Scheitel, Kinn, Brust und Schwanz schwarz; Rücken und Bürzel grau; Stirn, Wangen und Bauch weiß. Brutvogel im Norden, Wintergast im Süden; in offenem Gelände, oft in Nähe menschlicher Ansiedlungen. Rufe: „zilipp" oder „zisiss". Nahrung: Insekten.
9 Graubülbül *Pycnonotus barbatus*
PYCNONOTIDAE. L bis 19 cm. Schlank, langschwänzig; Oberseite und Kehle graubraun, Bauch grauweiß. Brütet in Gärten, Palmenhainen und buschigen Gebieten in Nordafrika und dem Nahen Osten. Melodischer Gesang. Nahrung: Vorzüglich Insekten und Samen.
Zaunkönig *Troglodytes troglodytes*
TROGLODYTIDAE. L bis 9,5 cm. Sehr klein; oben braun, unten heller, gebändert; kurzer Schwanz oft aufgestellt. Brutvogel im gesamten Gebiet, außer einigen Regionen im Süden. Ruf: laut, hart „zick-zick-zick". Nahrung: Kleine Insekten und Spinnen. (Nicht abgebildet).
10 Heckenbraunelle *Prunella modularis*
PRUNELLIDAE. L bis 14,5 cm. Klein; Kopf und Unterseite grau, Seiten auffällig gefleckt, oben braun, gefleckt. Brutvogel oder Wintergast, fehlt im Süden; in montaner Latschenregion, Macchie. Pfeifender Ruf: „ziht", „di-di-di". Nahrung: Insekten, Samen.
11 Heckensänger *Cercotrichas galactotes*
TURDIDAE. L bis 15 cm. Schlank, der lange Schwanz oft aufrecht; oben braun, Schwanz rötlich, äußere Spitzen der Schwanzfedern schwarzweißgefleckt (bei gespreiztem Schwanz sichtbar); unten hellbraun. Sommergast im Westen, Süden und Osten; in buschigen Habitaten, Olivenhainen, Halbwüsten. Lockruf: „teck". Gesang melodisch. Nahrung: Insekten, Würmer.
Rotkehlchen *Erithacus rubecula*
TURDIDAE. L bis 14 cm. Plump, neugierig; oben braun, Gesicht und Brust orangerot, Bauch weißlich. Brutvogel fast im gesamten Gebiet; Wintergast im Südosten; in waldigen und buschigen Gebieten. Ruf: schnelles „zick", klagend „zieh". Nahrung: Wirbellose, Früchte, Samen. (Nicht abgebildet).
12 Nachtigall *Luscinia megarhynchos*
TURDIDAE. L bis 16,5 cm. Oben nußbraun, Schwanz rötlich; unten blaßnußbraun. Sommergast in Waldgebieten, Dickichten, großen Gärten. Melodischer Gesang tags und nachts. Rauher Ruf „knarr". Nahrung: Wirbellose, Beeren.

1 (♂) **Hausrotschwanz** *Phoenicurus ochruros*
TURDIDAE. L bis 14 cm. ♂ schwarz mit weißem Flügelstreif und rötlichem Schwanz; ♀ ohne Flügelstreif, grau. Standvogel oder Sommergast im Norden, Wintergast im Süden, gern an felsigen Hängen. Ruf: „tsip" oder „hid-teckteck". Nahrung: Wirbellose.

2 (♂), **3** (♀) **Gartenrotschwanz** *Phoenicurus phoenicurus*
TURDIDAE. L bis 14 cm. ♂ Gesicht und Kehle schwarz; Brust und Schwanz rotorange; ♀ oben stumpfbraun, unten heller. Sommergast im Norden und Osten, sonst Durchzügler; in bewaldeten Gegenden, nahe Flüssen. Ruf: „fuit-ticktick", Nahrung: Wirbellose.

4 (♂) **Diademrotschwanz** *Phoenicurus moussieri*
TURDIDAE. L bis 12 cm. ♂ oben schwarz, Stirn und Augenstreif weiß; ♀ oben stumpfbraun, unten rostfarben. In Wäldern und im Hügelland, in Nordafrika. Nahrung: Insekten.

5 (♂) **Braunkehlchen** *Saxicola rubetra*
TURDIDAE. L bis 12,5 cm. Oben deutlich gestreift, weißer Augenstreif, unten hell kastanienfarben; ♀ heller. Sommergast im Norden des Gebiets, auf Heiden und offenem Gelände. Einfacher Gesang. Alarmruf: „utick". Nahrung: Wirbellose.

6 (♂), **7** (♀) **Schwarzkehlchen** *Saxicola torquata*
TURDIDAE. L bis 12,5 cm. Ähnlich dem Braunkehlchen, aber ohne Augenstreif; ♂ dunkler, besonders an Kopf und Kehle. Weitverbreitet, außer im Südosten, auf Heiden, in der Macchie. Einfacher Gesang; lauter Ruf, als würden Steine aneinandergeschlagen. Nahrung: Insekten.

8 (♂), **9** (♀) **Steinschmätzer** *Oenanthe oenanthe*
TURDIDAE. L bis 15 cm. ♂ oben grau, Bürzel und Band an Seite des Schwanzes weiß, dreieckiger schwarzer Wangenfleck, Brust gelbbraun; ♀ oben braun. Sommergast im Norden, in offenem Gelände. Gesang zwitschernd. Nahrung: Insekten und andere Wirbellose.

10 (♂) **Mittelmeersteinschmätzer** *Oenanthe hispanica*
TURDIDAE. L bis 14,5 cm. ♂ erscheint in drei Farbvarianten: 1. rötlichbraun mit schwarzen Flügeln, Schwanzspitze und Mittelstreif schwarz, dreieckiger Wangenfleck; 2. schwarze Kehlzeichnung mit Wangenfleck zusammenhängend; 3. Brutkleid ersetzt rötlichbraun durch cremeweiß; ♀ ganz braun. Sommergast außer im Südosten in Halbwüsten mit Büschen. Gesang ähnlich dem Steinschmätzer. Nahrung: Insekten.

11 Trauersteinschmätzer *Oenanthe leucura*
TURDIDAE. L bis 18 cm. Schwarz mit weißem Bürzel und Unterschwanzfleck; ♀ brauner. Standvogel im Westen, in felsigen Habitaten. Melodischer Gesang; wiederholter klagender Ruf. Nahrung: Insekten.

12 (♂) **Steinrötel** *Monticola saxatilis*
TURDIDAE. L bis 19 cm. ♂ Kopf, Kehle und Rücken schieferblau, Flügel grau, Schwanz, Brust und Bauch orange-kastanienfarben; ♀ gebändert gelbbraun. Sommergast in felsigem, offenem Gelände. Lauter Gesang, Ruf: „tack". Nahrung: Insekten.

13 (♂) **Blaumerle** *Monticola solitarius*
TURDIDAE. L bis 20 cm. ♂ blau mit dunkelgrauen Flügeln und Schwanz; ♀ stumpfdunkelbraun mit hellerer Streifung. Weitverbreitet, außer im Südosten, in felsigen Gegenden und in Städten. Gesang flötend. Ruf: leises „tack", Nahrung: Vorzüglich Insekten.

Amsel *Turdus merula*
TURDIDAE. L bis 25 cm. ♂ schwarz mit gelbem Schnabel; ♀ dunkelbraun. Weitverbreitet, im Südosten nur Wintergast. In Wäldern, auch in Städten. Flötender Gesang; lauter Ruf: „tschuk". Nahrung: Wirbellose, Früchte, Beeren. (Nicht abgebildet).

14 Singdrossel *Turdus philomelos*
TURDIDAE. l bis 23 cm. Kopf und Oberseite warm-nußbraun, Brust cremefarben, braungefleckt. Hauptsächlich Wintergast, im Norden auch Standvogel, in Waldgebieten, Parks. Nahrung: Wirbellose, Früchte, Beeren.

VÖGEL

1 Seidensänger *Cettia cetti*
SYLVIIDAE. L bis 14 cm. Sehr scheu, am besten am Gesang erkennbar; Oberseite und Schwanz dunkelbraun. Im gesamten Gebiet, außer im Süden; in dichter Vegetation in Wassernähe. Gesang sehr laut, wiederholtes „tschjuih", plötzlich abbrechend. Nahrung: Wirbellose.

2 Cistensänger *Cisticola juncidis*
SYLVIIDAE. L bis 10 cm. Klein und scheu; oben braun, unten cremefarben; äußere Steuerfedern des Schwanzes mit schwarzweißen Spitzen. Im gesamten Gebiet, außer im Süden, an Süßgewässerufern. Kurzer Gesang im Fluge „tiptip-tip-tjuh". Nahrung: Insekten.

3 Mariskensänger *Acrocephalus melanopogon*
SYLVIIDAE. L bis 13 cm. Oben kräftigbraun, Scheitel dunkel, mit fast schwarzen Längsstreifen, weißer Augenstreif. Im Westen Standvogel, im Osten Wintergast, im Süden fehlend; im Schilf nahe Süßgewässern. Melodischer Gesang, Ruf weich. Nahrung: Insekten.

4 Schilfrohrsänger *Acrocephalus schoenobaenus*
SYLVIIDAE. L bis 13 cm. Ähnlich dem Mariskensänger, aber heller. Sommergast im Nordosten, in dichter Vegetation an Süßgewässern; sonst Durchzügler. Gesang mit wohltönenden und rauhen Lauten sowie langen Trillern, imitiert andere Vögel; Ruf: „Täk". Nahrung: Insekten.

5 Drosselrohrsänger *Acrocephalus arundinaceus*
SYLVIIDAE. L bis 19 cm. Groß; oben tiefbraun, weißlicher Augenstreif, unten cremefarben. Sommergast in großen Teilen des Gebiets; Durchzügler im Süden; gewöhnlich in Röhricht. Gesang rauh „karre-karre, krik-krik, görkgörk". Nahrung: Insekten.

Teichrohrsänger *Acrocephalus scirpaceus* (L bis 12,5 cm), mit rötlicherem Gefieder. Gesang: wiederholtes „tschirrak-tschirrak". Im Röhricht.

6 Blaßspötter *Hippolais pallida*
SYLVIIDAE. L bis 13,5 cm. Oben bräunlichgrau oder olivbraun, heller Augenstreif, unten cremefarben. Sommergast, außer im Norden, in buschigen, waldigen Gebieten, Parks. Ruf: „tek, tek"; Alarmruf: leises Ticken. Nahrung: Insekten.

7 Orpheusspötter *Hippolais polyglotta*
SYLVIIDAE. L bis 13 cm. Oben gelblichbraun, unten gelb. Sommergast im Westen des Gebiets, an Flußufern, in Waldgebieten, Gärten. Ruf: „tack". Gesang melodiös, tief. Nahrung: Insekten.

8 (♂) Sardengrasmücke *Sylvia sarda*
SYLVIIDAE. L bis 12 cm. Schwanz fast von Körperlänge, aufgestellt; dunkelgrau, unten heller, besonders beim ♀. Sehr lokal in offenem Buschland und Macchie im Westen; Wintergast in Nordafrika. Gesang ähnlich wie bei der Provencegrasmücke. Ruf: „zig" oder „rrätt". Nahrung: Insekten, Spinnen.

9 (♂) Provencegrasmücke *Sylvia undata*
SYLVIIDAE. L bis 12,5 cm. Ähnlich der Sardengrasmücke, oben warm-rötlichbraun, Wangenfleck blaugrau, Kehle weißgefleckt. In dichtem Gebüsch und Macchie im Westen, bis Italien. Gesang: angenehmes Zwitschern mit einzelnen flötenden Tönen. Ruf: „tschirr" oder „tak". Nahrung: Insekten, Spinnen.

10 (♂) Brillengrasmücke *Sylvia conspicillata*
SYLVIIDAE. L bis 12,5 cm. Oben grau, Flügel rötlichbraun gestreift, weißer Augenring, Kehle weiß, Unterseite und ♀ heller. Sommergast im Nordwesten, Standvogel im Süden, in trockenem Buschland. Angenehmer Gesang von freier Warte oder in tänzelndem Flug. Ruf: schnurrend. Nahrung: Insekten.

11 (♂) Weißbartgrasmücke *Sylvia cantillans*
SYLVIIDAE. L bis 12 cm. Oberseite des ♂ grau, Kehle und Brust rötlich-orangebraun, äußere Schwanzfedern, Bauch und „Bart" weiß; ♀ heller mit kastanienfarbenen Flügeln. Sommergast im Westen und Norden des Gebiets; sonst Durchzügler; in Buschland und Macchie. Ruf: hartes, leises „täk" schnell, schnurrend. Gesang wohlklingend von Warte aus oder in tänzelndem Balzflug. Nahrung: Insekten.

VÖGEL

1 **Samtkopfgrasmücke** *Sylvia melanocephala*
SYLVIIDAE. L bis 13,5 cm. ♂ Kopf schwarz, oben dunkelgrau, Kinn, Kehle weiß, Brust und Bauch grau, Augenring rot; ♀ heller, Scheitel wie Oberseite gefärbt. Fast im gesamten Gebiet, in buschigen Habitaten. Ruf „tscha-tscha", Gesang ähnelt dem der Dorngrasmücke. Nahrung: Insekten.

2 (♂) **Zyperngrasmücke** *Sylvia melanothorax*
SYLVIIDAE. L bis 13,5 cm. Ähnlich voriger, aber Augenring heller; Unterseite kräftig schwarz gezeichnet; Beine rötlich. In Buschland auf Zypern.

3 (♂) **Orpheusgrasmücke** *Sylvia hortensis*
SYLVIIDAE. L bis 15 cm. Oben dunkelbraun, Scheitel und Wangen schwarz, äußere Schwanzfedern, Kehle und Augenring weiß, Unterseite des ♂ rosiggelbbraun, beim ♀ blaßgelbbraun. Sommergast in den meisten Gebieten, nur im Süden Durchzügler; in offenem Waldland, Parks, Gärten. Ruf: „täck, täck" oder „tjut, tjut". Gesang angenehm, drosselartig. Nahrung: Insekten, Früchte.

4 (♂) **Dorngrasmücke** *Sylvia communis*
SYLVIIDAE. L bis 14 cm. Scheitel und Wangen beim ♂ grau, beim ♀ nußbraun, Flügel rötlichbraun, Rücken und Schwanz nußbraun, Kehle weiß, Unterseite blaßgelb, beim ♂ rosig. Sommergast in Buschland und Macchie, außer im Südosten. Ruf „woit, woit, wit, wit" oder „tschäck", „scharr". Gesang eilig zwitschernd. Nahrung: Insekten, Spinnen, Beeren.

5 **Gartengrasmücke** *Sylvia borin*
SYLVIIDAE. L bis 14 cm. Oben einfarbig graubraun, unten heller, unter dem Schwanz weißlich. Vorzüglich Durchzügler, aber Sommergast in einigen Gebieten des Nordens, in Dickichten, Wald. Gesang lang, volltönend. Ruf „tschäk", „tscharr", „uit". Nahrung: Insekten.

6 (♂), **7** (♀) **Mönchsgrasmücke** *Sylvia atricapilla*
SYLVIIDAE. L bis 14 cm. Scheitel des ♂ glänzendschwarz, beim ♀ rotbraun; Oberseite stumpfbraun. Im Westen und Norden in Busch- und Waldland. Sonst Wintergast oder Durchzügler. Gesang: abwechslungsreich zwitschernd, flötende Schlußstrophe. Ruf „täck-täck". Nahrung: Insekten, Beeren.

8 Berglaubsänger *Phylloscopus bonelli*
SYLVIIDAE. L bis 11,5 cm. Kopf und Rücken grau, gelber Fleck am Bürzel. Sommergast in Wäldern des Hügellandes; Durchzügler im Südosten. Gesang trillernd auf dem gleichen Ton. Ruf klagend „hoid". Nahrung: Insekten.

9 Waldlaubsänger
Phylloscopus sibilatrix
SYLVIIDAE. L bis 12,5 cm. Oben gelbbraun, Augenstreif und Stirn gelb, Bauch weiß. Sommergast in Waldgebieten des Nordens, sonst Durchzügler. Gesang flötend „düh", trillernd „sib", beschleunigend. Nahrung: Meist Insekten.

10 Zilpzalp *Phylloscopus collybita*
SYLVIIDAE. L bis 11 cm. Stumpfbräunlich, gelb getönt; Beine dunkelbraun. Brutvogel im Norden, Wintergast im Süden, in offenem Waldland. Nach seinem Gesang benannt. Ruf klagend „huet". Nahrung: Insekten, Spinnen.
Fitis *Phylloscopus trochilus:* ähnlich, aber Gesang wohltönend, abfallend.

11 Sommergoldhähnchen *Regulus ignicapillus*
SYLVIIDAE. L bis 9 cm. Oben vorzüglich grün, Flügel schwarzweiß gebändert, Unterseite blaß-weißlichgrau. Scheitel des ♂ leuchtend-orange, beim ♀ gelb, in beiden Geschlechtern schwarz gesäumt. Augenstreif schwarz. Brutvogel im Norden und Westen, in Waldland, auch Nadelwald. Gesang: in gleicher Höhe „sisissisia". Nahrung: Insekten.

Wintergoldhähnchen *Regulus regulus* sehr ähnlich, Gesicht grau, ohne Augenstreif. Brutvogel oder Wintergast, Nadelwälder. Ruf: hoch „sississi". Gesang: hoher Doppelton. Nahrung: Insekten.

1 Grauschnäpper *Muscicapa striata*
MUSCICAPIDAE. L bis 14 cm. Oben graubraun, unten heller. Verbreiteter Sommergast; im Süden Durchzügler; in Obstgärten, Parks, Gärten, an Waldrändern, Macchie. Ruf: „pst", „zieh" oder „zih-tek-tek". Gesang dünn, hastig. Nahrung: Fliegende Insekten.

2 (♂), 3 (♀) Halsbandschnäpper *Ficedula albicollis*
MUSCICAPIDAE. L bis 12,5 cm. ♂ Oberseite schwarz, Unterseite und Halsband weiß; ♀ grau mit schwacher Spur eines Halsbandes. Sommergast in Italien und weiter östlich; im Südosten Durchzügler; in offenen Waldgebieten. Ruf: „tik" oder „sieb". Gesang:, „zit-zit-zit-sjusi". Nahrung: Fliegende Insekten.
Trauerschnäpper *Ficedula hypoleuca* ist sehr ähnlich, aber ohne weißes Halsband und weißen Bürzel. Brutvogel in Spanien.

4 (♂) Bartmeise *Panurus biarmicus*
TIMALIIDAE. L bis 16,5 cm. Farbenprächtig, mit langem Schwanz; oben rötlichorange mit schwarzen und weißen Flügelbändern; ♂ mit blaugrauer Haube und schwarzem „Bart" und Schwanzfleck. Brutvogel im Norden, in Röhricht. Durchdringender Ruf: „ping-ping-tick", Nahrung: Wirbellose.

5 Schwanzmeise *Aegithalos caudatus*
AEGITHALIDAE. L bis 14 cm. Klein, mit sehr langem Schwanz; blaßrosa, Scheitel oft blaßgrau, breiter Augenstreif, Mantel und Schwanz schwarz, Flügel schwarz und weiß mit rötlichem Band. Brutvogel im Norden, in Wald und Buschland. Ruf: fiepend „zi-zi-zi" und „tserrp". Nahrung : Kleine Insekten.

6 Trauermeise *Parus lugubris*
PARIDAE. L bis 14 cm. Scheitel und Kehle schwarz, Rücken rußbraun, Flügelspitzen und Schwanz stumpfgrau, Bauch weiß. In felsigen und waldigen Gebieten des Ostens. Stimme ähnlich der Kohlmeise. Nahrung: Kleine Insekten.
Sumpfmeise *Parus palustris* ist ähnlich, aber Schwarzfärbung auf Scheitel und Kinn beschränkt, Flügel weniger grau. Im Norden, in Wäldern. Ruf: „pistjä", „zjä-dä-dä".

7 Haubenmeise *Parus cristatus*
PARIDAE. L bis 11,5 cm. Kopf weiß mit schwarzem Kinn, Nacken und Augenstreif, schwarzweißgestreifte Haube; Oberseite braun, unten weißlich. In Waldgebieten des Westens und des Balkans. Ruf: schnurrend „gürrr" und „zi-zi-zi". Nahrung: Insekten.

8 Tannenmeise *Parus ater*
PARIDAE. L bis 11,5 cm. Kopf schwarz mit weißem Nackenfleck und dreieckigem weißem Wangenfleck; oben grau mit weißer Zeichnung. Vorzüglich in Nadelwäldern. Lauter Gesang: „wize-wize-wize"; Ruf: dünnes „tsi". Nahrung: Insekten.

9 Blaumeise *Parus caeruleus*
PARIDAE. L bis 11,5 cm. Oben graublau und blau; Gesicht weiß, schwarz gerahmt mit schwarzem Augenstreif; nordafrikanische Rasse mit dunkelblauem Scheitel und blauerem Mantel. Im gesamten Gebiet außer im Norden in Wäldern. Ruf: schimpfend „zerettetet". Nahrung: Insekten und Samen.
Kohlmeise *Parus major* ist ähnlich, aber größer (L bis 14 cm), mit schwarzem Kopf und Mittelstreif vom Kinn zum Schwanz, Wangen weiß. Im gesamten Gebiet in Wäldern.

10 Korsischer Kleiber *Sitta whiteheadi*
SITTIDAE. L bis 12 cm. Kurzschwänzig mit langem Schnabel; oben grau, unten weißlichgelb; ♂ Scheitel und Augenstreif schwarz, mit weißem Streifen dazwischen; ♀ Scheitel und Augenstreif grau. In korsischen Kiefernwäldern. Ruf nasal, leiser als Kleiber. Nahrung: Wirbellose und Samen.

11 Felsenkleiber *Sitta neumayer*
SITTIDAE. L bis 14 cm. Ähnlich dem Korsischen Kleiber, aber ohne weißen Augenstreif. In Felsgebieten des Nordostens. Abwechslungsreiche Rufe. Nahrung: Wirbellose und Samen.
Kleiber *Sitta europaea* ist ähnlich, Unterseite aber tief orangegelbbraun. In Waldgebieten des Nordens. Lauter Ruf: „wit-wit-wit", „tschuck", singend „pipi-pi".

VÖGEL 201

1 Mauerläufer *Tichodroma muraria*
TICHODROMADIDAE. L bis 16,5 cm.
Deutlich gebogener, schlanker Schnabel; Kopf und Oberseite grau; Kehle schwarz; Unterseite dunkelgrau, weiß gefleckt; Flügel leuchtend rot. In Berggebieten des Nordens, im Winter an der Küste. Gesang „zizizizüi", beim Klettern. Nahrung: Insekten.

2 Gartenbaumläufer *Certhia brachydactyla*
CERTHIIDAE. L bis 12,5 cm. Ziemlich kurzer, gebogener Schnabel; Oberseite braun; Brust weiß. In Waldgebieten außer im Südosten. Gesang „tüt-tüt-tütteroititit". Nahrung: Insekten.
Waldbaumläufer *Certhia familiaris* ist ähnlich, aber Flanke ohne Braun. In Nadelwäldern des Nordens und Ostens.

3 Beutelmeise *Remiz pendulinus*
REMIZIDAE. L bis 11 cm. Oben grau, unten weiß, mit schwarzem Wangenfleck und kastanienbraunem Mantel. Im Norden in der Nähe von Süßwasser. Ruf: „tsih" und „tsi-tsi-tsi". Nahrung: Insekten, Spinnen und Samen.

4 (♂), 5 (♀) Pirol *Oriolus oriolus*
ORIOLIDAE. L bis 24 cm. ♂ leuchtend gelb mit schwarzen Flügeln und schwarzer Schwanzmitte; ♀ grünlichgrau. Sommergast im größten Teil des Gebiets, im Süden Durchzügler. Gesang flötend „orio-le". Ruf: „tschrr". Nahrung: Wirbellose, Früchte.

Star *Sturnus vulgaris*
STURNIDAE. L bis 21,5 cm. Schwarz mit irisierendem grünem und purpurnem Schimmer, im Winter auffällig gefleckt. In verschiedenen Habitaten, im Norden und Osten besonders in Städten; sonst Wintergast. Gesang pfeifend, klickend, mit Imitationen anderer Vogelstimmen. Alarmruf rauh. Nahrung: Wirbellose. (Nicht abgebildet)

6 Weidensperling *Passer hispaniolensis*
PASSERIDAE. L bis 14,5 cm. ♂ vorzüglich nußbraun, Kehle und Brust schwarz, Flanken schwarzgestreift, Bauch weiß. In buschigem Gelände, Olivenhainen. Ruf: unterschiedlich tief schilpend. Nahrung: Insekten und Samen.

Haussperling *Passer domesticus* ist ähnlich, aber ohne schwarze Flankenstreifung; ♀ braun, unten heller. Im gesamten Gebiet.

7 Steinsperling *Petronia petronia*
PASSERIDAE. L bis 14 cm. Braunschattierungen mit helleren Streifen; Kehle mit blaßgelbem Fleck. Im gesamten Gebiet, außer im Südosten, in felsigem Gelände, in der Nähe alter Gebäude. Ruf: „bä-i". Nahrung: Insekten und Samen.

8 (♂) Buchfink *Fringilla coelebs*
FRINGILLIDAE. L bis 15 cm. ♂ Kopf blaugrau, Rücken braun, schwarzweiße Flügel, Unterseite ziegelrot bis rosigbraun; ♀ bräunlich mit hellerer Unterseite. In Wäldern im gesamten Gebiet, außer im Südosten, dort Wintergast. Gesang schmetternd. Ruf: „pink". Nahrung: Vorzüglich Samen.

Bergfink *Fringilla montifringilla*
FRINGILLIDAE. L bis 14,5 cm. Brust und Schulter orangegelb, Flügel schwarz und weiß, Schwanz schwarz, Bürzel auffällig weiß, Kopf beim ♂ schwarz, beim ♀ braun. Wintergast im Norden, in Waldgebieten, besonders Buchenwälder. Ruf: metallisch „djüp". Nahrung: Samen, Bucheckern. (Nicht abgebildet)

9 Girlitz *Serinus serinus*
FRINGILLIDAE. L bis 11,5 cm. Oben grünlichgelb mit grauen Flecken. In offenem Waldland, Gärten, Parks; Wintergast im Südosten. Ruf: „girlitt". Gesang schnell, sirrend. Nahrung: Samen.

10 Grünling *Carduelis chloris*
FRINGILLIDAE. L bis 14,5 cm. Grünlichgrau; Schnabel kräftig, fleischfarben. In Waldgebieten, Parks, Gärten; Wintergast im Südosten. Ruf: langgezogen „jii". Nahrung: Sämereien, Insekten.

11 Stieglitz *Carduelis carduelis*
FRINGILLIDAE. L bis 12 cm. Gesicht leuchtend rot, sonst weiß, schwarz und braun, Flügel schwarz-gelb. In Wäldern, Parks und Gärten, außer im Südosten, dort Wintergast. Gesang: flüssig zwitschernd. Ruf: „tiglitt". Nahrung: Sämereien.

VÖGEL 203

1 (♂) **Hänfling** *Carduelis cannabina*
FRINGILLIDAE. L bis 13,5 cm. Braun mit schwarz und weiß; ♂ Brust und Stirn rot. Im gesamten Gebiet in Buschland außer im Südosten, dort Wintergast. Gesang abwechslungsreich zwitschernd. Ruf: schnelles Geckern. Nahrung: Samen.
2 (♂) **Wüstengimpel** *Bucanetes githagineus*
FRINGILLIDAE. L bis 12,5 cm. Braun mit rosa Tönung, erwachsenes ♂ mit rosa Schnabel und Stirn. Brutvogel in Nordafrika, in Wüsten und auf steinigen Hügeln. Ruf: trompetend. Nahrung: Samen.
3 (♂) **Dompfaff, Gimpel** *Pyrrhula pyrrhula*
FRINGILLIDAE. L bis 16 cm. Oben schwarz und grau, mit weißem Flügelband und Bürzel; Brust und Bauch beim ♂ leuchtend rosarot, beim ♀ grau-rosa. Brutvogel oder Wintergast im Norden, in Waldgebieten, Parks, Gärten. Ruf klagend. Nahrung: Samen, Früchte, Knospen.
4 (♂) **Kernbeißer** *Coccothraustes coccothraustes*
FRINGILLIDAE. L bis 18 cm. Schnabel massig, im Sommer blaugrau, im Winter gelb; kastanienbraun mit weißen und blaugrünen Bereichen auf den Flügeln und schwarzem Kehlfleck. Brutvogel im Norden des Gebiets und im westlichen Nordafrika, in Wäldern, Obstgärten, Gärten. Ruf: „tzik". Nahrung: Samen, Früchte, Nüsse, Kirschkerne.
5 (♂) **Zaunammer** *Emberiza cirlus*
EMBERIZIDAE. L bis 16,5 cm. Braun und grau, mit olivgrünem Bürzel und gelben Wangen, Brust und Bauch; ♂ mit dunkelgrauem Scheitel und Nacken, schwarzem Augenstreif und Kinnfleck, breites grünes Brustband; ♀ ohne deutliches Brustband. Brutvogel im größten Teil des Gebiets, außer im Südosten, auf Heiden und Äckern mit einzelnen Bäumen und Büschen. Gesang: kurz, rasselnd; Ruf: scharfes „zit". Nahrung: Sämereien, Insekten.
Goldammer *Emberiza citrinella* mit kastanienbraunem Bürzel; ♂ mit weniger Schwarz im Gesicht und ohne graugrünes Brustband. Brutvogel oder Wintergast im Norden des Gebiets.
6 (♂) **Zippammer** *Emberiza cia*
EMBERIZIDAE. L bis 16 cm. Grundfarbe braun und schwarz; ♂ mit weißem Streifen über schwarzem Augenstreif, Wangenstreif und „Bart" schwarz, Kehle grau, Brust kastanienfarben; ♀ brauner mit stärkerer Brustfleckung. Brutvogel in großen Teilen des Gebietes, außer im Süden, an Berghängen, im Winter in Tallagen. Gesang: „zizizirr". Ruf: „zip".
Streifenammer *Emberiza striolata*: Kopf brauner, Nacken und Kehle graugefleckt. Örtlich Brutvogel in Nordafrika.
7 (♂) **Ortolan** *Emberiza hortulana*
EMBERIZIDAE. L bis 16,5 cm. Rosig braun, oben mit dunklerer Zeichnung; ♂ Kopf graugrün, Kehlfleck gelb. Sommergast in offenem Gelände, im Norden; im Süden Durchzügler. Gesang sehr variabel. Ruf: „zih-ip" oder „züh". Nahrung: Sämereien, daneben Insekten.
Grauer Ortolan *Emberiza caesia* ist ähnlich, aber das ♂ mit grauem Kopf und orangebraunem Kehlfleck.
8 (♂), **9** (♀) **Rohrammer** *Emberiza schoeniclus*
EMBERIZIDAE L bis 15 cm. Oben braun, schwarz gefleckt; Unterseite und „Bart" weiß. ♂ Kopf schwarz, Halsband weiß. Brutvogel oder Wintergast in Feuchtgebieten großer Teile der Region. Ruf: „zieh", „tschink". Gesang langsam beginnend, eilig endend mit „za-ti-tai-zissis". Nahrung: Vorzüglich Insekten.
10 (♂) **Kappenammer** *Emberiza melanocephala*
EMBERIZIDAE. L bis 16,5 cm. Oben düsterbraun und schwarz; ♂ mit kastanienfarbenem Mantel, Kopf schwarz, Unterseite hellgelb; ♀ heller. Sommergast im Nordosten des Gebiets, in buschiger Vegetation, Olivenhaine. Ruf: „tschupp". laut „zitt". Gesang wohlklingend. Nahrung: Sämereien, Insekten.
11 Grauammer *Miliaria calandra*
EMBERIZIDAE. L bis 18 cm. Braun mit schwarzen Streifen. Brutvogel, im Südosten nur Wintergast, in offenem Ackerland. Ruf: „ticks", „sihp". Gesang trokken klingend.

VÖGEL

1 (♂), **2** (♀) **Neuntöter** *Lanius collurio*
LANIIDAE. L bis 17 cm. Schnabel kräftig, scharf gekrümmt; oben rötlichbraun, unten rosiggelb, ♂ Kappe und Nacken grau, breiter schwarzer Augenstreif, Flügelspitzen und Schwanz schwarz, Kehle hell; ♀ an der Unterseite stärker gefleckt. Sommergast im Norden des Gebietes, Durchzügler im Westen und Osten; in buschigem Gelände. Ruf krächzend „gäck". Gesang leise anhaltend zwitschernd mit einzelnen Imitationen. Nahrung: Große Wirbellose und kleine Wirbeltiere.
3 Schwarzstirnwürger *Lanius minor*
LANIIDAE. L bis 20 cm. Oben grau, breiter Stirnstreif, Flügel und Schwanz schwarz; Unterseite blaßrosa. Sommergast im Norden und Osten, Durchzügler im Südosten; in offenem Buschland und lichten Wäldern. Ruf: rauh, zwei- oder dreifach. Nahrung: Große Insekten.
Raubwürger *Lanius excubitor* ist ähnlich, aber mit grauweißer Unterseite, ohne durchgehendes Stirnband. Brutvogel in weiten Gebieten, Wintergast im Osten.
4 (Ad.), **5** (Juv.) **Rotkopfwürger**
Lanius senator
LANIIDAE. L bis 17 cm. ♂ ähnlich dem Schwarzstirnwürger, aber mit kastanienbraunem Scheitel und Nacken; ♀ braun gefleckt. Sommergast in großen Teilen des Gebiets, in buschigen Habitaten; Durchzügler im Südosten. Gesang angenehm zwitschernd mit eingestreuten rauhen Lauten. Nahrung: Kleine Vögel und Insekten.
6 Maskenwürger *Lanius nubicus*
LANIIDAE. L bis 17 cm. Oben schwarz, Stirn, Flügelstreifen und Schwanzränder weiß, Flanken rötlich; ♂ oben graubraun. Sommergast im Nordosten, Durchzügler im Südosten, in offenen waldigen, buschigen Habitaten. Ruf klagend, rauh. Gesang gedämpft, kratzend. Nahrung: Insekten.
7 Eichelhäher *Garrulus glandarius*
CORVIDAE. L bis 34 cm. Grundfarbe rosabraun, „Bart", Schwanz und Flügelflecke schwarz, kleiner blauer Flügelstreif, Bürzel weiß. In Wäldern weitverbreitet, außer im Südosten. Ruf: heiser „rätsch". Imitation anderer Vögel. Nahrung: Eicheln, auch Eier, kleine Vögel, Insekten.
8 Elster *Pica pica*
CORVIDAE. L bis 46 cm. Schwarz mit auffälligem weißem Flügelband und weißem Bauch, Schwanz lang. In Wäldern, Gärten, außer im Südosten. Ruf: „schack-schack - -". Nahrung: Vielseitig, Insekten, Eier.
9 Alpenkrähe *Pyrrhocorax pyrrhocorax*
CORVIDAE. L bis 40 cm. Schwarz; Schwanz kurz, Schnabel lang, gebogen, rot. Beine rötlich. Brutvogel in Berggebieten, auch an der Küste. Ruf: „kja", „tschaff". Nahrung: Wirbellose.
10 Dohle *Corvus monedula*
CORVIDAE. L bis 33 cm. Kleinste Krähe der Region; schwarz mit grauem Nakken. In Felsgebieten, Städten, Dörfern, außer im Südosten. Ruf: „kjack". Nahrung: Vielseitig, vorzüglich Insekten.
Saatkrähe *Corvus frugilegus*
CORVIDAE. L bis 46 cm. Glänzend blauschwarz; Gesicht des Altvogels kahl und an der Basis des langen Schnabels hell; Schenkelbefiederung struppig. Wintergast im Norden und Osten, auf Äckern und Weiden, fehlt im Süden. Typischer Krähenruf, aber abwechslungsreich. Nahrung: Insekten, Samen, Abfall. (Nicht abgebildet)
11 Nebelkrähe *Corvus corone cornix*
CORVIDAE. L bis 47 cm. Grau; Kopf, Flügel und Schwanz schwarz. In verschiedenen Habitaten im Osten des Gebiets, im Westen rein schwarze Rasse, die Rabenkrähe. Ruf: „krah", metallisch „konk". Allesfresser.
Rabe *Corvus corax*
CORVIDAE. L bis 64 cm. Kräftig, glänzend schwarz mit bläulichem Schimmer; Schnabel massig, schwarz. In weiten Teilen des Gebiets, außer im Südosten, im Hügelland, auch in der Nähe von Städten und Klippen an der Küste. Ruf: tiefes „Kronk". Nahrung: Vielseitig, Aas, Abfall. (Nicht abgebildet)

VÖGEL

SÄUGETIERE (Mammalia)
Warmblüter, auf deren Haut Haare wachsen (bei Walen zurückgebildet). Innere Befruchtung, Embryo in Gebärmutter heranwachsend; Junge werden gesäugt. Bei Walen Körper stromlinienförmig, Glieder flossenförmig.

Igel *Erinaceus europaeus*
ERINACEIDAE. L bis 29 cm. Körper rundlich, plump, Schnauze spitz; Haarkleid mit Stacheln durchsetzt; kann sich zusammenrollen. Oben braun, Bauch braun oder weißlich. Gewöhnlich in Habitaten mit dichter Pflanzendecke. (Nicht abgebildet)

1 Gartenspitzmaus *Crocidura suaveolens*
SORICIDAE. L bis 7 cm. Körper plump; Schnauze lang, spitz; Schnurrhaare auffällig; Zähne weiß; Schwanz mit einzelnen langen Haaren. Graubraun, Bauch heller. In offenen Habitaten, für den Winter auch in Häusern Schutz suchend.

2 Etruskerspitzmaus *Suncus etruscus*
SORICIDAE. L bis 4,5 cm. Winzig, Gewicht meist nicht über 2 g; Schnauze spitz; Ohren groß; Schwanz mit einzelnen langen Haaren. An trockenen Orten mit Sträuchern.

3 Große Hufeisennase *Rhinolophus ferrumequinum*
RHINOLOPHIDAE. L bis 9 cm. Auffällige blattartige Strukturen auf der Nase, die untere hufeisenförmig; Nasenlöcher trompetenförmig. Braun oder bräunlichgrau. In Höhlen und an anderen geschützten Orten.

4 Mausohr *Myotis myotis*
VESPERTILIONIDAE. L bis 8 cm. Schnauze ziemlich spitz; Ohren groß, membranös, durchscheinend. Bräunlichgrau. In Höhlen, Kellern, Dachböden.

5 Zwergfledermaus *Pipistrellus pipistrellus*
VESPERTILIONIDAE. L bis 4,5 cm. Schnauze kurz, gerundet; Ohren auffällig, aber nicht groß. Braun oder graubraun; an geschützten Orten.

Kaninchen *Oryctolagus cuniculus*
LEPORIDAE. L bis 45 cm. Hinterbeine viel länger als Vorderbeine; Ohren lang. Braun oder bräunlichgrau, keine schwarzen Löffelspitzen. In Erdbauten, in verschiedenen Habitaten. (Nicht abgebildet)

6 Feldhase *Lepus capensis*
LEPORIDAE. L bis 65 cm. Körper lang, mit ziemlich langen Vorderbeinen und langen Hinterbeinen; Löffel lang. Gelbbraun, Löffel mit schwarzen Spitzen, schwarzer Streifen auf der Oberseite des Schwanzes. Nicht grabend. Vor allem auf Grasland und Äckern.

7 Waldmaus *Apodemus sylvaticus*
MURIDAE. L bis 11 cm (Körper). Augen groß, schwarz; Ohren rundlich; Schwanz lang (L bis 10 cm), schlank. Graubraun, oben auch goldbraun, unten gelbbraun. In Wäldern.

8 Wildschwein *Sus scrofa*
SUIDAE. L bis 1,8 m. Borstig. Schnauze lang, gewöhnlich mit vorstehenden Hauern. Dunkelgraubraun; Jungtiere gelbbraun mit rötlichen Streifen. In Wäldern, in der Macchie, lieben in Schlamm oder seichtem Wasser zu suhlen.

9 Fuchs *Vulpes vulpes*
CANIDAE. L bis 76 cm (Körper). Hundeähnlich, aber schlank; Ohren aufrecht, langer, buschiger Schwanz (L bis 44 cm). Rötlichbraun, Ohrenspitzen und Pfoten sehr dunkel. Unterseite und Schwanzspitze weiß. In waldigen und buschigen Gebieten. Hauptsächlich nachtaktiv.

10 Mufflon *Ovis ammon musimon*
BOVIDAE. L bis 1,3 m. Schafähnlich; ♂ mit stark gekrümmten Hörnern. Hell bis mittelgrau, Rücken oft mit weißlicher Sattelzeichnung; Bauch weiß. In verschiedenen Habitaten, besonders in unzugänglichen Felsgebieten; Heimat: Sardinien und Korsika.

11 Berberaffe *Macaca sylvanus*
CERCOPITHECIDAE. L bis 70 cm. Untersetzt, praktisch schwanzlos; Haar ziemlich kurz, grob. Braun, manchmal rötlich. In felsigen, bewaldeten Gebieten; auf Nordafrika und Gibraltar begrenzt.

LANDBEWOHNENDE SÄUGETIERE

1 Mönchsrobbe *Monachus monachus* PHOCIDAE. L bis 1,8 m. Ziemlich kurzköpfig, rundliche Schnauze mit auffälligen Schnurrhaaren. Oben braun, manchmal bräunlichgrau, Unterseite mit unregelmäßigem weißem Fleck und undeutlicher weißer Zeichnung; Jungtiere zunächst einfarbig schwarz. An geschützten Küsten und auf entlegenen Felseninseln. Einzige Robbe des Mittelmeeres, sehr selten.

2 Delphin *Delphinus delphis* DELPHINIDAE. L bis 2 m. Äußerlich fischähnlich, mit horizontaler Schwanzflosse; Körper stromlinienförmig; Kopf mit vorstehender, schnabelförmiger Schnauze; Kiefer lang mit scharfen, spitzen Zähnen; Haut weich; eine dreieckige Rückenflosse mit geschwungenen Rändern. Rückenseite schwarz, Bauchseite hell, Seiten mit kompliziertem Muster, gewöhnlich in dunkelgrau oder schwarz, einen gelben oder gelbbraunen Fleck einschließend. Im freien Wasser, gewöhnlich gruppenweise, oft in Sichtweite der Küste.

Großer Tümmler *Tursiops truncatus* ist ähnlich, aber größer (L bis 4 m), mit einer kürzeren Schnauze, ziemlich einförmig grau. Rückenflosse groß, auffällig und deutlich nach hinten gebogen.

Weißschnauzendelphin *Lagenorhynchus albirostris* ist ähnlich, hat aber eine kurze weiße Schnauze und eine sehr große Rückenflosse. Die graue Farbe der Seiten erstreckt sich nach vorn als schmales Band bis zum Nacken.

3 Schwertwal *Orcinus orca* DELPHINIDAE. L bis 9 cm. Auffällig gefärbt mit langer, dreieckiger Rückenflosse; Kopf ziemlich kurz und fast konisch; Maul mit scharfen Zähnen. Rücken und Seiten schwarz, weiß und grau gescheckt; Bauchseite weiß. Im freien

Wasser, gewöhnlich gruppenweise. Einziger Delphin, der regelmäßig neben Fischen auch Robben erbeutet; manchmal in großen Mengen in der Nähe von Robbeninseln.

4 Tümmler *Phocoena phocoena*
PHOCOENIDAE. L bis 1,8 m. Schnauze nicht schnabelförmig vorgezogen, sondern breit und rundlich konisch; Maul mit flachen, meißelartigen Zähnen. Rückenlinie zwischen Kopf und Rückenflosse runder als bei anderen Delphinen; Rückenflosse klein, mit breiter Basis. Oberseite schwarz oder sehr dunkel blaugrau, Unterseite weiß, gewöhnlich zieht eine schwarze Linie vom Auge zur Flosse. In freiem Wasser, gewöhnlich in kleinen Gruppen; oft in Mündungsgebiete und Flüsse aufsteigend. Weniger aktiv springend.

5 Pottwal *Physeter catodon*
PHYSETERIDAE. L bis 18 m (♂), 10 m (♀). Größter Zahnwal mit unverwechselbar massigem Kopf. Nur der Unterkiefer mit Zähnen. Gewöhnlich dunkelgrau. Nahrung: Fische, Tintenfische. Oft in große Tiefen tauchend, um Beute zu finden. Taucht bis zu 70 Minuten lang. Der häufigste große Wal im Mittelmeer.

6 Blauwal *Balaenoptera musculus*
BALAENOPTERIDAE. L bis 30 m. Größtes Säugetier, das jemals existierte. Kopf lang, das enorme Maul zahnlos, Oberkiefer mit faserigen Barten, zwischen denen das Wasser ausgepreßt wird, wobei Plankton (Krill) als Nahrung zurückbleibt. Haut an Kehle und Brust bis zum Nabel tief gefaltet. Oberseite dunkelgrau, Unterseite weißlich, kann durch Diatomeenfilm gelblich erscheinen. Im freien Wasser.

Weiterführende Literatur

Allgemeines

Biologie der Meereshöhlen. R. Riedl (Parey, 1966, Hamburg, Berlin)
Guide Écologique de la France. (Sélection du Reader's Digest, 1976, Paris)
Guide du Naturaliste dans le Midi de la France. 2 Bde. H. Harant, D. Jarry (Delachaux & Niestlé, 1967, Neuchâtel)
Leben unter Wasser. R. Rozendaal, F. de Graaf (Parey, 1980, Hamburg, Berlin)
Meeresökologie. R. V. Tait (Thieme, 1971, Stuttgart)
Meeresverschmutzung. S. A. Gerlach (Springer, 1976, Berlin, Heidelberg, New York)
Treibende Welt. J. Fraser (Springer, 1975, Berlin, Heidelberg, New York)
Die Vogelwelt Europas und ihre Verbreitung. K. H. Voous (Parey, 1962, Hamburg, Berlin)

Feldführer – Pflanzen

Die Bäume Europas. G. Krüssmann (Parey, 1979, Hamburg, Berlin)
Blumen Europas. W. Schacht (Parey, 1976, Hamburg, Berlin)
Blumen am Mittelmeer. O. Polunin, A. Huxley (BLV, 1968, München, Basel, Wien)
Flora des Südens. C. Schröter, E. Schmid (Rascher, 1956, Zürich, Stuttgart)
Pareys Bergblumenbuch. C. Grey-Wilson, M. Blamey (Parey, 1980, Hamburg, Berlin)
Reiseführer durch das Pflanzenreich der Mittelmeerländer. W. Grandjot (Schroeder, 1962, Bonn)
Die Wald- und Parkbäume Europas. A. Mitchell (Parey, 1979, Hamburg, Berlin)

Feldführer – Meerestiere

Fauna und Flora der Adria. Herausgegeben von R. Riedl (Parey, 1970, Hamburg, Berlin). Neuauflage in Vorbereitung.
Guide des Poissons Marin d'Europe. M. L. Bauchot, A. Pras (Delachaux & Niestlé, 1980, Paris)
Die Haie der sieben Meere. K. Steuben, G. Krefft (Parey, 1978, Hamburg, Berlin)
Die Meeresvögel der Welt. G. Tuck, H. Heinzel (Parey, 1980, Hamburg, Berlin)
Riesenfische, Wale und Delphine. J. R. Norman, F. C. Fraser (Parey, 1963, Hamburg, Berlin)
Die Unterwasserfauna der Mittelmeerküsten. W. Luther, K. Fiedler (Parey, 1967, Hamburg, Berlin)
Was lebt im Meer? W. de Haas, F. Knorr (Kosmos, Francksche Verlagshandlung, 1965, Stuttgart)

Feldführer – Landfauna

Die Greifvögel der Welt. F. Weick (Parey, 1980, Hamburg, Berlin)
Jungvögel, Eier und Nester. C. Harrison (Parey, 1975, Hamburg, Berlin)
Les Insects. P. Robert. 2 Bde. (Delachaux & Niestlé, 1960, Paris)
Pareys Reptilien- und Amphibienführer Europas. E. N. Arnold, J. A. Burton (Parey, 1979, Hamburg, Berlin)
Die Säugetiere Europas. F. H. van den Brink (Parey, 1975, Hamburg, Berlin)
Die Tagfalter Europas und Nordwestafrikas. L. G. Higgins, N. D. Riley (Parey, 1978, Hamburg, Berlin)
Die Vögel Europas. R. Peterson, G. Mountfort, P. A. D. Hollom (Parey, 1979, Hamburg, Berlin)
Pareys Vogelbuch. H. Heinzel, R. Fitter, J. Parslow (Parey, 1980, Hamburg, Berlin)

Quellennachweis

Photos

S. 8   Klaus Franke/Bruce Coleman
S. 13 Pilloud/Jacana
S. 16 Sean Morris/Oxford Scientific Films
S. 19 J. Andrada/Bruce Coleman
S. 23 Günter Ziesler/Bruce Coleman
S. 27 Maurice und Sally Landre/Colorific
S. 30 oben: T. P. Crimes/Travel Photo International
       unten: Dr. G. Mazza
S. 31 Dr. G. Mazza
S. 35 Dubois/Jacana
S. 38 Hans Reinhard/Bruce Coleman
S. 39 A. Fatras/Ardea
S. 43 Carré/Jacana
S. 46 Paolo Koch/Vision International

Tafeln

Joyce Tuhill: Algen, Blütenpflanzen, Wirbellose (S. 80–93, 119–133, 136–143)

Gordon Riley: Wirbellose (S. 95–103)

Andrew Riley/Garden Studio: Wirbellose (S. 105–109)

Josephine Martin/Garden Studio: Wirbellose (S. 111–117, 134–135, 144–147)

John Thompson/John Martin & Artists Ltd.: Fische

Malcolm McGregor: Amphibien, Reptilien, Säugetiere

Franklin Coombs: Vögel

Eugene Fleury: Übersichtskarte S. 50/51

Register

Abbildungen fett gedruckt

Aal 152, **153**
Abendpfauenauge 132, **133**
Abraxas grossulariata 132, **133**
Acanthocardia aculeata 106
— *echinata* 106, **106**
Acanthochitona communis 94
Acasta spongites 110, **111**
Accipter gentilis 11, 178, **179**
— *nisus* 18, 178, **179**
Acetabularia mediterranea 26, 52, **53**
Acherontia atropos 132, **133**
Acipenser sturio 152, **153**
Acker-Gauchheil 66, **67**
Acrida mediterranea 120, 121
Acrocephalus arundinaceus 196, **197**
— *melanopogon* 196, **197**
— *schoenobaenus* 196, **197**
— *scirpaceus* 196
Acrocnida brachiata 140, **141**
Actinia equina 28, 84, **85**
Actitis hypoleucos 182, **183**
Adamsia carciniopados 84, **85**
Adlerrochen 150, **151**
Admiral 130, **131**
Aegithalos caudatus 200, **201**
Aegypius monachus 176, **177**
Affodill 74, **75**
Afterskorpion, Küsten- 134, **135**
Aglais urticae 130, **131**
Agrion splendens 118, **119**
— *virgo* 118, **119**
Aiptasia mutabilis var. *couchi* 84, **85**
Ajuga chamaepitys 68, **69**
Alaemon alaudipes 190, **191**
Aland 74, **75**
Alauda arvensis 190, **191**
Alcedo atthis 188, **189**
Alciopa cantraini 89
Alcyonidium gelatinosum 137
Alcyonium palmatum 86
Alectoris barbara 180
— *graeca* 180
— *rufa* 180
Aleppokiefer 78, **79**
Algen 25, 26, 31, 52–60
Alkanna tinctoria 66, **67**
Allium roseum 15, **75**
Alopias vulpinus 148, **149**
Alpenkrähe 206, **207**
Alpensegler 188, **189**
Alvania cimex 96, **97**
Ameise 126

Ameisenlöwe 122
Ammophila arenaria 78, **79**
Amphibien 164
Amphioxus 148, **149**
Amphiporus lactifloreus 88, **89**
Amphitrite gracilis 90, **91**
Amsel 194
Anacamptis pyramidalis 78, **79**
Anadyomene stellata 52, **53**
Anagallis arvensis 64, **65**
Anas acuta 172, **173**
— *clypeata* 37, 172, **173**
— *crecca* 172, **173**
— *penelope* 172, **173**
— *platyrhynchos* 172
— *querquedula* 172, **173**
— *strepera* 37, 172, **173**
Anax imperator 118, **119**
Anchovis 45, 152, **153**
Anemonia viridis 28, 84, **85**
Anguilla anguilla 152
Anilocra physodes 110, **111**
Anomia ephippium 104, **105**
Ansauger 162, **163**
Anser albifrons 172, **173**
— *anser* 37, 172, **173**
Anseropoda placenta 138, **139**
Antedon mediterranea 29, 92, 138, **139**
Antennenkrebs 116, **117**
Anthemis chia 73, **73**
Anthocharis belia 128, **129**
— *cardamines* 128, **129**
Anthus campestris 192, **193**
— *pratensis* 192, **193**
— *trivialis* 192, **193**
Anthyllis cytisoides 70, **71**
Anurida maritima 24, 118, **119**
Aphrodite aculeata 88
Apis mellifera 127
Aplidium conicum 145
— *proliferum* 145
Aplysia depilans 102, **103**
— *punctata* 102
Apodemus sylvaticus 208, **209**
Apogon imberbis 156, **157**
Aporrhais pes-pelecani 98, **99**
Apus apus 188, **189**
— *melba* 188, **189**
— *plidus* 188, **189**
Aquila chrysaetos 178, **179**
— *heliaca* 18, 178, **179**
Arbacia lixula 28, 140, **141**
Arbutus unedo 12, 66, **67**
Arca noae 102, **103**
— *barbata* 102

Arche Noah 103
Archidoris tuberculata 102, **103**
Arctia caja 132, **133**
Ardea cinerea 170, **171**
— *purpurea* 37, 170, **171**
Ardeola ralloides 37, 170, **171**
Argonauta argo 108, **109**
Argynnis paphia 128, **129**
Argyropelecus hemigymnus 152, **153**
Aristeomorpha folicea 112
Armadillidium granulatum 110, **111**
Aromia moschata 124, **125**
Arundo donax 36, 78, **79**
Ascidia mentula 145
Ascidiella aspersa 145
Asparagopsis armata 59
Asperococcus bullosus 54, **55**
Asphodelus microcarpus 20, **75**
Aster tripolium **73**
Asterina gibbosa 138, **139**
Astraea rugosa 94, **95**
Astropecten aurantiacus 138, **139**
— *irregularis* 138, **139**
Atelecyclus rotundatus 116, **117**
Athanas nitescens 112
Athene noctua 187
Aurorafalter 128, **129**
Ausschnittschnecke 94, **95**
Auster 104, **105**
— Portugiesische 104, **105**
Austern 26, 44, 104, **105**
Austernbohrer 100, **101**
Austernfischer 32, 182, **183**
Axinella damicornis 81
— *polypoides* **81**
— *verrucosa* **81**
Aythya ferina 174, **175**
— *fuligula* 174, **175**
— *nyroca* 37, 174, **175**

Bachstelze 192, **193**
Badeschwamm 26, **81**
Bänderspinne 134, **135**
Bär, Brauner 132, **133**
Bärenkrebs, Großer 113
— Kleiner 113
Balaenoptera musculus 211
Balanoglossus clavigerus 144
Balanophyllia italica 84, **85**
Balistes carolinensis 162, **163**
Bandfisch, Roter 158, **159**
Barakuda 156, **157**
Barnea candida 108
Bartmeise 200, **201**

Baßtölpel 168, **169**
Baumfalke 178, **179**
Baumheide 66, **67**
Baumpieper 192, **193**
Becherstrauch 70, **71**
Beerentange 56, **57**
Bekassine 182, **183**
Belone belone 152, **153**
Berberaffe 208, **209**
Bergfink 202, **203**
Berglaubsänger **199**
Bergminze 68, **69**
Bergzikade 120, **121**
Beroë cucumis **87**
Berthella aurantiaca 102, **103**
Besentang **58**
Beutelmeise 202, **203**
Biene **127**
Bienenfresser 18, 188, **189**
Birnenkauri 98, **99**
Bisamhyazinthe, Schopfige **76**
Bittacus italicus 124, **125**
Bitterling 66, **67**
Bittium reticulatum 96, **97**
Blackstonia perfoliata 66, **67**
Bläßgans 172, **173**
Bläßhuhn **181**
Bläuling, Großer 128, **129**
Blasenmakrele 160, **161**
Blasenqualle 82, **83**
Blasenschlauch, Körniger 54, **55**
Blaßspötter 196, **197**
Blattkäfer 124, **125**
Blattlappentang 54, **55**
Blattwurm, Grüner **89**
Blauhai 148, **149**
Blaumeise 200, **201**
Blaumerle 194, **195**
Blaurake 188, **189**
Blauwal **211**
Blütenpflanzen 62–79
Blutspecht 188, **189**
Blutstriemen 156, **157**
Blutströpfchen 132, **133**
Bohrmuschel, Gewöhnliche 108, **109**
Bohrschwamm **81**
Bolinus brandaris 33, 100, **101**
Bombus terrestris **127**
Bonellia viridis 92, **93**
Boops boops 156
Borstenwürmer 26, 34, 88–92
Boscia anglica 110, **111**
Botaurus stellaris 170, **171**
Botrylloides leachi 146, **147**
Botryllus schlosseri 146, **147**
Botryocladia botryocladia **59**
Bowerbankia imbricata **137**
Brachpieper 192, **193**
Brachschwalbe **181**
Brachvogel, Großer 182, **183**
Branchiomma lucullana **26**
Branchiostoma lanceolatum 148, **149**
Brandgans 172, **173**
Brandhorn 33, 100, **101**
Braunalge, Warzige 54, **55**
Braunalgen 54, **55**

Braunkehlchen 194, **195**
Brillengrasmücke 196, **197**
Brissopsis lyrifera 142, **143**
Brotkrumenschwamm **81**
Bryopsis plumosa 52, **53**
— *balbisiana* 52, **53**
Bubulcus ibis 170, **171**
Bucanetes githagineus 204, **205**
Bucephala clangula 174, **175**
Buchfink 202, **203**
Buckelschnecken **94**
Bufo calamita 164, **165**
Bugula turbinata **136**
Bunodactis verrucosa 84, **85**
Buntspecht, Großer 188, **189**
Burhinus oedicnemus **181**
Busch-Rotalge **59**
Bussard 18, 178, **179**
Buteo buteo 18, 178, **179**

Calandrella brachydactyla 190, **191**
— *rufescens* 190
Calappa granulata **115**
Callianassa subterranea **114**
Callionymus lyra 160, **161**
Calliostoma conulus 94
— *zizyphinum* 94, **95**
Callipallene brevirostris **135**
Callista chione **106**
Calonectris diomedea 23, 168, **169**
Calyptrea chinensis 98, **99**
Cancer pagurus 116, **117**
Cantharidus exasperatus 94, **95**
Caprimulgus europaeus 20, 186, **187**
— *ruficollis* 186, **187**
Capulus hungaricus 98, **99**
Carabus coriaceus **122**
Carapus acus 142, 160, **161**
Carcharodon carcharias 148, **149**
Carcinus mediterraneus 40, 116, **117**
Carduelis cannabina 204, **205**
— *carduelis* 202, **203**
— *chloris* 202, **203**
Caretta caretta 164, **165**
Carinaria mediterranea 98, **99**
Carpobrotus 24
— *acinaciformis* 64
— *edulis* 64, **65**
Cassidaria echinophora 34, 100, **101**
Celerio euphorbiae 132, **133**
Centaurium pulchellum 66, **67**
Centrolabrus exoletus 158, **159**
Centrostephanus longispinus 140, **141**
Cephalanthera damasonium 15, 78, **79**
Cepola rubescens 158, **159**
Ceramaster placenta 138, **139**
Ceramium rubrum **60**
Ceratitis capitata 124, **125**
Ceratoderma edule **106**
— *lamarcki* 106
Ceratonia siliqua 10, 70, **71**
Cercotriches galactotes 192, **193**

Cerebratulus fuscus **88**
Cereus pedunculatus 84, **85**
Cerianthus membranaceus 35, 82, **83**
Cerithium rupestre 96
— *vulgatum* 33, 96, **97**
Certhia brachydactyla 202, **203**
— *familiaris* 202
Cerura vinula 132, **133**
Cestus veneris 86, **87**
Cetorhinus maximus 148, **149**
Cettia cetti 196, **197**
Chaetopterus variopedatus 90, **91**
Chalcides chalcides **166**
Chama gryphoides 26, 104, **105**
Chamaeleo chamaeleon **166**
Chamäleon 18, **19**, **166**
Charadrius alexandrinus 182, **183**
— *dubius* 182, **183**
Cheilopogon heterurus 152, **153**
Chelon labrosus 156
Chimaera monstrosa 150, **151**
Chimäre 150, **151**
Chlaenius chrysocephalus **122**
Chlamys opercularis 104, **105**
Chlidonias hybridus 184, **185**
— *niger* 184, **185**
Chondrosia reniformis **80**
Chonopsis gallica 18
Christdorn 65, **65**
Chromis chromis 158, **159**
Chrysaora hyoscella 82, **83**
Chthamalus stellatus 110, **111**
Cicadetta montana 11, 120, **121**
Cichorum pumilum **75**
— *spinosum* **75**
Cicindella litoralis **122**
Ciconia ciconia 37
Cidaris cidaris 140, **141**
Ciona intestinalis 144, **145**
Circaetus gallicus 18, 176, **177**
Circus aeruginosus 176, **177**
— *cyaneus* 176, **177**
— *macrourus* 176, **177**
Cistensänger 196, **197**
Cisticola juncidis 196, **197**
Cistus albidus 14, 62, **63**
— *monspeliensis* 62
Cladophora 102
— *pellucida* 52, **53**
Cladostephus verticillatus 54, **55**
Clamator glandarius 186, **187**
Clanculus cruciatus 94, **95**
Clathrus clathrus 96, **97**
Clavelina lepadiformis 144
Cleopatrafalter 128
Cliona celata **81**
Coccinella quatuorde cimpustulata **123**
— *septempunctata* **123**
Coccothraustes coccothraustes 11, 204, **205**
Codium 102
— *bursa* 52, **53**
— *dichotomum* 52, **53**
Colias crocea 128, **129**
Colpomenia sinuosa 54
Columba livia 186

— *palumbus* 186, **187**
Condylactis aurantiaca 84, **85**
Conger conger 152, **153**
Conus mediterraneus 100, **101**
Convolvulus althaeoides 66, **67**
Coracias garrulus 18, 188, **189**
Corallina mediterranea **58**
— *officinalis* **58**
Corallium rubrum **86**
Cordulia aenea 118, **119**
Coris julis 158, **159**
Coris monspeliensis 66, **67**
Coronella girondica **167**
Corvus corax 22, 206, **207**
— *corone cornix* 206, **207**
— *corone corone* 206
— *frugilegus* 206, **207**
— *monedula* 206, **207**
Coryphaena hippurus 158, **159**
Corystes cassivelaunus 116, **117**
Coscinasterias tenuispina 140, **144**
Coturnix coturnix 18, **180**
Crambe maritima 62, **63**
Crangon crangon **113**
Crassostrea angulata 104, **105**
Cremastogaster sordidula **126**
Crenilabrus mediterraneus 158, **159**
— *melops* 158
Crepidula fornicata 98, **99**
Crithmum maritimum 25, 72, **72**
Crocidura suaveolens 208, **209**
Crocus flavus 15, **77**
Cryptocephalus sericeus 124, **125**
Cryptochelus annulatus 126
Ctenolabrus rupestris 158
Cuculus canorus 186, **187**
Curculio venosus 124, **125**
Cutleria multifida 54, **55**
Cymodocea nodosa 33, **61**
Cypraea lurida 98, **99**
Cystoseira abrotanifolia 25, 56
— *adriatica* 56
— *barbata* 56, **57**
Cytinus hypocistis 14, 72, **72**

Dactylorhiza romana 78, **79**
Daphne gnidium 17, 72, **73**
Daphnis nerii 132, **133**
Darmtang 52, **53**
Dasyatis pastinaca 150, **151**
Dasycladus clavaeformis 52
Deilephila elpenor 132, **133**
Delichon urbica 190, **191**
Delphin **210**
— Weißschnauzen- **210**
Delphinus delphis **210**
Dendrocopos major 11, 188, **189**
— *minor* 188, **189**
— *syriacus* 188, **189**
Dendrophyllia ramea 31, **86**
Dentalium vulgare 102, **103**
Derbesia lamourouxi 52, **53**
Dermocheles coriacea 164, **165**
Desidiopsis racovitzae 135, **135**
Diademrotschwanz 194, **195**
Diatomeen 33
Diazona violacea **145**

Dicentrarchus labrax 156, **157**
Dictyopteris dichotoma 54, **55**
Dictyopteris membranacea 26, 54, **55**
Didemnum maculosum **144**
Dingelorchis 78, **79**
Diodora italica 94, **95**
Diogenes pugilator 115
Diplodus annularis 156, **157**
Distalpia rosea **144**
Distelfalter 128, **129**
Disteln 74, **75**
Distoma adriaticum **144**
Distomus variolosus 146, **147**
Dohle 206, **207**
Dolchwespe 17, **126**
Doliolum muelleri 146, **147**
Dolium galea 34, 100, **101**
Dompfaff 204, **205**
Donax vittatus **107**
Dorippe lanata **115**
Dornenstern 140, **141**
Dorngrasmücke **198**
Dornhai 150, **151**
Dosinia lupinus **106**
Drachenkopf, Großer 162, **163**
Drehwurz, Herbst- 78, **79**
Dreikantwurm 92, **93**
Dromia vulgaris 29, **115**
Drosselrohrsänger 196, **197**
Drückerfisch 162, **163**
Dünnschnabelmöwe 184, **185**
Dungkäfer 124, **125**

Ebalia tuberosa 115
Eberwurz 74, **75**
Echiichthys vipera 34
Echinaster sepositus 138, **139**
Echinocardium cordatum 35, 142, **143**
— *pennatifidum* 142, **143**
Echinocyamus pusillus 142, **143**
Echinus acutus 140, **141**
— *melo* 140, **141**
Echium diffusum 68
— *italicum* 68, **69**
— *lycopsis* 68, **69**
Edelkoralle **86**
Egel 92, **93**
Egretta garzetta 170, **171**
Eichelhäher 206, **207**
Eichelwürmer **144**
Eichen 10, 17, 75
Eichenschwärmer 132, **133**
Eichenzipfelfalter 128, **129**
Eidechsen 17, 22, 24, **166**
Eidechsennatter **167**
Eingeweidefisch 160, **161**
Einsiedler **115**
— Augenfleck- **115**
— Großer **115**
— Kleiner **115**
Einsiedlerkrebse **115**
Eisstern 138, **139**
Eisvogel 188, **189**
Elaphe scalaris 21, **167**
Eledone moschata 108
Elefant 10

Eleonorenfalke 178, **179**
Elster 206, **207**
Emarginula elongata 94, **95**
Emberiza cia 204, **205**
— *cirlus* 204, **205**
— *citrinella* 204
— *hortulana* 204, **205**
— *melanocephala* 204, **205**
— *schoeniclus* 204, **205**
— *striolata* 204
Empusa pennata 118, **119**
Empuse 118, **119**
Emys orbicularis **166**
Engraulis encrasicholus 152, **153**
Ensis ensis 108, **109**
— *siliqua* 108
Entenmuschel 110, **111**
— Samtige 110, **111**
Enteromorpha intestinalis 52, **53**
Epinephelus guaza 156, **157**
Epizoanthus arenaceus 82, **83**
Erdbeerbaum 66, **67**
Erdhummel **127**
Erica arborea 12, 66, **67**
Erinaceus europaeus 12, 208, **209**
Eriphia spinifrons 116, **117**
Erithacus rubecula 192, **193**
Erochium cicutarium 64, **65**
— *gruinum* 64
Erronea pirum 98, **99**
Eryngium maritimum **72**
Erzschleiche **166**
Etruskerspitzmaus 208, **209**
Eulalia viridis **89**
Eunice harassi 90, **91**
Eunicella cavolinii 86
— *verrucosa* **86**
Euphorbia 132
— *paralias* 62, **63**
Euphrosine foliosa **89**
Euscorpius flavicaudis **134**
Evax pygmaea **73**

Fächerwurm 90, **91**
Fahlsegler 188, **189**
Falco eleonorae 178, **179**
— *naumanni* 178, **179**
— *peregrinus* 178, **179**
— *subbuteo* 178, **179**
— *tinnunculus* 18, 178, **179**
Falkenbergia rufolanosa 59
Fanghaft 120, **121**
Farntang 56, **57**
Fasanschnecke 96, **97**
Federtang, Grüner 52, 53
Feige 10, 24, 64, **65**
Feigenkaktus 70, **71**
Feilenmuschel, Klaffende 104, **105**
Feldgrille 120, **121**
Feldhase 208, **209**
Feldlerche 190, **191**
Felsenhuhn **180**
Felsenkleiber 200, **201**
Felsenkrabbe 116, **117**
Felsenschwalbe 190, **191**
Felsenspringer, Küsten- 118, **119**
Felsentaube 186, **187**

REGISTER

Feuersalamander 164, **165**
Feuerwalze 146, **147**
Ficedula albicollis 11, 200, **201**
Ficus carica 10, 64, **65**
Fischadler 178, **179**
Fische, 25, 28, 29, 34, 44, 148–163
Fitis **199**
Flabelligera affinis 90, **91**
Fladenseestern 138, **139**
Flamingo 37, **39**, 170, **171**
Fledermäuse 208, **209**
Fliegender Fisch 152, **153**
Flohkrebs 110, **111**
Floßschnecke 96, **97**
Flügelauster 104, **105**
Flugfisch, Vierflügel- 152, **153**
Flunder 162
Flußneunauge 148, **149**
Flußregenpfeifer 182, **183**
Flußuferläufer 182, **183**
Flustra foliacea 136
Fringilla coelebs 202, **203**
— *montifringilla* 202, **203**
Fritillaria messanensis 15, **76**
Frosch 40, 164, **165**
Fruchtfliege 124, **125**
Fuchs 208, **209**
Fuchs, Großer 130, **131**
— Kleiner 130, **131**
Fuchshai 148, **149**
Fucus virsoides 26, 56, **57**
Fünfeckseestern 138, **139**
Fulica atra 181
Fusus rostratus 100, **101**

Gabelschwanz 132, **133**
Gabeltang 54, **55**
Gabelzunge 54, **55**
Gänsedistel 74, **75**
Gänsefußseestern 138, **139**
Gänsegeier 176, **177**
Gaidropsarus mediterraneus 154, **155**
Galathea nexa 114
Galeorhinus galeus 150, **151**
Galerida cristata 190, **191**
Gallinago gallinago 182, **183**
Gallinula chloropus 181
Gamander, Strauch- 68, **69**
Gammarus locusta 110, **111**, 112
Gari depressa **107**
Garnele 112
— Hauben- 112
— Seegras- 112
Garrulus glandarius 11, 206, **207**
Gartenbaumläufer 202, **203**
Gartengrasmücke **198**
Gartenrotschwanz 194, **195**
Gartenspitzmaus 208, **209**
Gastropacha quercifolia 130, **131**
Gastropoden 33, 34, 94–103
Gebirgsstelze 192, **193**
Gecko 24, 164, **165**
Gelbstrieme 156
Gelochelidon nilotica 23
Genista acanthoclados 70
— *cinerea* 12, 15, 70, **71**

Gespensterkrabbe 116, **117**
Gespensterkrebs 112
Geweihschwamm **81**
Geweih-Tang **60**
Gibbula divaricata 94
— *magus* 94, **95**
Gigartina acicularis **59**
Gimpel 204, **205**
Ginster 70, **71**
Girlitz 202, **203**
Glareola pratincola **181**
Glasnadel 154, **155**
Glatthai 148, **149**
Glaucium flavum 62, **63**
Glossus humanus 104, **105**
Glühwürmchen, Mauretanisches **123**
Glycera convoluta 90, **91**
Glycymeris glycymeris 102, **103**
Gobius cobitis 162
— *niger* 162, **163**
— *paganellus* 29, 160, **161**
Goldammer 204
Goldbrasse 156, **157**
Goldfingia elongata 92, **93**
Goldmaid 158
Goldschwamm **81**
Goldstrieme 156, **157**
Goldwurzel 74, **75**
Goneplax angulata 116, **117**
Gonepteryx cleopatra 128, **129**
— *rhamni* 128, **129**
Gottesanbeterin 18, 118, **119**
Grabwespen 17, **127**
Gracilaria confervoides **58**
Grantia compressa 26, **80**
Graphosoma lineata 120, **121**
Grasmücken 196–199
Grateloupia filicina 56, **57**
Grauammer 204, **205**
Graubülbül 192, **193**
Graugans 172, **173**
Graureiher 170, **171**
Grauschnäpper 200, **201**
Greifvögel 176–178
Großplattenstern, Schmalarmiger 138, **139**
Grünalgen 52, **53**
Grünkäfer **122**
Grünling 202, **203**
Grünspecht 188, **189**
Gryllotalpa gryllotalpa 17, 120, **121**
Gryllus campestris 120, **121**
Gryphus vitreus **137**
Günsel, Gelber 68, **69**
Gymnammodytes cicerellus 160, **161**
Gyps fulvus 176, **177**

Haarstern, Mittelmeer- 138, **139**
Habicht 178, **179**
Habichtsadler 178, **179**
Hacelia attenuata 138, **139**
Haematopus ostralegus 35, 182, **183**
Häherkuckuck 186, **187**
Hänfling 204, **205**

Häuschenschwamm **80**
Hahnenkammkrabbe **115**
Hahnenkopf 70, **71**
Haie 148–151
Halbfinger, Europäischer 164, **165**
Haliaeetus albicilla 176, **177**
Halichondria panicea 27, **81**
Halimeda tuna 52, **53**
Halimione portulacoides 64, **65**
Halocynthia papillosa 146, **147**
Halopteris filicina 54
Halsbandschnäpper 200, **201**
Halsbandschnecke 98, **99**
Hammerhai 148, **149**
Haubenlerche 190, **191**
Haubenmeise 200, **201**
Haubentaucher 168, **169**
Hauhechel, Dorniger 70, **71**
Hausrotschwanz 194, **195**
Haussperling 202
Heckenbraunelle 192, **193**
Heckensänger 192, **193**
Heidelerche 190, **191**
Helichrysum stoechas **73**
Helmschnecke 100, **101**
Hemidactylus turcicus 24, 164, **165**
Heringshai 148, **149**
Heringskönig 154, **155**
Heringsmöwe 184, **185**
Hermonia hystrix **89**
Herzmuschel, Eßbare 104, **105**
— Igel- **106**
— Lagunen- **106**
Herzmuscheln 104–105
Heufalter, Orangeroter 128, **129**
Heupferd 120, **121**
Heuschrecken 17, 120, **121**
Heuschreckenkrebs, Großer 110, **111**
Hiatella arctica 108, **109**
Hieraaetus fasciatus 178, **179**
— *pennatus* 178, **179**
Hildenbrandia prototypus 56, **57**
Himantopus himantopus 39, 182, **183**
Hippocampus gutulatus 154, **155**
— *ramulosus* 154, **155**
Hippocrepis unisiliquosa 70, **71**
Hippolais pallida 196, **197**
— *polyglotta* 196, **197**
Hippolyte prideauxiana 112
Hippospongia communis 81
Hirschkäfer 124, **125**
Hirundo daurica 190, **191**
— *rustica* 190, **191**
Holothuria polii 142, **143**
Holzbiene **127**
Holzwespe 126
Homarus gammarus 29, **114**
Honigbiene **127**
Hopfenfalter 130, **131**
Hormiphora plumosa 87
Hornhecht 152, **153**
Hornisse 126
Hornklee, Kretischer 70, **71**
Hornmohn, Gelber 62, **63**

REGISTER

Hornschnecke 96, **97**
Horntang **60**
Hottentottenfeige 24, 64, **65**
Hufeisenklee 70, **71**
Hufeisennase, Große 208, **209**
Hufeisenwürmer 137
Hufmuschel 104, **105**
Hummel 127
Hummer 29, 43, **114**
— Kaiser- **114**
Hundertfüßer 118, **119**
Hundskamille **73**
Hyalinoecia tubicola 90, **91**
Hydrobates pelagicus 23, 168, **169**
Hyles euphorbiae 132, **133**
Hypericum empetrifolium 62, **63**
Hyssopus officinalis 15, 68, **69**

Idotea balthica 110, **111**
Igel 12, 208, **209**
Ilia nucleus **115**
Immenkäfer **123**
Inachisio 130, **131**
Inachus dorsettensis 116, **117**
Insekten 11, 18, 22, 24, 118–135
Inula crithmoides 25, **74**
— *viscosa* 74
Iphiclides podalirius 128, **129**
Iris chamaeiris 15, **77**
— *pseudacorus* 40, **77**
— *xiphium* 70, **77**
Isopoden 110, **111**
Ixobrychus minutus 170, **171**

Janna pagenstecheri 92, **93**
Janthina janthina 44, 96, **97**
Jasmin 66, **67**
Jasminum fruticus 66, **67**
Johannisbrotbaum 70, **71**
Johanniskraut 62, **63**
Julus mediterraneus 118, **119**
Juncus acutus **76**
— *bufonius* **76**
— *maritimus* **76**
Juniperus oxycedrus 14, 78, **79**
Jynx torquilla 18, 188, **189**

Käfer 11, 20, 122–125
Kaiseradler 178, **179**
Kaisermantel 128, **129**
Kalanderlerche 190, **191**
Kali-Salzkraut 64, **65**
Kalkröhrenwurm, Kleiner 92, **93**
Kalktang 58
Kalmar, Gemeiner 108, **109**
Kammseestern 138, **139**
Kaninchen 208
Kappenammer 204, **205**
Karettschildkröte, Unechte 164, **165**
Katzenhai, Großgefleckter 148, **149**
Kauri, Europäische 98, **99**
Kegelschnecke 100, **101**
Kermeseiche 17, **75**
Kernbeißer 204, **205**
Keuschbaum 68, **69**
Kiebitz 182, **183**

Kieferwurm 90, **91**
Klee 70, **71**
Kleiber 200
— Felsen- 200, **201**
— Korsischer 200, **201**
Kleinspecht 188, **189**
Kletterseeigel 140, **141**
Klippenassel, Baltische 110, **111**
Klippenbarsch 158, **159**
Knabenkraut, Römisches 78, **79**
— Schmetterlings- 78, **79**
Knäkente 172, **173**
Knorpeltang 60
Koenenia mirabilis **134**
Königskerze 68, **69**
Königslibelle, Große 118, **119**
Kohlmeise 200
Kohlweißling, Kleiner 128, **129**
Kolbenente 174, **175**
Kompaßqualle 82, **83**
Koralle, Weiße 86
Korallen **31**, 82–87
Korallenmöwe 184, **185**
Korallenmoos, Derbes **58**
Korkeiche 10, **75**
Kormoran 168, **169**
Kornweihe 176, **177**
Krabben 115–117
Krähenscharbe 168, **169**
Krätzkraut **73**
Krake, Gewöhnlicher 108, **109**
Krauskopfpelikan 168, **169**
Krebse 24, 25, 26, 29, 32, 43, 110–117
Kreiselschnecke, Bunte 94, **95**
Kreuzdorn 64, **65**
Kreuzkraut 74, **75**
Krickente 172, **173**
Krill 110, **111**
Kröten-Binse **76**
Krokus 15, **77**
Krustenanemone 82, **83**
Küstenassel 110, **111**
Küstenspringschwanz 118, **119**
Kuckuck 186, **187**
Kugeldistel 74, **75**
Kugelkrabbe **115**
Kuhreiher 170, **171**
Kupferglucke 130, **131**
Kurzflügelkäfer **123**
Kurzzehenlerche 190, **191**

Labidoplax digitata 142, **143**
Labrus bergylta 158, **159**
Lacerta lepida 166
— *viridis* **166**
Lachmöwe 184, 185
Lagenorhynchus albirostris 210
Lagis koreni 90, **91**
Lambrus angulifrons 116, **117**
Laminaria rodriguezi 56, **57**
Lamna nasus 148, **149**
Lampetra fluviatilis 148, **149**
Lampyris mauritanica **123**
Landschildkröte, Griechische 164, **165**
Languste, Europäische **113**
Lanice conchilega 35

Lanius collurio 206, **207**
— *excubitor* 206
— *minor* 206, **207**
— *rubicus* 206, **207**
— *senator* 206, **207**
Lanzenseeigel 140, **141**
Lanzettfischchen 148, **149**
Larra anathema 17, **127**
Larus argentatus 23, 184, **185**
— *audouinii* 23, 184, **185**
— *canus* 184
— *fuscus* 23, 184, **185**
— *genei* 184, **185**
— *marinus* 184, **185**
— *melanocephalus* 184, **185**
— *minutus* 184, **185**
— *ridibundus* 184, **185**
Laternenfisch 152, **153**
Laubfrosch 164, **165**
Lauch, Rosenfarbiger 74, **75**
Laurencia obtusa **60**
Lavandula stoechas 68, **69**
Lavatera arborea 62, **63**
— *maritima* 62, **63**
Lavatere, Baum- 62, **63**
— Strand- 62, **63**
Lederlaufkäfer **122**
Lederschildkröte 164, **165**
Ledertang, Mittelmeer- 56, **57**
Leierfisch, Großer 160, **161**
Leimkraut, Traubenkopf- 64, **65**
Lein 64, **65**
Lepadogaster lepadogaster 29, 162, **163**
Lepas anatifera 110, **111**
Lepidonotus clava **89**
Lepidopleurus cajetanus 94, **95**
Lepus capensis 208, **209**
Leuchtqualle 82, **83**
Leucosolenia botryoides 80
— *coriacea* **80**
Libellen 118, **119**
Libellula maculata 118, **119**
Ligia 24
— *italica* 110, **111**
Liguster 132
Ligusterschwärmer 132, **133**
Ligustrum vulgare 132
Lima hians 104, **105**
Limonium sinuatum 66, **67**
Lineus geniculatus **88**
Linum campanulatum 64, **65**
Lippfisch 158, **159**
— Gefleckter 158, **159**
— Kleinmäuliger 158, **159**
— Mittelmeer- 158, **159**
Lithophaga lithophaga 26, 102, **103**
Lithophyllum incrustans 58
— *racemus* 58
— *tortuosum* 29, **58**
Lithothamnion fruticulosum **58**
— *lenormandi* **58**
Littorina neritoides 96, **97**
Liza aurata 156, **157**
— *ramada* 156
Locusta migratoria 120, **121**
Löffelente 172, **173**

REGISTER

Löffler 170, **171**
Loligo vulgaris 108, **109**
Lomentaria linearis 59
Lophelia pertusa 84, **85**
Lophius piscatorius 162, **163**
Lotsenfisch 158, **159**
Lotus creticus 70, **71**
Lucanus cervus 124, **125**
Luidia ciliaris 29, 138, **139**
— *sarsia* 138, **139**
Lullula arborea 18, 190, **191**
Lungenqualle, Gelbe 82, **83**
Luscinia megarhynchos 11, 192, **193**
Lutraria lutraria **107**
Lycosa narbonensis 17, **135**
Lygaeus saxatilis 120, **121**
Lytta vesicatoria 124, **125**

Macchie 12
Macropipus depurator 116
Macropodia longirostris 116, **117**
Macroramphus scolopax 154, **155**
Mactra corallina 34, **106**
Maculinea arion 128, **129**
Madrepora oculata 84, **85**
Mäusebussard 178, **179**
Maia squinado 116, **117**
Makrele 160, **161**
Makrelenhecht 152, **153**
Malcolmia maritima 62, **63**
Malpolon monspessulanus 167
Maniola jurtina 130, **131**
Mannstreu, Strand- 72
Mantelaktinie 84, **85**
Mantelmöwe 184
Mantis religiosa 18, 118, **119**, 120
Mantispa styriaca 120, **121**
Mariendistel 74, **75**
Marienkäfer **123**
Mariskensänger 196, **197**
Marmaronetta angustirostris 172, **173**
Marmelente 172, **173**
Marmorzitterrochen 150, **151**
Marthasterias glacialis 138, **139**
Marumba quercus 132, **133**
Maskenwürger 206, **207**
Matthiola sinuata 62, **63**
Mauereidechse **166**
Mauergecko 164, **165**
Mauerläufer 202, **203**
Mauerpfeffer, Stern- 70, **71**
Mauersegler 188, **189**
Maulwurfsgrille 17, 18, 120, **121**
Maurolicus muelleri 152, **153**
Mausohr 208, **209**
Medicago marina 70, **71**
Medusen 82, 83
Meeraal 152, **153**
Meeräschen 156
— Dicklippige 156
— Dünnlippige 156
— Gemeine 156
Meerball 52, **53**
Meerbarbenkönig 156, **157**
Meerdattel 103
Meerengel 150, **151**

Meerfenchel **72**
Meergrundel, Große 162, **163**
Meerjunker 158, **159**
Meerkette 52, **53**
Meerkohl 62, **63**
Meermandel **103**
Meerneunauge 148, **149**
Meerorange **80**
Meersalat 52, **53**
Meersau 150, **151**
Meerscheide **108**
Meerstrandschöterich 62, **63**
Meerwegerich 54, **55**
Meerzwiebel **76**
Meganyctiphanes norvegica 110, **111**
Mehlschwalbe 190, **191**
Melanargia galathea 130, **131**
Melanocorypha calandra 190, **191**
Melonenqualle **87**
Melonenseeigel 140, **141**
Membranipora membranacea **136**
Menschenhai 148, **149**
Mergus albellus 174, **175**
— *serrator* 174, **175**
Merluccius merluccius 154, **155**
Merops apiaster 18, 188, **189**
Messerfuß 164, **165**
Metridium senile 28, 84, **85**
Microcosmus sulcatus 31, 146, **147**
Micromesistius poutassou 154, **155**
Miesmuschel, Gewöhnliche 104, **105**
— Mittelmeer 104, **105**
Milan, Roter 176, **177**
— Schwarzer 176, **177**
Milchstern, Berg- **76**
Milvus migrans 176, **177**
— *milvus* 176, **177**
Mitra ebenus 100, **101**
Mitraschnecke 100, **101**
Mittelsäger 174, **175**
Mobula mobular 150, **151**
Modiolus barbatus 102, **103**
Mönchsfisch 158, **159**
Mönchsgeier 176, **177**
Mönchsgrasmücke **199**
Mönchspfeffer 68, **69**
Mönchsrobbe **210**
Mola mola 44, 162, **163**
Molgula manhattensis 146, **147**
Mollusken 25, 26, 28, 29, 33, 34, 44, 94–109
Monachus monachus **210**
Mondfisch 162, **163**
Monodonta turbinata 94, **95**
Monomorium pharaonis **126**
Monticola saxatilis 194, **195**
— *solitarius* 194, **195**
Moorente 174, **175**
Moostierchen **136, 137**
Mormo maura 132, **133**
Moschusbock 124, **125**
Moschuspolyp 108, **109**
Motacilla alba alba 192, **193**
— *cinerea* 192, **193**

— *flava iberiae* 192, **193**
Mückenhaft 124, **125**
Mufflon 23, 208, **209**
Mugil cephalus **156**
Mullus barbatus 45, 156, **157**
— *surmuletus* 158, **159**
Muraena helena 25, 152, **153**
Muräne 25, 152, **153**
Muscari commutatum 76
Muscicapa striata 200, **201**
Muscheln 26, 29, 44, 103–105
Muschelsammlerin 92, **93**
Muschelwächter 116, **117**
Mustelus mustelus 148, **149**
Myctophum punctatum 152
Myliobatis aquila 150, **151**
Myotis myotis 208, **209**
Myrianida pinnigera **89**
Myriozoum truncatum **137**
Myrmeleon plumbeus 21, **120**
Myrte 14, 17, **72**
Myrtus communis 14, **72**
Mytilus edulis 104
— *galloprovincialis* 26, 104, **105**
Myzostomum cirriferum 92, **93**

Nachtigall 11, 192, **193**
Nachtpfauenauge, Kleines 130, **131**
— Wiener 130, **131**
Nachtreiher 170, **171**
Nadelschnecke 96, **97**
Nagelrochen 150, **151**
Napfschnecke, Gewöhnliche 94, **95**
— Italienische 94, **95**
Narcissus tazetta 15, **76**
Narzissenlilie **77**
Nasenschrecke 120, **121**
Nassarius incrassatus 100, **101**
— *reticulatus* 33, 100, **101**
Natica alderi 33, 98, **99**
— *hebraea* 98
— *millepunctata* 98
Natrix maura 167
— *natrix* 18, **167**
Natterkopf, Italienischer 68, **69**
— Violetter 68, **69**
Naucrates ductor 158, **159**
Nebelkrähe 206, **207**
Nelkenkoralle 84, **85**

Nemalion helminthoides 56, **57**
Nemertini **88**
Neophron perenopterus 176, **177**
Neoturris pileata 82, **83**
Nephrops norvegica **114**
Nephtys hombergi 90, 91
Neptungras **61**
Nereis pelagica 90, **91**
Nerium oleander 132
Nerophis ophidion 154
Netta rufina 174, **175**
Netzreusenschnecke 100, **101**
Neuntöter 206, **207**
Neurocaulon reniforme 59
Nitophyllum punctatum **60**
Nucula nucleus 102, **103**

Numenius arquata 182, **183**
Nußmuschel **103**
Nycticorax nycticorax 37, 170, **171**
Nymphalis antiopa 130, **131**
— *polychloros* 130, **131**
Nymphon gracile **135**

Ocenebra erinacea 100, **101**
Ochsenauge, Großes 130, **131**
Ocnus planci 142, **143**
Octopus vulgaris 108, **109**
Odontospermum maritimum 25, **73**
Oecobius annulipes **134**
Oedipoda coerulescens 120, **121**
Ödlandschrecke 120, **121**
Ölbaum 66, **67**
Oenanthe hispanica 194, **195**
— *leucura* 194, **195**
— *oenanthe* 194, **195**
Olea europaea 66, **67**
— var. *oleaster* 66
Oleanderschwärmer 132, **133**
Olive 66, **67**
Ommatostrephes sagittatus 108, **109**
Onobrychis caput-galli 70, **71**
Ononis spinosa 70, **71**
Opalwurm 90, **91**
Ophelia bicornis 34, 90, **91**
Ophidiaster ophidianus 29, 138, **139**
Ophiocomina nigra 140, **141**
Ophiothrix fragilis 140, **141**
Ophrys speculum 15, 16, 78, **79**
Opuntia ficusindica 20, 70, **71**
Orangefleck 128, **129**
Orchideen 15, 78, **79**
Orchis papilionaceae 78, **79**
Orcinus orca **210**
Ordensband, Schwarzes 132, **133**
Oriolus oriolus 202, **203**
Ornithogalum montanum **76**
— *nutans* 15
Orpheusgrasmücke **198**
Orpheusspötter 196, **197**
Ortolan 204, **205**
— Grauer 204, **205**
Oryctolagus cuniculus 208, **209**
Osterluzeifalter 128, **129**
Ostrea edulis 104, **105**
Otanthus maritimus **74**
Otus scops 20, 186, **187**
Ovis ammon musimon 23, 208, **209**
Oxynotus centrina 150, **151**
Oxyura leucocephala 174, **175**

Pachygrapsus marmoratus 116, **117**
Padina pavonia 54, **55**
Paganellgrundel 160, **161**
Paguristes oculatus **115**
Pagurus arrosor **115**
Palaemon elegans **113**
— *serratus* 113
Palinurus elephas **113**

Palinurus vulgaris 43
Paliurus spinachristi 15, 64, **65**
Pallenis spinosa **73**
Palmen 40
Palmophyllum crassum 52, **53**
Palomena viridissima 120, **121**
Pancratium maritimum **77**
Pandion haliaetus 178, **179**
Pantoffelschnecke 98, **99**
Panurus biarmicus 200, **201**
Panzerknurrhahn 162, **163**
Papageienfisch 158, **159**
Papierboot 108, **109**
Papierwespe **127**
Parablennius gattorugine 160, **161**
Paracentrotus lividus 28, 140, **141**
Parazoanthus axinellae 82
Parentucellia latifolia 68, **69**
Parus ater 200, **201**
— *caeruleus* 200, **201**
— *cristatus* 200, **201**
— *lugubris* 200, **201**
— *major* 200, **201**
— *palustris* 200
Passer hispaniolensis 202, **203**
Patella coerulea 94, **95**
Peachia hastata 82, **83**
Pecten jacobaeus 104, **105**
Pelagica noctiluca 82, **93**
Pelecanus crispus 168, **169**
— *onocrotalus* 168, **169**
Pelikane 168, **169**
Pelikanfuß 98, **99**
Pelobates cultripes 164, **165**
Penaeus trisulcatus **112**
Pennatula phosphorea **87**
Perdix perdix 18, **180**
Pergamentwurm 90, **91**
Peristedion cataphractum 162, **163**
Perleidechse **166**
Pernis apivorus 176, **177**
Perophora listeri **145**
Petermännchen 160, **161**
Petersfisch 154, **155**
Petrobius maritimus 24, 118, **119**
Petromyzon marinus 148, **149**
Petronia petronia 202, **203**
Peyssonelia squamaria 56, **57**
Pfahlrohr 78, **79**
Pfeffermuschel, Große 107
Pfeifente 172, **173**
Pferde 36, 39
Pferdeanemone 84, **85**
Pferdemuschel, Bärtige 103
Pferdeschwamm **81**
Phalacrocorax carbo 168, **169**
— *pygmaeus* 168, **169**
Phallusia mammillata 156, **157**
Pharaoameise **126**
Pharus legumen **107**
Phocoena phocoena **211**
Phoenicopterus ruber 37, 170, **171**
Phoenicurus moussieri 194, **195**
— *ochrurus* 194, **195**
— *phoenicurus* 194, **195**
Pholas dactylus 26, 108, **109**
Phoroniden **137**
Phoronis muelleri **137**

Phragmites australis 78, **79**
Phtisica marina **112**
Phyllophora nervosa **59**
Phylloscopus bonelli **199**
— *collybita* 11, **199**
— *ignicapillus* **199**
— *sibilatrix* **199**
— *trochilus* **199**
Physalia physalis 44, 82, **83**
Physeter catodon **211**
Physophora hydrostatica 82, **83**
Phytoplankton 42–3
Pica pica 206, **207**
Picus viridis 188, **189**
Pieris napi 128, **129**
Pilgermuschel, Jacobs- 104, **105**
Pinien **9**, 12, 78, **79**
Pinna nobilis 104, **105**
Pinnotheres pisum 116, **117**
Pinus halepensis 10, 78, **79**
Pipistrellus pipistrellus 208, **209**
Pirol 202, **203**
Pistolenkrebs **112**
Plantago coronopus 25, 70, **71**
Platalea leucrodia 170, **171**
Plattmuschel 107
— Dünne 107
Plattwürmer 88
Platychthys flesus 44, 162
Platynus dorsalis 122, **122**
Plegadis falcinellus 37, 170, **171**
Pleurobrachia pileus 87, **87**
Pleuronectes platessa 162, **163**
Podarcis muralis 166
Podiceps cristatus 168, **169**
— *nigricollis* 168, **169**
Polistes gallicus **127**
Pollachius pollachius 154, **155**
Polycera quadrilineatus 26, 102, **103**
Polydora ciliata 90, **91**
Polygonia c-album 130, **131**
Polynices guillemini 98, **99**
Polyprion americanus 156, **157**
Polysiphonia fruticulosa 60
— *sertularoides* 60
Pomatoceros triqueter 92, **93**
Pontobdella muricata 92, **93**
Pontonia custos 113
Porcellana platycheles **114**
Porphyra leucosticta 56, **57**
Porphyrio porphyrio 181
Portugiesische Galeere 44, 82, **83**
Porzellankrebs **114**
Posidonia oceanica 33, **61**
Posthörnchenwurm 92, **93**
Potamilla reniformis 92, **93**
Poterium spinosum 70, **71**
Pottwal **221**
Prachtlibelle, Blauflügel- 118, **119**
— Gebänderte 118, **119**
Prionace glauca 148, **149**
Provencegrasmücke 196, **197**
Prunella modularis 192, **193**
Psammechinus microtuberculatus 28, 140, **141**
Psammodromus hispanicus 21, **166**

REGISTER

Pselaphochernes litoralis 24, **134**
Pseudolithophyllum expansum 58
Pseudoskorpion 24, **134**
Pteria hirundo 104, **105**
Pterocles alchata 186, **187**
— *orientalis* 186, **187**
Pteroides griseum **86**
Pterotrachea coronata 98, **99**
Ptyonoprogne rupestris 190, **191**
Puffinus puffinus 23, 168, **169**
Punctaria latifolia 54, **55**
Purpurhuhn **181**
Purpurreiher 170, **171**
Purpur-Skabiose **73**
Purpurstern 138, **139**
Putzkäfer **122**
Pycnogonum pusillum 26, **135**
Pycnonotus barbatus 192, **193**
Pyramidenorchis 78, **79**
Pyrosoma atlanticum 146, **147**
Pyrrhocorax pyrrhocorax 22, 206, **207**
Pyrrhula pyrrhula 204, **205**
Pyura microcosmus 146, **147**

Quappe, Mittelmeer- 154, **155**
Queller 64, **65**
Quercus coccifera **75**
— *ilex* 10, **75**
— *suber* 10, 75
Quercusia quercus 128, **129**

Rabe 22, 23, 206
Radnetzspinnen 17
Ragwurz, Spiegel- 78, **79**
Raja asterias 150, **151**
— *clavata* 150, **151**
— *oxyrinchus* 150, **151**
Ralfsia verrucosa 54, **55**
Rallenreiher 170, **171**
Rallus aquaticus **180**
Rana ridibunda 40, 164, **165**
Raubwürger 206
Rauchschwalbe 190, **191**
Raute 64, **65**
Rebhuhn 180
Recurvirostra avosetta 39, 182, **183**
Regenwürmer 12
Regulus ignicapillus **199**
— *regulus* **199**
Reiher 37–39, 170, **171**
Reiherente 174, **175**
Reiherschnabel 64, **65**
Remiz pendulinus 202, **203**
Remora remora 162, **163**
Reptilien 21, 24, 164–167
Reseda lutea 62, **63**
Retepora cellulosa **136**
Reusenschnecke, Dicklippige 100, **101**
Rhamnus alaternus 15, 64, **65**
Rhinolophus ferrumequinum 208, **209**
Rhizostoma pulmo 82, **93**
Rhopalaea neapolitana **145**
Riesenhai 148, **149**
Riesentonnenschnecke 100, **101**

Riesenwurmschnecke 96, **97**
Rinderbremse 124, **125**
Ringelbrasse 156, 157
Ringelnatter **167**
Ringeltaube 186
Riparia riparia 190, **191**
Rippenquallen **87**
Rissoa variabilis 96, **97**
— *ventricosa* 96, **97**
Ritterwanze 120, **121**
Rochen 148–151
Rochenegel 92, **93**
Röhrenpolyp 82, **83**
Röhrenwürmer 31, 90, **91**
Rötelfalke 178, **179**
Rötelschwalbe 190, **191**
Rohr, Spanisches 78, **79**
Rohrammer 204, **205**
Rohrdommel 170, **171**
— Zwerg- 170, **171**
Rohrweihe 176, **177**
Rollassel 110, **111**
Romulea bulbocodium **77**
Rosapelikan 168, **169**
Rosmarin 15, 68, **69**
Rosmarinus officinalis 15, 68, **69**
Rotalgen 56, **57**, **58–61**
Rotbarbe 156, **157**
Rothuhn **181**
Rotkehlchen 192
Rotkopfwürger 206, **207**
Rotschenkel 182, **183**
Ruderente 174, **175**
Ruderkrabbe 116, **117**
Rüsselkäfer 124, **125**
Ruta chalepensis 15, 64, **65**

Saatkrähe 206
Sabella penicillus 92, **93**
Sabellaria alveolata 90, **91**
Säbelschnäbler 182, **183**
Sägebarsch, Großer 156, **157**
Sägezähnchen **107**
Säugetiere 20, 208–211
Salamandra salamandra 164, **165**
Salbei 68, **69**
— Eisenkraut- 68, **69**
Salicornia fruticosa 40, **65**
Salpa democratica 146, **147**
— *maxima* 146, **147**
Salpen 144, 146, **147**
Salsola kali 40, 64, **65**
Salvia 15
— *triloba* 68, **69**
— *verbenaca* 68
Salzaster **73**
Salzbunge 66, **67**
Salzmelde 64, **65**
Samolus valerandi 66, **67**
Samtkopfgrasmücke **198**
Samtschnecke, Grüne **102**
Sandaal, Mittelmeer- 160, **161**
Sandflughuhn 186, **187**
Sandläufer, Spanischer **166**
Sandlaufkäfer, Küsten- **122**
Sandkorallenwurm 90, **91**
Sandkrebs **114**
— Nächtlicher **114**

Sandmuschel, Große **107**
Sandröschen, Geflecktes 62, **63**
Sardengrasmücke 196, **197**
Sardine 152, **153**
Sardinia pilchardus 152, **153**
Sargassum hornschuchi 56, **57**
— *linifolium* 56
— *vulgare* 56, **57**
Sarpa salpa 156, **157**
Satureia thymbra 15, 68, **69**
Saturnia pavonia 130, **131**
— *pyri* 130, **131**
Saugmund 92, **93**
Sattelmuschel 104, **105**
Saxicola rubetra 194, **195**
— *torquata* **195**
Scabiosa atropurpurea var. maritima **73**
Scalpellum scalpellum 110, **111**
Scaphander lignarius 100, **101**
Scarabaeus sacer 124, **125**
— *semipunctatus* 124, **125**
Sceliphron destillatorium **127**
Schachblume **76**
Schachbrett 130, **131**
Schafe 10
Schafstelze, Iberische 192, **193**
Scheidenmuschel, Gefurchte 108, **109**
Schellente 174, **175**
Schiffsbohrwurm 108, **109**
Schiffshalter, Kleiner 162, **163**
Schildwanze, Grüne 120, **121**
Schilfrohr 78, **79**
Schilfrohrsänger 196, **197**
Schirmchenalge 52, **53**
Schlangen 17, **167**
Schlangenadler 176, **177**
Schlangennadel, Große 154
— Kleine 154
Schlangenstern, Schwarzbrauner 140, **141**
— Zerbrechlicher 140, **141**
Schlauchtang, Geschnürter 56, **57**
Schleimfisch, Gestreifter 160, **161**
Schlingnatter, Gironde- 167
Schmarotzerblume, Zistrosen- **72**
Schmarotzerrose 84, **85**
Schmetterlinge 128–131
Schmutzgeier 176, **177**
Schnatterente 172, **173**
Schneckenklee, Strand- 70, **71**
Schneckenwurm, Zweihörniger 90, **91**
Schnurfüßer, Mittelmeer- 118, **119**
Schnurwürmer **88**
Scholle 162, **163**
Schopflavendel 68, **69**
Schuppenblatt 56, **57**
Schuppenwurm, Keuliger **89**
Schwämme 25, 26–28, **27**, **80–81**
Schwalben 190, **191**
Schwanzmeise 200, **201**
Schwarzgrundel 162, **163**
Schwarzhalstaucher 168, **169**
Schwarzkehlchen 194, **195**
Schwarzkopfmöwe 184, **185**

Schwarzstirnwürger 206, **207**
Schwertfisch 45, 160, **161**
Schwertlilie, Spanische 77
— Sumpf- 77
— Zwerg- 77
Schwertmuschel 108, **109**
Schwertwal 210
Scolia ciliata 15
— *maculata* **126**
Scolopendra cingulata 118, **119**
Scolymus hispanicus 20
Scomber japonicus 160, **161**
— *scombrus* 160, **161**
Scomberesox saurus 152, **153**
Scorpaena scrofa 162, **163**
Scrobicularia plana 40, **107**
Scrupocellaria reptans 136, **136**
Scutigera coleoptrata 17, 118, **119**
Scyllarides arctus 113
— latus 29, **113**
Scylliorhinus stellaris 148, **149**
Scytosiphon lomentaria 56, **57**
Sedum stellatum 70, **71**
Seeadler 176, **177**
Seeanemonen 25, 26, 28, 82–85
Seebarsch 156, **157**
Seefächer **86**
Seefeder, Gelbe **86**
— Graue **87**
— Phosphoreszierende **87**
Seefrosch 164, **165**
Seegras 33, **61**
Seegurke, Finger- 142, **143**
— Königs- 142, **143**
Seegurken 138–143
Seehahn, Gestreifter 162, **163**
Seehase **102**
Seehecht 154, **155**
Seeigel 28, **30**, 31, 34, 138–**143**
Seeigel, Kleiner 142–**143**
— Schwarzer 140, **141**
— Violetter 142, **143**
Seemannsliebchen 84, **85**
Seemaus 88, **89**
Seenadel, Große 154, **155**
Seenelke 84, **85**
Seeohr 94, **95**
Seepferdchen 154, **155**
— Langschnauziges 154, **155**
Seepocken 31, 110, **111**
Seeregenpfeifer 182, **183**
Seeringelwurm, Brauner 90, **91**
Seerose, Goldfarbene 84, **85**
Seescheiden 144–147
Seeschwalbe, Brand- 184, **185**
— Fluß- 184, **185**
— Lach- 184, **185**
— Trauer- 184, **185**
— Weißbart- 184, **185**
— Zwerg- 184, **185**
Seespinne, Große 116, **117**
Seestern, Kleiner 138, **139**
— Nordischer 138, **139**
— Violetter 138, **139**
Seesterne 29, 138–141
Seetraube 52, **53**
Seeteufel 162, **163**
Seezunge, Augenfleck- 162, **163**

— Gewöhnliche 162, **163**
Segelfalter 128, **129**
Segelqualle 82, **83**
Segler-vor-dem-Winde 44, 82, **83**
Seidelbast, Aufrechter **72**
Seidenreiher 170, **171**
Seidensänger 196, **197**
Senecio cineraria **74**
— *vernalis* 74
Sepia elegans 108
— *officinalis* 108, **109**
Serapias cordigera 78, **79**
— *parviflora* 78
Serinus serinus 202, **203**
Serpula vermicularis 92, **93**
Serranus cabrilla 156, **157**
Sichler 170, **171**
Siebenpunkt-Marienkäfer **123**
Silberbeil 152, **153**
Silbermöwe 184, **185**
Silene succulenta 64
— *vulgaris* 64, **65**
Silybum marianum 25, 74, **75**
Singdrossel 194, **195**
Siphonophora 82, **83**
Sipunculus nudus 92, **93**
Siriella clausi 110, **111**
Sitta europaea 200
— *neumayer* 200, **201**
— *whiteheadi* 200, **201**
Skolopender 118, **119**
Skorpion 17, 134, **135**
Smaragdeidechse 166
Smaragdlibelle, Gemeine 118, **119**
Smerinthus ocellata 132, **133**
Sode 64, **65**
Solea solea 162, **163**
Solen marginatus 108, **109**
Sommergoldhähnchen **199**
Sonchus spinosus **74**
Sonnenrose 84, **85**
Spanische Fliege 124, **125**
Sparisoma cretense 158, **159**
Sparus auratus 156, **157**
Spatangus purpureus 142, **143**
Speeranemone 82, **83**
Sperber 176, **177**
Sphinx ligustri 132, **133**
Sphyraena sphyraena 156
Sphyrna zygaena 148, **149**
Spießente 172, **173**
Spießflughuhn 186, **187**
Spindelschnecke, Zierliche 100, **101**
Spinnen 18, 134, **135**
Spinnenläufer 17, 117, **118**
Spinnenwespe **126**
Spirantes spiralis 78, **79**
Spirographis spallanzanii 35, 92, **93**
Spirontocaris cranchi **112**
Spondylus gaederopus 104, **105**
Spongia officinalis 27, **81**
Springschwanz 24, 118, **119**
Spritzwürmer 92, **93**
Sprotte 152, **153**
Squalus acanthias 150, **151**

Squatina squatina 150, **151**
Squilla desmaresti 100
— *mantis* 110, **111**
Stabheuschrecke 120, **121**
Stachelauster 104, **105**
Stachelbeerspanner 132, **133**
Stachelrochen 150, **151**
Stachelschnecke 100, **101**
Stachelträubchen 66, **67**
Staphylinus caesareus **123**
Star 202, **203**
Steckmuschel 104, **105**
Steinadler 178, **179**
Steinbohrer, Nordischer 107, **108**
Steinhuhn **181**
Steineiche **74**
Steinkauz 186, **187**
Steinköhler 154, **155**
Steinrötel 194, **195**
Steinschmätzer 194, **195**
— Mittelmeer 194, **195**
— Trauer- 194, **195**
Steinseeigel 140, **141**
Steinsperling 202, **203**
Steppenweihe 176, **177**
Sterngucker 160, **161**
Sternrochen 150
Sternseepocke 110, **111**
— Schwamm- 110, **111**
Stelzenläufer 182, **183**
Sthenelais boa **89**
Stichopus 160
— *regalis* 142, **143**
Stieglitz 202, **203**
Stielfüßer, Mittelmeer- 98, **99**
Stöcker 158, **159**
Stör 152, **153**
Storch 37, 170, **171**
Strandbinse **76**
Strandfloh 112
Strandhafer 78, **79**
Strandkrabbe 116, **117**
Strandkresse 62, **63**
Strandschnecke, Kleine 96, **97**
Streifenammer 204
Streifenbarbe 158, **159**
Streifenwanze 120, **121**
Streptopelia decaocto 186, **187**
— *turtur* 186, **187**
Strohblume **73**
Stummellerche 190
Sturmmöwe 184
Sturmschwalbe 168, **169**
Sturmtaucher, Gelbschnabel- 168, **169**
— Schwarzschnabel- 168, **169**
Sturnus vulgaris 202, **203**
Styela plicata 146, **147**
Suaeda maritima 40, 64, **65**
Suberites domuncula 80, **81**
Sula bassana 23, 168, **169**
Sumpfmeise 200
Sumpfschildkröte 166
Suncus etruscus 208, **209**
Suppenschildkröte 164, **165**
Sus scrofa 12, 208, **209**
Sycon coronatum **80**
— *raphanus* 80

REGISTER

Sylvia atricapilla **199**
— *borin* **198**
— *cantillans* 196, **197**
— *communis* **198**
— *conspicillata* 196, **197**
— *hortensis* **198**
— *melanocephala* **198**
— *melanothorax* **198**
— *sarda* 196, **197**
— *undata* 18, 196, **197**
Synalpheus laevimanus **112**
Syngnathus acus 154
— *typhle* 154, **155**
Syringa 132

Tabanus bovinus 124, **125**
Tachybaptus reficollis 168, **169**
Tadorna tadorna 172, **173**
Tafelente 174, **175**
Tagpfauenauge 130, **131**
Talitrus saltator 32, **112**
Tamariske, Französische 40, 62, **63**
Tamarix gallica 40, 62, **63**
Tang, Weichhäutiger 54, **55**
Tange 54–60
Tanggras **61**
Tannenmeise 200, **201**
Taonia atomaria 54, **55**
Tarentola mauritanica 164, **165**
Taschenkrebs 116, **117**
Taschenmessermuschel **107**
Tasterläufer 134, **135**
Tausch 66, **67**
Tausendfüßer 118, **119**
Tausendgüldenkraut, Ästiges 66, **67**
Tazette **77**
Teichhuhn 181
Teichrohrsänger **196**
Tellina balaustina 107
— *tenuis* **107**
Teppichmuschel **106**
Teredo navalis 108, **109**
Testudo hermanni 18, 164, **165**
Tethya aurantium **80**
Tethys leporina 102, **103**
Tetrax tetrax **181**
Tettigonia viridissima 120, **121**
Teucrium fruticans 68, **69**
Teufelsrochen, Kleiner 150, **151**
Thallassema gigas 92, **93**
Thunfisch 160, **161**
Thunnus thynnus 45, 160, **161**
Thymelaea hirsutum **72**
— *tartonraira* 72
Thymian, Echter 68, **69**
Thymus vulgaris 15, 68, **69**, 128
Thyone fusus 142, **143**
Thysanozoon brochii **88**
Tibicina haematodes 120, **121**
Tichodroma muraria 202, **203**
Tintenfische 24, 45, 108–109
Torpedo marmorata 150, **151**
Totenmannshand **86**
Totenkopfschwärmer 132, **133**
Trachinus draco 34, 160, **161**
— *radiatus* 160

Trachurus trachurus 158, **159**
Trägerkrabbe **115**
Trauermantel 130, **131**
Trauermeise 200, **201**
Trauerschnäpper 200
Treppennatter **167**
Trichodes apiarius **123**
Trichteralge 54, **55**
Trichterspinne 134, **135**
Tricolia pullus 96, **97**
— *speciosa* 96
Triel **181**
Trifolium uniflorum 70, **71**
Trigloporus lastoviza 162, **163**
Tringa totanus 182, **183**
Triphora perversa 96, **97**
Trisopterus minutus 154, **155**
Trivia monacha 26, 98, **99**
Troglodytes troglodytes 192, **193**
Trogmuschel, Bunte **106**
Trompetenanemone 84, **85**
Trompetenfisch 154, **155**
Trophon muricatus 100, **101**
Tuberaria guttata 62, **63**
Tubularia mesembryanthemum 82, **83**
Tümmler, Großer 210, **211**
Türkentaube 186, **187**
Turbanschnecke 94, **95**
Turdus merula 194, **195**
— *philomelos* 12, 194, **195**
Turmfalke 178, **179**
Turmschnecke 96, **97**
Turritella communis 96, **97**
— *triplicata* 96
Tursops truncatus 210
Turteltaube 186, **187**
Tussilago farfara 128
Typton spongicola **113**

Uferschwalbe 190, **191**
Ulva lactuca 52, **53**
Ungarhutschnecke 98, **99**
Upogebia litoralis **114**
Upupa epops 18, 188, **189**
Uranoscopus scaber 160, **161**
Urginea maritima 20, **76**
Urocerus gigas 12, **126**
Uroctea durandi **134**

Valonia utricularis 52, **53**
Vanellus vanellus 182, **183**
Vanessa atalanta 130, **131**
— *cardui* 128, **129**
Velella velella 44, 82, **83**
Venerupis decussata **106**
Venus verrucosa **106**
Venusgürtel **87**
Verbascum undulatum 68, **69**
Veretillum cynomorium **86**
Vermetus gigas 96, **97**
— *triqueter* 96
Verongia aerophobia **81**
Vespa crabro **126**
Vidalia volubilis 60, **61**
Vieh 36
Vielborster 26, 34, 88–92
Vierfleck 118, **119**

Vierzehnpunkt **123**
Vipernatter **167**
Viperqueise 160
Vitex agnus-castus 68, **69**
Vitis vinifera 10
Vögel 22, 23, 24, 37–39, 168–207
Vogelkopf **72**
Vulpes vulpes 208, **209**

Wachsrose 84, **85**
Wachtel **180**
Waldbaumläufer 202
Waldlaubsänger **199**
Waldmaus 208, **209**
Waldvöglein, Weißes 78, **79**
Wanderfalke 178, **179**
Wanderheuschrecke 120, **121**
Warzenanemone 84, **85**
Warzenkoralle 84, **85**
Wasserjungfern 118, **119**
Wasserralle **180**
Wau, Gelber 62, **63**
Wegerich, Schlitz- 70, **71**
Wegwarte 74, **75**
Weidensperling 202, **203**
Weinschwärmer, Mittlerer 132, **133**
Weißbartgrasmücke 196, **197**
Weißstorch 37, 170, **171**
Wendehals 188, **189**
Wespen **127**
Wespenbussard 176, **177**
Widerstoß 66, **67**
Wiedehopf 18, 188, **189**
Wiesenpieper 192, **193**
Wildschwein 208, **209**
Winde 66, **67**
Wintergoldhähnchen 199
Wittling, Blauer 154, **155**
Wolfsmilch 62, **63**
Wolfsmilchschwärmer 132, **133**
Wolfsspinne 134, **135**
Wrackfisch 156, **157**
Wrangelia penicillata **60**
Würfelturban 94, **95**
Würmer, 25, 35, 88–93, 144
Wüstengimpel 204, **205**
Wüstenläuferlerche 190, **191**
Wundklee 70, **71**
Wurmschnecke, Dreikant- 96, **97**
Wurmtang 56, **57**

Xiphias gladius 45, 160, **161**
Xylocopa violacea 127, **127**

Ysop 68, **69**

Zahnschnecke **103**
Zauberbuckel 94, **95**
Zaunammer 204, **205**
Zaunkönig 192, **193**
Zedernwacholder 78, **79**
Zerynthia polyxena 128, **129**
Zeus faber 154, **155**
Zichorie 74, **75**
Ziegen 10, 23
Ziegenmelker 186, **187**
— Rothals- 186, **187**

Zikaden 11, 120, **121**
Zilpzalp **199**
Zippammer 204, **205**
Zistrosen 62, **63**
Zitronenfalter 128, **129**
Zostera marina 33, **61**
— *hornemanniana* 61

Zwergadler 178, **179**
Zwergdorsch 154, **155**
Zwergfledermaus 208, **209**
Zwergmöwe 184, **185**
Zwergohreule 186, **187**
Zwergsäger 174, **175**
Zwergscharbe 168, **169**

Zwergseeigel 142, **143**
Zwergtaucher 168, **169**
Zwergtrappe **181**
Zygaena carniolica 132, **133**
Zylinderrose, Mittelmeer- 82, **83**
Zyperngrasmücke **198**